权威·前沿·原创

皮书系列为
"十二五""十三五""十四五"时期国家重点出版物出版专项规划项目

BLUE BOOK

智库成果出版与传播平台

生态林业蓝皮书
BLUE BOOK OF ECOLOGICAL FORESTRY

中国特色生态文明建设与林业发展报告
（2022~2023）

REPORT ON THE DEVELOPMENT OF ECOLOGICAL CIVILIZATION WITH
CHINESE CHARACTERISTICS AND FORESTRY (2022-2023)

组织编写 / 生态文明建设与林业发展研究院
顾　　问 / 王　浩
主　　编 / 勇　强　李　群
副 主 编 / 缪子梅　高晓琴　刘　涛

社会科学文献出版社
SOCIAL SCIENCES ACADEMIC PRESS (CHINA)

图书在版编目(CIP)数据

中国特色生态文明建设与林业发展报告.2022~2023/勇强,李群主编；缪子梅,高晓琴,刘涛副主编.--北京：社会科学文献出版社,2023.7
　(生态林业蓝皮书)
　ISBN 978-7-5228-1779-8

　Ⅰ.①中… Ⅱ.①勇… ②李… ③缪… ④高… ⑤刘… Ⅲ.①林业经济-经济发展-研究报告-中国-2022-2023　Ⅳ.①F326.23

中国国家版本馆 CIP 数据核字（2023）第 076354 号

生态林业蓝皮书
中国特色生态文明建设与林业发展报告（2022~2023）

组织编写 / 生态文明建设与林业发展研究院
主　　编 / 勇　强　李　群
副 主 编 / 缪子梅　高晓琴　刘　涛

出 版 人 / 王利民
组稿编辑 / 周　丽
责任编辑 / 张丽丽
文稿编辑 / 刘　燕
责任印制 / 王京美

出　　版 / 社会科学文献出版社·城市和绿色发展分社（010）59367143
　　　　　　地址：北京市北三环中路甲 29 号院华龙大厦　邮编：100029
　　　　　　网址：www.ssap.com.cn

发　　行 / 社会科学文献出版社（010）59367028
印　　装 / 三河市东方印刷有限公司

规　　格 / 开　本：787mm×1092mm　1/16
　　　　　　印　张：19.5　字　数：290 千字
版　　次 / 2023 年 7 月第 1 版　2023 年 7 月第 1 次印刷
书　　号 / ISBN 978-7-5228-1779-8
定　　价 / 148.00 元

读者服务电话：4008918866

版权所有　翻印必究

生态林业蓝皮书编委会

顾　　问　王　浩

主　　编　勇　强　李　群

副 主 编　缪子梅　高晓琴　刘　涛

编　　委　（按姓氏笔画排序）
　　　　　刁华杰　于法稳　王　浩　王　静　王　璟
　　　　　元　园　邓陈超　冯　鑫　刘春晓　刘　涛
　　　　　刘　浩　刘　彪　刘　璨　李　坦　李晓格
　　　　　李　晔　李　群　沙　涛　张　倩　张　颖
　　　　　陈奕延　周玉洁　俞小平　勇　强　秦国伟
　　　　　徐　笑　高晓琴　鹿永华　彭红军　彭绪庶
　　　　　董一鸣　董思琪　董　洁　缪子梅

主要编撰者简介

勇 强 博士，二级教授，南京林业大学校长。长期从事农林生物质资源生物化学加工利用教学科研工作。曾获国家技术发明奖二等奖、梁希林业科学技术奖二等奖、江苏省科技进步三等奖、江苏专利奖金奖等科技奖奖励。入选国家级人才计划、江苏特聘教授、江苏省"333高层次人才培养工程"第二层次培养对象、江苏省六大人才高峰高层次人才和江苏高校科技创新团队带头人。获中国青年科技奖、江苏省有突出贡献的中青年专家等荣誉，享受国务院政府特殊津贴。

李 群 理学博士，应用经济学博士后，中国社会科学院数量经济与技术经济研究所大数据与经济模型研究室研究员（二级）、博士后合作导师，中国社会科学院研究生院教授、博士生导师。中国林业生态发展促进会副会长，中国生态智库理事长，全国工商联智库委员会委员，社会科学文献出版社皮书研究院高级研究员，连续担任国家统计局中国百名经济学家信心调查成员，《中国科技论坛》编委及《南开管理评论》《系统工程理论与实践》《中国环境管理》等期刊审稿专家。主要从事不确定性经济预测与评价、人才资源与经济发展、生态发展、林业生态评价等领域的研究。主持国家社科基金项目、国家软科学项目、中国社会科学院重大国情调研项目等课题6项，主持省部级课题31项。出版专著6部；主编公民科学素质蓝皮书、北京科普蓝皮书、生态治理蓝皮书、生态林业蓝皮书、生态发展蓝皮书、低碳发展蓝皮书、文旅大数据蓝皮书等7部蓝皮书；在国内外期刊、报纸发表论文、理论文章 200 余篇。曾获得省部级青年科技奖和科技进步奖,全国妇联优秀论文一等奖、特等奖,中国社会科学院优秀对策信息奖 20 余次。2016 年获得中宣部、科技部、中国科协联合授予的"全国科普工作先进工作者"称号。

序

　　党的二十大擘画了以中国式现代化推进中华民族伟大复兴的宏伟蓝图。生态文明建设作为中国式现代化的重要组成部分，已成为国家发展的重要战略之一。坚持绿色发展理念，尊重自然、顺应自然、保护自然、保持人与自然和谐共生，推动生态文明建设，是全面建设社会主义现代化国家的内在要求。

　　大自然是人类赖以生存发展的基本条件。在人与自然共生的过程中，森林是地球生态系统的重要组成部分，也是维护地球生态平衡、促进生物多样性保护、减缓气候变化的重要载体。习近平总书记指出，森林既是水库、钱库、粮库，也是碳库。这一重要论述，形象概括了森林的多元功能与多重价值，为重构林业价值体系开阔了思路，指明了方向，对于构建美丽中国、促进经济发展和人民生活水平的提高具有重要战略意义。基于森林"四库"功能，找准林业发展的战略定位，实现生态林业高质量发展，是关乎战略全局的重大时代课题。

　　森林是重要的生态资源，是生态林业发展的重要基础。生态林业是山水林田湖草沙一体化保护和系统治理、美丽中国建设的重要组成部分。推进生态林业高质量发展，对于进一步提高森林生态系统多样性、稳定性、持续性，提高森林碳汇能力，发挥生态屏障作用具有重要意义。生态林业的高质量发展不仅关乎人类的物质利益，更关乎我们对生命、对美好未来的追求。在这个过程中，科技创新、政策举措和社会参与等都将发挥重要作用。

　　推进生态林业高质量发展，必须了解生态林业的发展现状，把握生态林业发展运行规律，加强对林业发展的研究和探索。为此，南京林业大学汇聚了一批林业领域的学者，对我国生态林业的发展现状和未来进行了全面深入的研究分析。这一分析不仅是对生态林业发展的重要思考，也提升了对国家

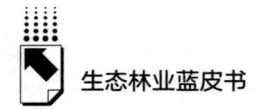

战略的认识高度。随着国家战略的不断优化，生态林业将得到持续发展，并为实现中华民族伟大复兴的中国梦做出积极贡献。

本书深入贯彻落实习近平生态文明思想，荟萃了近年来学校生态林业相关研究成果，详细总结了我国林业发展的成就，通过研究各省份在生态林业方面的发展水平差距，探讨如何推动绿色发展、预防环境污染、提高生态系统的多样性、稳定性和可持续性，以及如何积极稳妥地推进碳达峰和碳中和，并在此基础上努力为我国林业绿色发展提出思路，为促进我国生态林业发展提供有益的借鉴。

本书从林业学科发展的学理出发，充分考虑了学科基础、影响因子和发展机理，试图从生态林业发展的宏观层面出发，通过理论与实践相结合的方式，深入分析生态林业发展的内在逻辑与价值。同时，本书还关注生态林业与地区自然环境、地理位置和经济水平等因素之间的相关性，旨在为不同地区的生态林业发展提供有益的借鉴和启示。本书立足于生态林业的现状和未来，努力为建设美丽中国提供智慧。

生态林业建设是当今社会的重大任务之一，需要各方面的积极参与和支持，以实现可持续发展和生态文明建设的目标。南京林业大学是国家"双一流"学科建设高校，在研究生态林业发展、服务生态文明建设、推进中国式现代化建设方面承担着重要的责任和使命。我们希望本书能为广大学者、林业从业者、政策制定者、林业管理者开展研究提供借鉴，共同推动我国林业事业迈上新台阶。

最后，我期待这本书能够得到广大读者的喜爱和认可，取得更广泛的社会影响力，为我国生态文明建设和林业发展贡献更多的力量。

南京林业大学党委书记、教授

2023 年 4 月 23 日

摘　要

本书深入分析了新时代中国生态林业发展面临的机遇与挑战。总报告根据党的二十大提出的生态文明建设要求，并结合习近平生态文明思想，提出生态优先、绿色发展是生态林业发展的方向。总结了生态林业发展成就，认为森林生态价值转化框架逐步完善，对生态林业发展进行综合评价并计算生态林业发展指数。经测算，自2011年以来，中国生态林业发展指数呈逐年增长的趋势，从31.45增长到了57.52。2011~2020年，中国生态林业发展指数增长了约83%。生态林业发展指数与地区自然环境、地理位置、经济水平等因素有一定的关联。不同省份在生态林业方面的发展水平差距较大，应采取相应的政策和措施，加强生态林业建设和保护。

根据指数测算，总报告认为生态林业发展面临诸多挑战，如生态产品供给能力有限、价值实现机制不完善、产业链不连贯等，提出生态林业发展需要深化供给侧结构性改革、构建生态产品价值实现和资产配置新机制、加快生态产品交易平台和监测系统建设、拓展不同林权制度改革路径等建议。

本书第二部分关注制度创新。分析了集体林区不同新型林业经营主体的政策诉求，研究了构建生态产品市场化交易平台的途径，以及如何健全完善生态环境保护"天地一体化"监测体系，分析实现"绿水青山"与"金山银山"价值转化的路径，研究提升生态产品供给能力的重点与途径，主张发挥市场在资源配置中的决定性作用、探索生态产品价值实现路径。

第三部分为生态林草篇。基于系统动力学探讨了林草生态价值实现路径，研究了如何以科技创新促进林草生态产品价值实现与转化，主张推进林

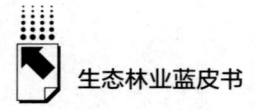

权制度改革实现林草生态产品价值,总结林草业生态价值转化的实践与路径,提出林草资源资产清查核算方法与体系建设思路,提出构建林草碳汇产品价值实现机制的框架。

第四部分关注生态林业产业发展。研究森林食品产业对乡村振兴的推动作用,重视发挥行业协会作用,促进林业发展。

全书构建了生态林业发展的整体框架,系统研究了生态林业发展战略、政策制度、生态价值实现与产业发展等方面的内容,为深入推进生态林业现代化发展提供了政策参考和学理支撑。

关键词: 生态林业 林草资源 生态价值

目录

Ⅰ 总报告

B.1 中国式现代化图景中的生态林业发展报告（2022~2023）
································ 勇　强　李　群　缪子梅　高晓琴　刘　涛 / 001
　　一　引言 ··· / 002
　　二　习近平生态文明思想为中国式现代化林业发展
　　　　指明了方向 ·· / 002
　　三　新时代中国生态林业发展取得的成就 ···························· / 007
　　四　中国生态林业发展综合评价 ··· / 012
　　五　中国生态林业建设面临的挑战与政策建议 ····················· / 022

Ⅱ 制度创新篇

B.2 集体林区不同新型林业经营主体政策诉求调查分析
·· 刘　璨　刘　浩　刘　彪　鹿永华 / 036

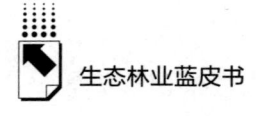

B.3 生态产品市场化交易平台构建……………………于法稳 李 坦 / 063
B.4 健全完善生态环境保护"天地一体化"监测体系
　　——浙江丽水的经验与启示………………彭绪庶 刘春晓 / 080
B.5 实现"绿水青山"与"金山银山"价值转化路径………秦国伟 / 100
B.6 提升生态产品供给能力的重点与路径…………李 晔 陈奕延 / 118
B.7 发挥市场在资源配置中的决定性作用促进生态产品价值实现
　　……………………………………………………………张 倩 / 133

Ⅲ 生态林草篇

B.8 系统动力学视角下的林草生态价值实现路径…………冯 鑫 / 150
B.9 以科技创新促进林草生态产品价值实现与转化
　　……………………………………………………董 洁 刁华杰 / 165
B.10 推进林权制度改革实现林草生态产品价值
　　……… 董一鸣 董思琪 周玉洁 王 静 元 园 邓陈超 / 185
B.11 林草业生态价值转化实践与路径……………………王 璟 / 198
B.12 林草资源资产清查核算方法与体系建设……张 颖 李晓格 / 214
B.13 林草碳汇产品价值实现机制构建
　　………………………………………彭红军 徐 笑 俞小平 / 235

Ⅳ 产业发展篇

B.14 森林食品产业：乡村振兴的新引擎…………………沙 涛 / 250
B.15 发挥行业协会作用，促进林业发展…………………刘 涛 / 261

目 录

后　记 …………………………………………………………… / 275

Abstract …………………………………………………………… / 277
Contents …………………………………………………………… / 279

总 报 告
General Report

B.1
中国式现代化图景中的生态林业发展报告（2022~2023）

勇强 李群 缪子梅 高晓琴 刘涛*

摘　要： 本报告重点阐述了习近平生态文明思想的重要理论意义和科学内涵，说明了其与中国式林业现代化道路的关系，指出了我国生态林业发展的主要任务。此外，本报告通过总结生态林业发展成就，认为森林生态价值转化框架逐步完善，进而对生态林业发展进行综合评价并计算了生态林业发展指数。经测算，自2011年以来，中国生态林业发展指数呈逐年增长的趋势，从31.45增长到了57.52。2011~2020年，中国生态林业发展指数增长了约

---

* 勇强，博士，二级教授，南京林业大学校长，主要研究方向为农林生物质资源生物化学加工利用；李群，理学博士，应用经济学博士后，中国社会科学院数量经济与技术经济研究所研究员、博士生导师、博士后合作导师，主要研究方向为经济预测与评价；缪子梅，南京林业大学副校长，生态文明建设与林业发展研究院常务副院长、研究员，主要研究方向为水资源规划和农业水土环境；高晓琴，生态文明建设与林业发展研究院副研究员，主要研究方向为林业生态工程；刘涛，经济学博士，河北科技大学经济管理学院讲师，主要研究方向为区块链技术、市场体系建设。

83%。生态林业发展指数与地区自然环境、地理位置、经济水平等因素有一定的关联。不同省份的生态林业发展水平差距较大，应采取不同的政策和措施，重点加强薄弱地区的生态林业建设和保护。最后，本报告分析了生态林业建设面临的主要挑战，并提出了相应建议。

关键词： 生态林业　生态价值　生态综合评价

一　引言

生态保护和可持续发展是关乎整个人类生存与发展的重大课题。党的十八大报告提出了将生态文明建设纳入中国特色社会主义事业的总体布局，建设美丽中国。党的十九大进一步将"五位一体"总体布局写入党章，明示了在新时代中国特色社会主义的背景下，生态文明建设应与经济建设、政治建设、文化建设和社会建设得到同等重视。党的二十大报告强调了"中国式现代化是人与自然和谐共生的现代化"，指出要推动绿色发展，促进人与自然和谐共生，并明确了新时代生态文明建设的使命任务。从产业结构调整、污染治理、生态保护、应对气候变化等多个方面，全面阐述了深入推进生态文明建设的方式和道路。必须牢固树立并践行"绿水青山就是金山银山"的理念，站在人与自然和谐共生的高度谋划发展。

二　习近平生态文明思想为中国式现代化林业发展指明了方向

习近平生态文明思想是新时代我国生态文明建设的根本遵循和行动指南。在推进美丽中国建设过程中，必须贯彻绿色发展思想，推进生态环境治理体系与治理能力现代化，并坚持国内国际多方联动，携手共建地球生命共同体。要以坚定不移的决心和持之以恒的精神,攻坚克难,实现生态文明建设由点到面、由局部到整体、由短期到长远的根本性突破。

(一)习近平生态文明思想的重要理论意义

习近平生态文明思想在生态文明建设领域做出了重要贡献,是当代中国马克思主义、二十一世纪马克思主义的重大创新成果,具有一系列重大原创性理论贡献。习近平生态文明思想坚持和发展了马克思主义自然观、生态观,创新发展了马克思主义历史观、生态观、生产力观和民生观。新的理念和科学论断,如"生态兴则文明兴""绿水青山就是金山银山""保护生态环境就是保护生产力,改善生态环境就是发展生产力""良好生态环境是最普惠的民生福祉"等,体现了马克思主义与时俱进的特点,为生态文明建设提供了有力的理论支撑。[①]

(二)习近平生态文明思想的科学内涵

习近平生态文明思想是生态文明建设的指导方针和重要理论支撑,强调要建立和完善生态文明体制机制,将生态文明建设融入经济建设、政治建设、文化建设和社会建设全过程,把保护生态环境作为一项重要任务,推动经济社会发展绿色化、低碳化,建设生态宜居美好家园。

习近平生态文明思想是新时代生态文明建设的重要保障和宗旨要求,涵盖了基本原则、核心理念、历史基础、战略路径、系统观念、制度保障、社会力量和全球倡议等多个方面。其科学内涵正是其核心内容。

生态文明建设的核心理念在于坚持党对生态文明建设的全面领导。在实践中,应坚持"生态兴则文明兴""人与自然和谐共生""绿水青山就是金山银山""良好生态环境是最普惠的民生福祉"等理念。同时,坚持绿色发展是发展观的深刻革命。要全面统筹山水林田湖草沙系统治理,以最严格的制度保护生态环境。将建设美丽中国的任务落到实处需要全体人民的自觉行

---

① 岳奎:《在党领导下推进和拓展中国式现代化》,《人民日报》2023年2月6日。

动，并且要继续推进全球生态文明建设合作与发展。

其中，"坚持党对生态文明建设的全面领导"和"坚持绿色发展是发展观的深刻革命"是新增内容。将"坚持党对生态文明建设的全面领导"置于首位，不仅体现了党的百年奋斗历程，也是实现美丽中国建设目标、全面系统推进生态文明建设的必然要求。绿色发展是一种更加可持续、更加公平、更加人性化的发展方式，它不仅是环境保护的要求，更是对人类未来生存和发展的保证。因此，坚持绿色发展是当前和今后一个时期我国经济社会发展的战略选择。

随着全面建设社会主义现代化国家的推进，生态文明建设被赋予了更高的战略地位。党的指导思想明确提出人与自然和谐共生是指导我国进行生态文明建设的基本原则，并将美丽中国作为建设社会主义现代化强国的重要目标。同时，现代化建设的一个重要任务是提供更多优质的生态产品，这与"绿水青山就是金山银山"的理念一致，后者也是生态文明建设的重要发展理念。这些重大的理论创新和战略部署不仅将对党和国家的发展产生深远的影响，也将对林业的发展产生重要影响。

（三）习近平生态文明思想与中国式现代化道路

习近平生态文明思想丰富了中国式现代化道路，提出我们要建设的现代化是人与自然和谐共生的现代化，强调尊重自然、顺应自然、保护自然基本原则，并将美丽中国作为建设社会主义现代化强国的重要目标，致力于实现生态化和现代化共融共赢。[①] 该思想拓展了人类文明新形态，使生态文明成为人类文明新形态的核心要件和鲜明特质，突出了人与自然和谐共生的价值引领，强调有为政府和有效市场的结合，并吸收借鉴人类生态文明优秀成果为我所用，推动构建人类命运共同体。

党的二十大报告科学地概括了中国式现代化的本质要求，其中"坚持

---

① 龚维斌：《以习近平生态文明思想引领新时代生态文明建设》，《光明日报》2022年8月26日。

"中国共产党领导"被置于首位。将中国建设成为社会主义现代化强国,实现第二个百年奋斗目标,以中国式现代化为手段,全面推进中华民族伟大复兴,必须深刻理解和坚决贯彻"坚持中国共产党领导"的要求,并将党的领导落实到中国式现代化的各领域、各方面和各环节。

一百多年来,中国共产党团结带领人民持续奋斗,中国实现了从一个落后的国家到小康社会的历史性转变。在社会主义革命和建设时期,党提出了逐步建设一个具有现代农业、现代工业、现代国防和现代科学技术的社会主义强国的目标。改革开放和社会主义现代化建设的新时期,党提出了中国式现代化的理念,制定了到21世纪中叶分三步走、基本实现社会主义现代化的发展战略。

习近平生态文明思想的成功提出和拓展,标志着中国式现代化进入了新阶段。中国共产党领导下的社会主义现代化,是适应中国国情的现代化,也是实现中华民族伟大复兴的关键因素。在中国式现代化的推进和拓展过程中,制度保障更加完善,物质基础更加坚实,为实现中华民族伟大复兴提供了有力支持。

(四)中国式现代化图景中林业发展的主要任务

党的二十大报告高度重视生态文明建设,强调了提升生态系统的多样性、稳定性和持续性的重要意义。作为保护和管理森林资源的关键部门,国家林业和草原局森林资源管理司将全面推行森林质量精细化提升工程,引领森林资源保护管理的各项工作,推动森林资源内涵式高质量发展,努力创建一个优质、高效、健康、稳定和可持续的森林生态系统,满足人民群众对森林生态、经济和社会效益的多功能需求。在新时代,森林资源管理司将坚定不移地把思想和行动统一到党的二十大精神上来,积极推动林草事业高质量发展,为实现美丽中国建设目标和全面建设社会主义现代化强国做出积极贡献。①

---

① 《森林资源管理司:奋力打造中国式现代化森林资源保护发展新引擎》,国家林业和草原局网站,2022年10月27日,http://www.forestry.gov.cn/main/586/20221027/190855929458462.html。

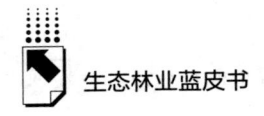

中国的现代化建设经历了一个漫长而又不断发展的过程。自1949年中华人民共和国成立以来,中国的现代化事业取得了惊人的进展,特别是在改革开放后迎来了进一步的发展。1954年,一届全国人大一次会议首次提出了"四个现代化"的构想,"四个现代化"随后成为中国社会主义建设的战略目标。2012年,党的十八大报告提出了经济建设、政治建设、文化建设、社会建设和生态文明建设"五位一体"的总体布局,进一步推动了中国现代化建设的全面发展。在这个总体布局的指导下,中国继续以更快的步伐向现代化强国迈进。

中国的林业已经经历了前所未有的变革和提升,党和政府对林业的关注和投入前所未有。林业已成为国家和社会不可或缺的重要组成部分。2009年,中央林业工作会议首次召开,党中央和国务院明确指出,林业是实现可持续发展战略的重要组成部分,在生态建设中具有首要地位,是西部大开发的基础,在应对气候变化中有特殊的作用。建设生态文明是林业的新历史使命,要求林业发挥更大的作用。因此,中国林业现代化已经具有了全新的内涵。[①]

为了实现新时代林业现代化的完整建设,必须全面落实党的二十大报告中关于生态文明建设的重要任务。通过稳定推进的工作总体方针,深入推进林业改革,全面提高高质量发展水平,强化生态保护和修复,大力发展富民绿色产业,增强基础保障能力,全面提升新时代林业现代化建设的水平,为实施乡村振兴战略、决胜全面建成小康社会、全面建成社会主义现代化强国做出更大的贡献。

推进新时代林业现代化建设是一项长期的战略任务和复杂的系统工程,要坚持以人民为中心、人与自然和谐共生、生态保护修复、发展绿色产业、改革创新、提升质量效益、夯实发展基础的基本要求。各级林业部门要紧盯发展目标,强化责任担当,用林业现代化引领林业改革发展全局,抓实工作举措。

---

① 王希群:《"中国林业现代化"的首次提出与发展》,《中国科学报》2017年6月21日。

林业现代化作为国家现代化的重要支撑，对于实现中华民族伟大复兴、建设生态文明、建设社会主义现代化强国具有重要意义。然而，当前我国林业发展水平与建设生态文明的要求相比仍存在差距，林业作为国家现代化建设中的短板必须加快发展，必须以推进林业现代化建设为根本任务，整合全行业资源、集聚各方力量，坚定不移地推动林业改革发展，为实现第二个百年奋斗目标做出更大贡献。

建设社会主义现代化强国，离不开林业现代化的支撑。推动林业现代化建设，既是当前发展所面临的任务，也是长远发展所需要的战略。而实现林业现代化，离不开深化改革，改革与发展相互促进。在推进改革的同时，要加强制度建设，建立健全现代化的产业体系和管理体系，优化资源配置，加强科技创新，推进绿色生产和消费，提高企业竞争力，促进林业现代化建设的良性循环和可持续发展。

三 新时代中国生态林业发展取得的成就

（一）森林资源建设

随着生态文明建设的不断加强，我国的林业事业得到了长足发展和进步，获得了世界各国的广泛关注。我国的森林面积逐年增加，资源保护得到了全面加强，生态环境得到了明显改善，绿色产业也迅速发展。这些成果是我国不断努力的结果，也是我国为实现绿色发展目标所取得的重要进展。当前，新时代林业现代化建设已经成为我国林业发展的战略目标，具有长远意义和重要使命。需要对当前林业发展形势进行全面深入的分析，梳理林业现代化的总体谋划思路，不断深化改革，推进新时代林业现代化建设和实现林业高质量发展。

据2020年统计数据，我国森林覆盖率达到23.04%，森林蓄积量达到165亿立方米，乡村绿化覆盖率达到30%，林业科技贡献率达到55%，主要造林树种良种使用率达到70%，湿地面积不低于8亿亩，新增沙化土地治理

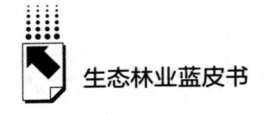

面积1000万公顷，国有林区、国有林场改革和国家公园体制试点基本完成。

提高森林覆盖率，2035年森林覆盖率有望达到26%，同时积极提高森林蓄积量，使其达到210亿立方米。通过加强乡村绿化，将乡村绿化覆盖率提高至38%，并将林业科技的贡献率提升至65%。加强树种良种使用，使主要造林树种良种使用率达到85%，同时将湿地面积增加至8.3亿亩，并使75%以上的可治理沙化土地得到治理。最终，通过这些努力，实现生态状况的根本改善，初步实现美丽中国建设目标。

（二）森林生态系统稳步提升

我国生态系统的质量和稳定性得到提升。我国生态环境保护制度得到系统性完善，国家公园体系建设逐步完善，生态保护监管力度加大，生态安全屏障得到巩固。我国积极应对气候变化，实施积极应对气候变化的国家战略，不断提高碳排放强度的削减幅度，推动经济社会发展全面绿色转型。

我国采取了积极的措施，以确保自然环境的安全和生态平衡。首先，在国家公园体系的支持下，已经正式设立了三江源等首批5个国家公园，这有助于保护90%的陆地生态系统类型和74%的国家重点保护野生动植物种群。其次，实施了生物多样性保护工程和濒危物种的救援工程，划定了35个生物多样性保护区域，并使112种珍稀特有野生动植物实现了野外回归。这些措施不仅有助于保护生态平衡，而且有助于提升森林生态系统的质量和稳定性。此外，我国还积极参与全球生物多样性治理，实施生物多样性保护措施的表现超过了全球平均水平，为全球生态文明建设做出了积极贡献。

（三）森林生态价值转化框架逐步完善

2021年12月31日，我国发布了第一个涉及林业碳汇的国家标准——《林业碳汇项目审定和核证指南》（GB/T 41198—2021），该标准由国家市场监督管理总局、国家标准化管理委员会发布并正式实施。该标准是在我国提出2030年"碳达峰"与2060年"碳中和"目标的背景下，为推动林业碳汇项目开发成为增加生态系统碳汇和实现森林生态系统碳汇功能经济价值的主要路径而制定的。该标准由北京林业大学生态与自然保护学院教授武曙红团队及中国质量认证中心、中国林业科学研究院等6家单位历时3年编制而成。该标准为第三方机构审定和核证林业碳汇项目能否满足我国温室气体自愿减排交易市场要求提供了依据和指南。其发布和实施，有助于确保林业碳信用的真实性和有效性，为林业碳汇项目实现"双碳"目标提供保障。此标准的推行也可以为其他碳减排机制或市场下的林业碳汇项目审定和核证提供参考。随着国家"双碳"目标及相关政策的影响力不断扩大，该标准对于促进我国碳交易市场的健康发展将产生重要的推动作用。

为实现林业碳汇的全面监测和管理，我国正在加速推进林业碳汇计量监测体系的建设。这需要全面了解森林碳汇的存在情况、变化趋势和分布情况，并对森林碳汇储量进行深入评估。此外，需要加强对森林碳汇项目计量技术和湿地碳汇计量监测的研究。

为推动林业碳汇的补偿和交易，需要探索林业碳汇补偿和交易机制，并将林业碳汇纳入生态保护补偿范畴。在全国统一碳市场的大背景下，需要推动林业碳汇交易和碳排放权交易机制的建立，完善技术支撑和政策保障。引导各地开展"碳中和"实践，并鼓励社会资本参与碳汇林建设。目前部分地区已经开始制定森林碳汇和生态价值转化的相关管理办法。

1. 福建省

《福建省林业碳汇交易试点方案》于2017年5月发布，主要包括三个方面的内容。首先，该方案提出了总体要求，包括指导思想、基本原则和目标任务。其中指出，全省选择20个县（林场）开展林业碳汇交易试点，试点面积为50万亩以上，新增碳汇量100万吨以上。在"十三五"期间，福建省力争实施林业碳汇林面积200万亩，年新增碳汇量100万吨以上。其次，该方案明确了试点类型，包括碳汇造林项目试点、森林经营碳汇项目试点、竹林经营碳汇项目试点。最后，该方案提出了具体的工作措施，主要包括强化组织领导、完善体系建设、加强技术创新、抓好试点建设、严把项目质量、加大宣传力度等。根据《福建省碳排放权抵消管理暂行办法》的规定，通过2017年的试点，以后每年预计可生成项目20个以上，完成面积

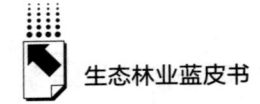

50万亩，新增碳汇量100万吨以上。因此，确定了全省"十三五"期间的目标任务为实施林业碳汇林面积200万亩，年新增碳汇量100万吨以上。

2. 贵州省

2021年11月19日，贵州省人民政府办公厅发布了《贵州省"十四五"林业草原保护发展规划》。该规划提出了通过森林抚育、退化林修复、低产林改造等措施，加强森林经营，提升森林质量，提升森林生态功能，实现增加森林碳汇的目标。该规划强调加强科技支撑，推进林业草原碳汇工作，开展森林、草原和湿地碳储、碳汇与碳利用研究，实施林草碳汇计量监测评估行动。此外，该规划还提出鼓励引导社会主体积极参与林业碳汇项目开发，试点探索"林业碳票"，推进"碳中和"，为贵州省实现"双碳"目标提供有力的数据支撑。

3. 四川省

四川省林业和草原局发布的《关于大力推进林草碳汇高质量发展的意见》中提出，到2022年，全省林草碳汇项目规模力争达到1500万亩；到2025年，全省林草碳汇项目总规模力争达到3000万亩。同时，根据自然条件、发展空间和资源禀赋差异性，全省构建"五大发展片"的林草碳汇发展空间格局，包括川西南发展片、川西北发展片、川东北发展片、川南发展片和川中发展片。针对不同地区，提出了相应的林草碳汇发展策略，重点包括干旱半干旱土地综合治理、退化土地植被恢复、培育生物多样性保护和助推脱贫攻坚林草碳汇品牌等方面。

4. 内蒙古包头市

包头市政府发布了《碳达峰碳中和林草碳汇（包头）试验区实施方案》。该方案以统筹山水林田湖草沙综合治理、提升林草综合碳汇能力为导向，以机制创新、科技支撑、模式探索为重点，全面启动试验区建设，包括建设森林草原湿地碳汇发展片区和碳汇林示范基地，开发林草碳汇综合管理平台，开展林草碳汇计量监测等。到2025年，将建成具有包头特色、系统完整的林草碳汇试验区，实现林草碳汇多元化发展和生态环境质量显著提升。

5. 山东省

《山东省"十四五"应对气候变化规划》提出了推动海洋碳汇建设的五方面措施，其中包括实施滨海湿地固碳增汇行动，开展海洋草原、珊瑚礁、海水养殖等典型生态系统碳汇储量监测评估和固碳潜力分析，并探索建立蓝碳数据库。

6. 浙江省

《浙江省林业发展"十四五"规划》探索将林业碳汇纳入生态保护补偿范畴，推动省域范围内森林碳汇增量横向补偿机制建立。同时，围绕全国建立统一碳市场，推动省域森林碳汇交易与碳排放权交易机制建立，完善技术支撑与政策保障。还引导各地开展重要会议、"碳中和"实践大型活动，鼓励社会资本参与碳汇林建设。

7. 江西省

2021年，江西省生态环境厅公布了《江西省林业碳汇开发及交易管理办法（试行）》，其中包括总则、项目开发管理、项目申报管理、碳汇交易管理、第三方审核管理、监督管理和附则7个章节共26条内容。该管理办法适用于江西省行政区域内林业碳汇项目的开发、申报、审核和交易等工作的管理。该管理办法明确了江西省生态环境厅为江西省林业碳汇开发和交易工作的主管部门，省林业局负责全省范围内林业碳汇项目的组织实施和宣传引导，并对林业碳汇项目开发进行监督管理。

江西省林业碳汇项目开发重点支持乡村振兴重点帮扶县以及国家级重点生态功能区优先开发，项目业主必须是在江西省行政区域内注册的独立法人单位，且原则上应该是项目边界范围内的清晰林权所有者。该管理办法明确项目业主应该根据江西省生态环境厅公布的方法学进行林业碳汇项目开发，同时对项目申报流程和申报材料做了详细说明。该管理办法规定，江西省碳排放权交易机构是江西省林业碳汇交易平台，交易主体购买的林业碳汇仅适用于进行温室气体自愿减排或"碳中和"，交易完成后应该被注销。

8. 辽宁省

2020年，辽宁省人民政府公布了《辽宁省"十四五"林业草原发展规划》，旨在提高辽宁省森林覆盖率，增加森林蓄积量，治理沙化土地。该规划指出，要把握把碳达峰碳中和纳入生态文明建设整体布局的重大发展机遇，呼吁在森林经营、造林绿化、资源保护等方面大力精准提升森林草原质量，充分发挥林草碳汇功能，同时积极推进辽河国家公园建设，以保护生态系统原真性和完整性，优化国土空间布局，推动林业、草原、国家公园"三位一体"融合发展。

该规划提出，科学评估林草碳汇能力，编制提升林草碳汇能力的行动方案，确定林草碳汇任务和目标，以实现碳达峰碳中和目标为目的，推动以增汇为主要目标的可持续经营，合理规划绿化用地，稳定和扩大森林绿地面积，提高森林质量和蓄积量，加强林草资源的管理和保护，减少碳汇流失。

9. 黑龙江省

2021年，黑龙江省人民政府发布《关于进一步激发林草发展活力 助力全省经济高质量发展的意见》。该意见提出，要科学推进国土绿化，提升森林质量，全面加强资源保护，以不断提升森林、湿地、草原等生态系统碳汇能力。同时，鼓励高校、科研院所开展林木良种、造林经营等方面全链条的增汇技术、碳汇计量监测技术研究，推动湿地、草原碳汇方法学研究工作。针对湿地、草原碳汇基础数据底数，用科技手段全面提升黑龙江省林草碳汇增量。同时，积极开发林草碳汇项目，促进林草碳汇生态产品价值转换，为林农致富增收提供新途径，助力全省乡村振兴。

四 中国生态林业发展综合评价

评估生态林业发展是一项重要工作，旨在以科学的方法评估森林生态保护和林业产业发展的成效。制定生态林业政策和开展相关学术研究，创建一个反映生态林业多方面发展趋势的综合评价体系是必要前提。本报告基于

2011~2020年《中国林业统计年鉴》数据，对中国森林生态建设和林业可持续发展的情况进行综合评价。

（一）指标体系构建

本报告认为，选取评估生态林业发展的指标应该基于森林资源对人类的价值，包括生态价值和使用价值两个方面。生态价值指的是人类对森林进行保护，并将其作为一种珍贵的自然遗产留给后人的价值，还有森林生态系统所产生的价值，其内涵可以描述为"为后人保留绿水青山，充分发挥森林在生物多样性保护、水土保持、碳固存等方面的作用"。使用价值包括木材和竹子等森林资源的直接使用价值和森林旅游等森林间接使用价值。

本报告从五个方面评估生态林业的发展状况，以评估森林资源对人类的价值。首先，评估森林的存在状况，包括其维护和发展，以确保森林在未来能够继续为人类提供价值。其次，对实施"绿色发展"的过程进行评估，以证明林业对环境和可持续发展所做的贡献。再次，评估生态林业保护的受重视程度，从而证明相关主体在林业发展过程中对环境问题的关注情况。此外，评估林业产出总量、结构优度和效率，以证明林业的生产效率和经济效益。最后，综合考虑这五个方面的评估结果。据此，生态林业指标体系包含森林生态发展、森林保护、生态林业受重视程度、林业产出、林业产出效率5个一级指标，在这5个一级指标下，还包括21个二级指标（见表1）。

表1 生态林业指标体系

一级指标	二级指标
A₁森林生态发展	B₁林业工作站数量
	B₂森林蓄积量
	B₃森林覆盖率
	B₄森林碳汇量
	B₅自然保护区发展

续表

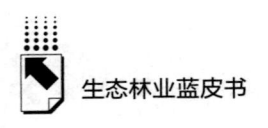

一级指标	二级指标
A_2 森林保护	B_6 退耕还林面积
	B_7 人工造林面积
	B_8 森林公园比例
	B_9 森林病虫害防治面积
	B_{10} 火灾受害森林比例
	B_{11} 有害生物发生防治率
A_3 生态林业受重视程度	B_{12} 生态建设与保护投入在林业总投资中的比重
	B_{13} 改建与技术改造固定资产投入
	B_{14} 单位面积林业工作站数量
	B_{15} 单位面积工作站管理人员、专业技术人员数量
A_4 林业产出	B_{16} 林业总产值
	B_{17} 林业旅游与休闲产业收入
	B_{18} 森林旅游直接带动其他产业产值
A_5 林业产出效率	B_{19} 林业全要素生产率（TFP）
	B_{20} 林业产值中第三产业比重
	B_{21} 林下经济产值

其中自然保护区发展指标为自然保护区面积、数量两项统计指标的综合指标；森林碳汇量参考朱建华等提出的中国森林生态系统碳储量年变化量和于贵瑞、何念鹏等设计的中国森林生态系统固碳速率估算模型（Forest Carbon Sequestration Model，FCS Model），根据省森林积蓄量和气候特征推算。[①]

为简化计算，指标体系内林业全要素生产率（TFP）的度量只考虑人力

[①] W. Cai et al., "Carbon Sequestration of Chinese Forests from 2010 to 2060: Spatiotemporal Dynamics and Its Regulatory Strategies," *Science Bulletin* 8（2022）：836-843；朱建华等：《中国森林生态系统碳汇现状与潜力》，《生态学报》2023年第1期；于贵瑞、何念鹏、王秋凤：《中国生态系统碳收支及碳汇功能：理论基础与综合评估》，科学出版社，2013。

资源投入（考虑存在通货膨胀，采用 GDP 增长率和 M2 增长率进行平减）和资本投入，将林业职工的年度平均收入与林业系统的年末职工数相乘。其中，人力资源投入用林业职工人数×职工平均工资计算得到，资本投入使用线性会计折旧方式得到，以上数据均来自《中国林业统计年鉴》。

计算 TFP，通过测量生产要素如劳动力、资本的变化，来反映生产力的变化。具体计算方法如下。首先，通过回归分析建立一个生产函数，将产量与生产要素的投入量联系起来。将每个生产要素的产出量与其投入量相除，计算各要素的平均产出弹性。其次，计算每个生产要素的产出弹性，即该要素在生产过程中对总产出的贡献。将每个生产要素的产出弹性相加，得出总产出弹性，用于计算 TFP。最后，使用索洛残差法计算 TFP。用实际产出除以预期产出，得到一个残差项，表示生产力的变化。这个残差项就是 TFP，它反映了生产力技术进步和效率提高的程度。使用索洛残差法计算 TFP，可以了解林业生产力的变化，分析技术进步和效率提高的程度，为进一步提高林业生产力提供决策参考。

（二）权重设定

确定生态林业指标体系的权重分配。合理的权重分配是生态林业发展评价体系科学性和公正性的保证。生态林业指标体系的构建必须结合生态林业发展的实际情况，注重实用性。生态林业指标权重见表 2。

表 2　生态林业指标权重

一级指标	一级权重	二级指标	二级权重
A_1 森林生态发展	0.2302	B_1 林业工作站数量	0.06906
		B_2 森林蓄积量	0.04604
		B_3 森林覆盖率	0.04604
		B_4 森林碳汇量	0.02302
		B_5 自然保护区发展	0.04604

续表

一级指标	一级权重	二级指标	二级权重
A_2 森林保护	0.2288	B_6 退耕还林面积	0.02288
		B_7 人工造林面积	0.06864
		B_8 森林公园比例	0.04576
		B_9 森林病虫害防治面积	0.02288
		B_{10} 火灾受害森林比例	0.04576
		B_{11} 有害生物发生防治率	0.02288
A_3 生态林业受重视程度	0.2337	B_{12} 生态建设与保护投入在林业总投资中的比重	0.07011
		B_{13} 改建与技术改造固定资产投入	0.04674
		B_{14} 单位面积林业工作站数量	0.04674
		B_{15} 单位面积工作站管理人员、专业技术人员数量	0.07011
A_4 林业产出	0.1369	B_{16} 林业总产值	0.04107
		B_{17} 林业旅游与休闲产业收入	0.05476
		B_{18} 森林旅游直接带动其他产业产值	0.04107
A_5 林业产出效率	0.1704	B_{19} 林业全要素生产率（TFP）	0.06816
		B_{20} 林业产值中第三产业比重	0.06816
		B_{21} 林下经济产值	0.03408

（三）数据获取及指数测算

本报告的数据来源主要是 2011~2020 年中国各省份森林情况和产业发展统计年鉴，缺失数据按照零值处理。此外，历年中国各省份的碳汇是以各地区历次森林调查结果中的森林积蓄量为基础，结合主要树种比例估测的。

为了更好地为政策制定提供参考，提高生态林业发展指数的实用价值，指数测算方法应具备如下特点。

第一，具有历史可比较性。指数的计算应具有时间上的连贯性，以便能全面地反映某一区域生态林业发展在各个时间段内的变化趋势。这有利于对生态林业建设各个指标的发展进程进行度量。因此，指数应当具备比较的基础，使历史数据和现有数据可以在同一时间轴上进行比较。

第二，具有地区间的可比较性。评价指标要能客观地反映各区域生态林业发展差异状况，从而体现传统优势地区林业发展、森林保护的效果，同时能够体现森林资源较为匮乏地区的特殊情况。此外，指标应当在不同层级的地区如国家、省区市具有较好的稳定性，以确保不同地区之间具有可比性。

第三，具有综合性。指标应当全面反映森林面积、质量及林业产值的发展状况，从而保证各项指标的变动都能通过发展指数得到反映。这有助于提高政策制定的针对性。

第四，具有未来研究的延续性。在获取最新年度数据时，为了保证计算数据连贯一致，往期评估结果应当是可以延续的。此外，计算方法应为将来的算法调整留出一定的空间，以确保未来数据可以在测算方法中得到准确反映，使指数的实用性更强。

第五，操作简易和具有稳定性。算法应当简单稳定，计算过程易于理解。此外，在统计数据变化较小的情况下，指数应不发生大的起伏，以保证指数的稳定性和准确性，使政策制定者和研究人员可以更轻松地使用该指数。

为了实现以上目的，课题组聘请多位专家学者，包括统计学和生态指数测算方面的专家，设计了计算方法。经过多次比较测算结果并调整计算方法，最终采用了"设立标杆期、计算标杆期地区均值、全部数据除以标杆期均值"的三步法完成二级指标的基础数据整理。具体而言，首先将逆序指标进行正序化，然后选择基期年份（因为统计口径发生了改变，所以选择2011年作为基期），计算出该年份区域的平均值，接下来，在地区间和时间序列上均除以该均值，计算生态林业发展指数。

下面以黑龙江省 X 年的森林面积指数计算为例：

$$X 年黑龙江省森林面积指数 = \frac{X 年黑龙江省森林面积}{2011 年全国各省份平均森林面积} \quad (1)$$

在计算完各项分指标后，根据权重，对处理过的21个二级指标乘以 N 次幂权重求和，并进行归一化处理。具体的计算公式如式（2）：

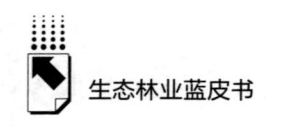

$$\frac{\sum_{i=1}^{21} Index_i \times Weight_i^n}{\sum_{i=1}^{21} Weight_i^n} \tag{2}$$

对权重进行幂次运算,使权重值的差异更加明显。在生态林业发展指数测算中,由于各个指标之间的权重不同,通过对权重进行幂指数转化,可以突出优势权重变量对指数的影响,从而提高指数的准确性和稳定性。

在进行试验对比时,我们发现当 N 值过小时,指数的变化幅度较小,难以反映各个指标的差异。而当 N 值过大时,指数的变化幅度过大,不利于反映各个指标之间的相对差异。在 N 为 2 的情况下,指数的变化幅度适中,可以有效地反映各个指标的相对差异,从而得到较为合理和稳定的指数测算结果。

(四)指数测算结果及分析

数据表明,自 2011 年以来,中国生态林业发展指数总体呈增长趋势,从 2011 年的 31.45 增长到 2020 年的 57.52。2011~2020 年,中国生态林业发展指数增长了约 83%。

可以看出,中国生态林业发展指数的增长趋势基本是持续的。2011~2019 年指数稳步增长。受森林旅游收入降低影响,2020 年指数略有下降,长期来看指数的增长趋势不会改变(见图1)。

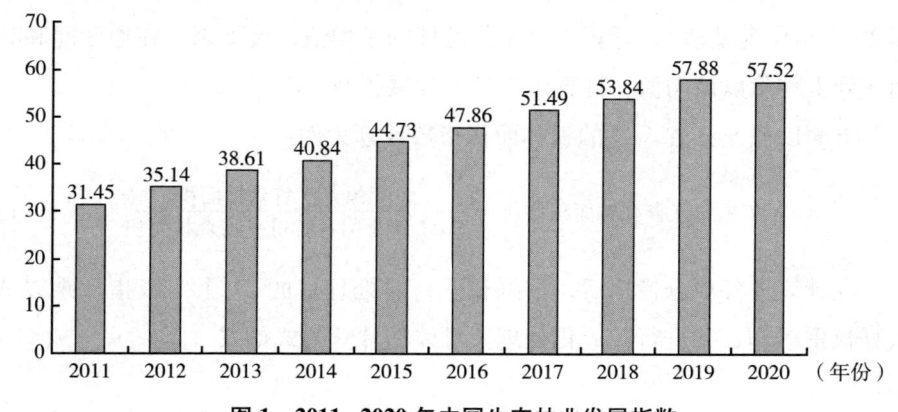

图1 2011~2020 年中国生态林业发展指数

数据表明，中国生态林业的发展取得重要进展，政府的相关政策、规划和措施发挥了积极作用，林业资源的保护、改善和管理得到了有效的推动和实施。这也表明生态环境保护的重要性逐渐为人们所认识，中国的生态文明建设不断加强。

2020年各省份生态林业发展指数表明了各省份在生态林业方面的整体发展水平。数据显示，浙江省的生态林业发展指数最高，为5.15，排名第一；其次是江西省、广西壮族自治区和贵州省，生态林业发展指数分别为4.50、4.30和3.35（见图2）。各省份之间的生态林业发展指数差距比较大，可以推断出各省份在生态林业方面的发展不平衡。同时，这些数据反映了生态林业发展指数与地区自然环境、地理位置、经济水平等因素有一定的关联。例如，浙江省位于中国东南沿海地区，生态资源丰富，经济发达，因此该省生态林业发展指数较高。相反，青海省位于青藏高原，地理环境复杂，生态林业发展受到一定限制。这些数据表明不同省份在生态林业方面的发展水平差距较大，应该重视这一问题，并采取相应的政策和措施，加强生态林业建设和保护。

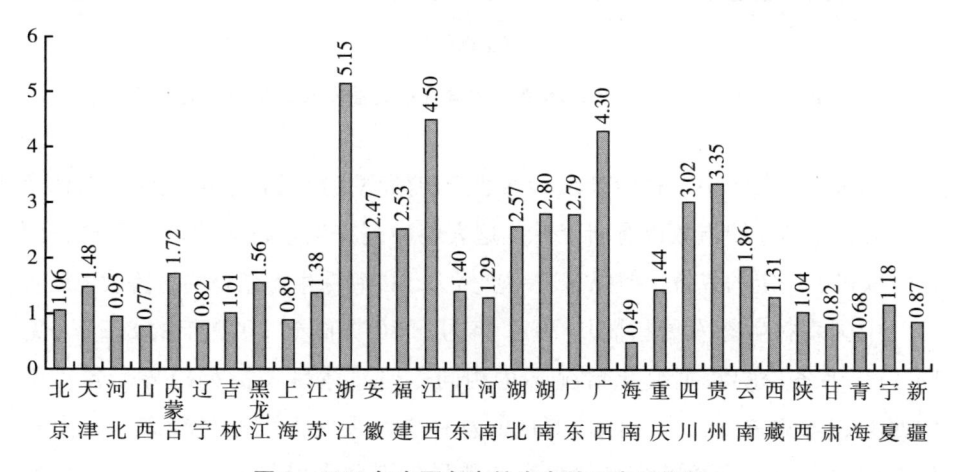

图2 2020年中国各省份生态林业发展指数

观察2011年、2017年和2020年中国生态林业发展分指数的变化情况可以发现，森林生态发展、森林保护指数在2011~2020年都有所上升，林业产出和林业产出效率指数增长速度更快。

森林生态发展指数从2011年的6.80上升到2020年的8.21，增长了1.41。森林保护指数也有所上升，从2011年的6.11上升到2020年的7.09，增长了0.98。生态林业受重视程度指数从2011年的8.28下降到2020年的7.83，下降了0.45。林业产出指数增长速度最快，从2011年的3.72上升到2020年的18.14，增长了14.42。林业产出效率指数也有较快的增长，从2011年的6.55上升到2020年的16.24，增长了9.69（见图3）。

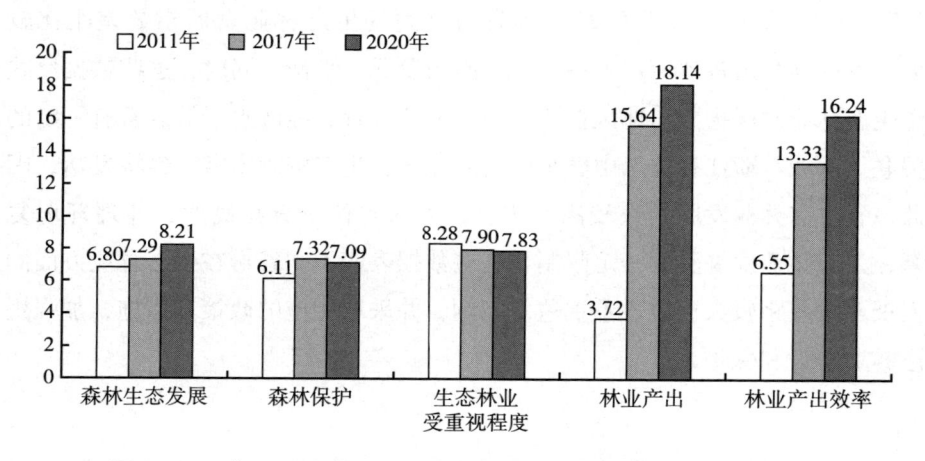

图3 2011年、2017年、2020年中国生态林业发展分指数变化情况

在过去的几年中，林业产出和林业产出效率指数增长速度较快，森林生态发展、森林保护指数也有所上升。这表明中国在生态林业建设和保护方面已经取得了一定的成效，但仍需进一步努力，以确保生态环境的可持续发展。

中国森林生态发展指数从2011年的6.80提高到2020年的8.21（见图4）。各省份的数据变化情况不尽相同，但总体呈现提高趋势。各省份中西藏、内蒙古、云南、四川等地的森林生态发展指数相对较高。不同省份森林生态发展指数的变化趋势存在差异。有些省份的森林生态发展指数呈现上升的趋势，如四川、贵州等省份；有些省份的森林生态发展指数则存在波动，如福建等省份；还有些省份的森林生态发展指数则呈现下降趋势（见附录）。

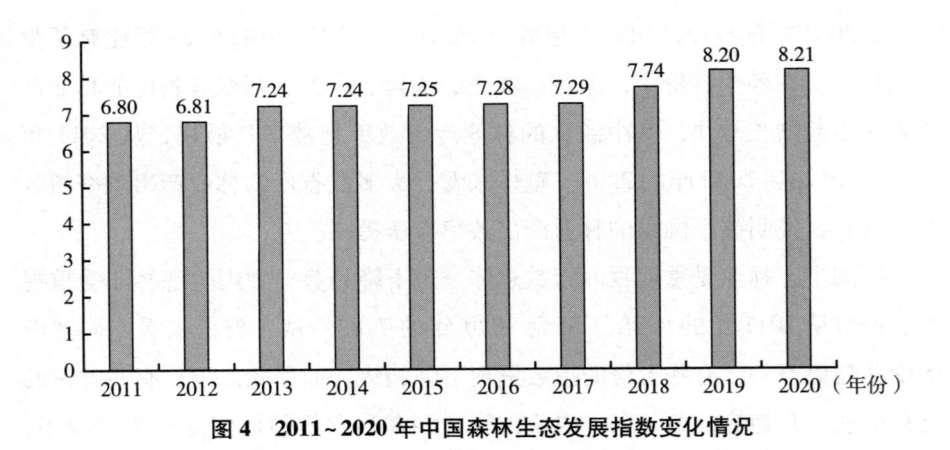

图 4 2011~2020 年中国森林生态发展指数变化情况

2011~2020 年,中国林业产出指数总体呈现上升趋势,尤其是在 2015 年之后增长迅速,到 2019 年达到了 20.61,2020 年受森林旅游业收入降低影响,回落至 18.14,但林业产出指数总体向上发展的基本形势未发生改变(见图 5)。

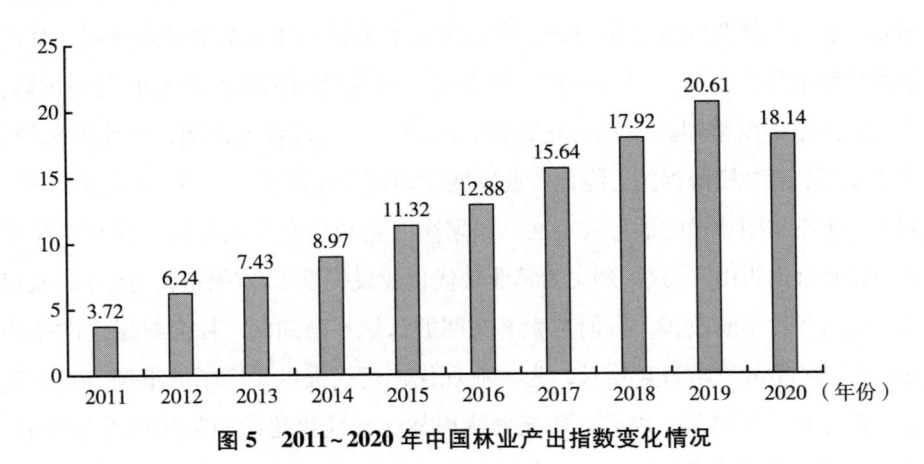

图 5 2011~2020 年中国林业产出指数变化情况

2011~2020 年,广西、青海、贵州、西藏、广东林业产出指数增速较快,增幅达到了 9 倍,湖北、陕西、福建、重庆、安徽、云南、内蒙古、江西、浙江增速均超过全国平均水平。从全国整体来看,西南、东南地区的增速快于中西部,南方增速快于北方,东北地区增速较低。

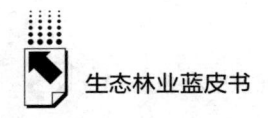

2020年中国林业产出效率指数为16.24，与2011年的6.55相比有了很大的增长。在各个省份中，浙江、江西、福建、广西、西藏等省份的林业产出效率指数增长较快，其中浙江的林业产出效率指数增长最快，从2011年的0.23增加到2020年的2.98。整体来看，大多数省份的林业产出效率指数有所增长，说明整个国家的林业产出效率有所提高。

中国生态林业受重视程度指数总体呈现下降趋势，中国生态林业受重视程度指数从2011年的8.28下降到2020年的7.83。从各省份来看不同省份的变化趋势不一，有些省份的指数呈现下降趋势，如黑龙江等；有些省份的指数呈现上升趋势，如北京、内蒙古等；大多数省份的数值变化幅度较小，呈现稳定趋势。

五 中国生态林业建设面临的挑战与政策建议

当前我国林业现代化建设机遇和挑战并存。一方面，林业现代化建设面临诸多挑战，如林业资源总量短缺、森林覆盖率不高、林业基础设施薄弱、林产品质量和附加值低等。另一方面，林业现代化建设面临前所未有的发展机遇。当前，国家高度重视林业现代化建设，出台了一系列政策措施，林业投融资、生态修复、森林资源保护、绿色产业发展等领域都在持续加大投入和扶持力度。同时，生态文明建设已被写入宪法，国家高度重视生态文明建设，强调"绿水青山就是金山银山"，这一理念为林业现代化建设提供了政治保障。此外，随着人民生活条件不断改善，人们对生态文明的认识不断加深，社会对绿色产品和绿色生态环境的需求日益增长，为林业现代化建设提供了广阔的市场空间，带来了良好的发展前景。因此，要充分认识林业现代化建设面临的机遇与挑战，科学规划，把握机遇，主动应对挑战，推动林业现代化建设不断取得新进展。

（一）中国生态林业建设面临的挑战

1. 林业产业为劳动密集型产业

近年来，我国林业劳动力素质提升缓慢，同时劳动力成本逐渐上升，这给林业生产带来了巨大挑战。改革开放后，农村劳动力向城市转移，造成了大批年轻的林农离开森林、山地到城市打工，而我国林业产业总体仍处于劳动密集型阶段，劳动力成本的不断上涨，对林业生产者的影响日益增大。

2. 资源约束逐步收紧

森林资源是林业产业发展的根本，然而，尽管近年来我国森林覆盖率和森林蓄积量保持"双增"趋势，但总体仍处于森林资源匮乏、生态环境脆弱的阶段。这加剧了木材供需矛盾，并使得国内木材依赖国外供应，2021年木材对外依存度已达49%且呈现上升趋势。如何提高国内木材供应能力，确保木材供应的安全性，是林业产业面临的重要实际问题。随着全球气候变暖的影响日渐加剧，减排的压力也越来越大。林业产业应对气候变化的任务更加艰巨。

3. 国际贸易竞争愈加激烈

贸易保护主义抬头，使我国林产品的出口环境变得更加复杂。由于长期以来过度依赖加工贸易模式，我国林产品贸易结构不合理，科技含量低，产业链竞争力不足，贸易话语权弱，成为林产品贸易强国还有很长的路要走。

（二）政策建议

1. 全面提升林草管理工作

健全完善森林资源管理制度体系。继续落实林长制，加强林地与林木采伐管理政策和制度体系建设，制定规划加强林地定额管理，完善国家级公益林划定管理等办法，加强政策落实，解决森林资源保护的重点难点问题，确保有效政策形成长效机制。摸清森林资源底数。

2022年全国森林、草原、湿地调查监测工作利用遥感技术和现场调查技术相结合的方法，对林草资源、碳汇进行了监测，对国家级公益林及其他图斑进行了监测与样地调查，对林草生态网络感知系统的数据进行了年度更新，未来更要全面了解我国林草湿地等资源的情况和变化，以不断提升林草治理体系和治理能力。此外，还要全面加强森林保护管理，继续实施森林督

查，强化森林督查，建立林政执法综合管理系统，提升对案件"大数据"的分析和处理能力。对于涉及林业的案件采用通报、挂牌督办、警示约谈以及媒体曝光等方式，推进地方林政案件存量动态清零，继续严厉打击涉林违法行为，确保森林资源的安全。

持续推进林业领域的各种改革，深入破解机制僵化、体制不畅等问题，建立健全政策支持体系和法律法规系统，以更好地为林业现代化建设提供保障。与此同时，在不断健全生态文明制度体系的过程中，要不断加强生态文明建设，促进林业和生态环境保护协同发展。

需要进一步改革林业管理体制，推动林业产业结构调整和转型升级，实现林业经济发展和生态保护的良性互动。同时，还需要完善林业法规制度体系，加大林业执法力度，推动生态环境保护工作深入开展。此外，要加强林业科技创新和人才队伍建设，推动林业现代化发展，以适应社会经济的需求和生态文明的要求。

为提高生态产品生产能力，国家实施了多项重大政策支持林业改革发展。生态产品价值实现路径和交易机制的科学化，有助于吸引更多金融资本和社会资本进入林业生态产品领域，增强林业发展的活力和动力。

加强林业科技研究和科技成果转移转化，是推动林业产业现代化发展的一项重要措施。长期以来，我国林业科技管理以政府部门为主，科技投入主要来源于各级财政资金，科技资源则主要集中于高校和科研院所。然而，由于缺乏市场导向和企业参与，科技成果与现实需求脱节，难以转化为生产力，这是当前林业产业科技发展的瓶颈。

需要积极推进科技改革创新，加大科技成果转化力度，促进科技成果与市场需求紧密对接。同时，需要加强知识产权保护，完善技术转移和技术咨询服务机制，加强与企业和社会各方的合作，以确保科技成果得到充分应用和转化。注重人才培养，积极推进科技创新人才队伍建设，提高科技创新的能力和水平。同时要加强科技成果的管理和应用，不断推进科技成果的转化，为林业产业的高质量发展提供更强有力的支撑。

2. 全面促进林业高质量发展

应该坚定地树立"在保护中发展，在发展中保护"的理念，积极推进森林质量精准提升工程。要实现这一目标，就必须采取科学、精准、高效的营林技术，推动我国的森林资源由以面积扩大为主导的外延式发展转变为以提升质量为导向的内涵式发展。同时，必须从对单一功能的追求向多功能追求转变，由粗放经营转变为集约化、精细化经营，从而不断稳步提升森林生态系统的稳定性。此外，还要促进资源增量、结构优化、生态效益提升、景观美化、作用增强、林农收益提高等方面的工作，从而达到长期可持续发展的目的。

要实现这一目标，需要优化林业结构，推进森林资源管理和保护，鼓励林业科技创新，推进森林质量精准提升工程，实施多种功能林建设，推动森林生态系统稳步发展。还需要注重发挥生态系统的多种功能，如生态保护、气候调节、水源涵养、土壤保持、生物多样性维护、文化传承等，使森林的生态效益和社会效益最大化。

需要积极发展生态林业、循环林业和林下经济，推进森林经济建设，提升林业生产效益和林农收入水平。还需要加大投入力度，完善技术和管理体系，加强森林保护和监测，为森林生态系统的稳定和可持续发展提供更好的支持和保障。

3. 促进林业发展，增强人民福祉

发展林业是推进乡村振兴的关键举措之一。林业部门要落实乡村振兴战略，用林业的发展带动农民致富，让脱贫地区的人民也能分享生态文明建设的成果。发挥林业对美丽乡村建设的支撑作用，是全面建成小康社会和实现中华民族伟大复兴的要求，也是林业现代化建设的必然要求。

在推进林业改革的过程中，需要不断优化林业生产和经营管理体制，探索建立现代林业产业体系和林业资本市场，加强对林业企业的支持和引导，为林业企业发展提供更好的环境和条件。同时，还需要加大林业科技创新和人才培养力度，促进科技成果的转化和应用，提高林业企业的竞争力和发展质量。

在林业改革的过程中，需要充分考虑生态环境保护和资源可持续利用的问题，加强对生态环境的保护和恢复，推动森林可持续经营和发展，实现林

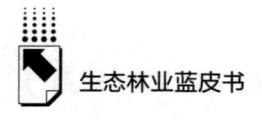

业的长期可持续发展。

实施乡村振兴战略，需要充分发挥林业在生态、经济和社会等多个方面的作用。一方面，林业产业能够提供丰富的生态产品，改善生态状况，保护生态环境，促进乡村绿色发展。另一方面，林业是农村的重要基础产业和绿色富民产业，可为农民提供就业机会，提高农民收入，促进农村经济社会发展。同时，林业可以带动一系列配套产业的发展，促进乡村产业升级和优化。因此，实施乡村振兴战略需要将林业发展纳入其中，并通过制定适当的政策和措施，激发林业的发展潜力，提高林业的现代化水平和竞争力，为乡村振兴和农业农村现代化发展提供强有力的支撑。

参考文献

[1] 刘珉、胡鞍钢：《人与自然和谐共生的现代化——中国林业绿色发展之路（1949—2060）》，《海南大学学报》（人文社会科学版）2022年第5期。

[2] 苏春雨：《建设生态文明，推动新时代林业高质量发展》，《中国环境报》2019年12月11日。

附录

2011~2020年中国生态林业发展指数

（一）生态林业发展指数

地区	2011年	2012年	2013年	2014年	2015年	2016年	2017年	2018年	2019年	2020年
中国	31.45	35.14	38.61	40.84	44.73	47.86	51.49	53.84	57.88	57.52
北京	0.90	0.77	0.71	0.67	0.76	1.16	0.81	0.90	0.94	1.06
天津	1.98	1.91	1.57	0.93	1.36	1.31	1.17	0.67	0.48	1.48

续表

地区	2011年	2012年	2013年	2014年	2015年	2016年	2017年	2018年	2019年	2020年
河北	0.78	0.84	0.91	0.91	0.92	1.02	0.99	1.05	1.03	0.95
山西	0.85	0.86	0.80	0.87	0.81	0.81	0.91	0.92	0.86	0.77
内蒙古	1.32	1.38	1.46	1.39	1.53	1.53	1.57	1.66	1.82	1.72
辽宁	0.91	1.12	1.09	1.12	1.06	0.95	0.95	0.95	0.92	0.82
吉林	0.97	1.00	1.07	1.11	1.23	1.30	1.19	1.14	1.10	1.01
黑龙江	1.17	1.17	1.36	1.30	1.44	1.60	1.98	1.73	1.77	1.56
上海	0.93	0.96	0.85	1.41	1.00	1.31	1.01	1.10	1.00	0.89
江苏	0.98	1.08	1.11	1.16	1.06	1.06	1.13	1.30	1.36	1.38
浙江	0.92	1.48	1.59	1.83	2.57	2.68	2.90	3.63	4.13	5.15
安徽	0.86	1.17	1.24	1.44	1.55	1.78	1.95	2.22	2.42	2.47
福建	0.84	0.85	1.46	1.12	1.31	1.56	1.46	2.45	2.86	2.53
江西	1.22	1.52	1.82	1.44	1.99	2.13	3.69	3.80	4.38	4.50
山东	1.28	1.35	1.51	1.58	1.64	1.60	1.53	1.52	1.62	1.40
河南	0.86	0.92	0.94	1.15	1.18	1.13	1.24	1.34	1.24	1.29
湖北	0.91	0.97	1.15	1.19	1.55	1.96	2.36	2.65	2.98	2.57
湖南	1.59	1.72	1.92	2.23	2.51	2.33	2.57	2.83	2.96	2.80
广东	0.87	1.89	1.96	2.53	2.67	2.87	3.07	3.20	3.23	2.79
广西	1.94	2.28	3.29	4.10	3.58	4.24	3.74	2.99	4.17	4.30
海南	0.42	0.43	0.57	0.55	0.55	0.56	0.59	0.57	0.47	0.49
重庆	0.84	0.91	0.96	0.87	1.00	1.04	1.18	1.43	1.50	1.44
四川	1.63	1.83	2.15	2.29	2.70	2.93	3.15	3.29	3.47	3.02
贵州	0.95	1.05	1.24	1.42	2.18	2.38	3.27	2.99	3.42	3.35
云南	1.18	1.21	1.33	1.35	1.45	1.49	1.52	1.66	1.88	1.86
西藏	1.03	0.99	1.05	1.23	1.15	1.05	0.97	1.11	1.21	1.31
陕西	0.75	0.86	0.86	0.86	0.97	0.95	1.03	1.10	1.10	1.04
甘肃	0.65	0.67	0.69	0.72	0.77	0.84	0.87	0.97	0.85	0.82
青海	0.63	0.67	0.59	0.61	0.57	0.60	0.75	0.66	0.71	0.68
宁夏	0.53	0.53	0.57	0.71	0.81	0.80	0.88	1.06	0.98	1.18
新疆	0.73	0.78	0.80	0.75	0.87	0.90	1.05	0.97	1.02	0.87

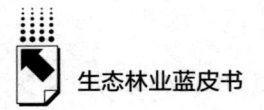

（二）生态林业一级指数

1. 森林生态发展指数

地区	2011年	2012年	2013年	2014年	2015年	2016年	2017年	2018年	2019年	2020年
中国	6.80	6.81	7.24	7.24	7.25	7.28	7.29	7.74	8.20	8.21
北京	0.06	0.06	0.06	0.06	0.06	0.06	0.06	0.08	0.08	0.08
天津	0.01	0.01	0.02	0.02	0.02	0.02	0.02	0.02	0.02	0.02
河北	0.11	0.11	0.11	0.11	0.11	0.11	0.11	0.13	0.14	0.14
山西	0.07	0.07	0.09	0.09	0.09	0.09	0.09	0.10	0.11	0.11
内蒙古	0.57	0.57	0.60	0.60	0.61	0.60	0.60	0.63	0.69	0.69
辽宁	0.18	0.18	0.20	0.20	0.20	0.20	0.20	0.20	0.20	0.20
吉林	0.29	0.29	0.30	0.30	0.30	0.30	0.30	0.32	0.30	0.30
黑龙江	0.51	0.51	0.52	0.52	0.53	0.53	0.55	0.57	0.64	0.64
上海	0.03	0.03	0.03	0.03	0.03	0.03	0.03	0.03	0.02	0.02
江苏	0.05	0.05	0.07	0.06	0.06	0.06	0.06	0.06	0.06	0.06
浙江	0.17	0.17	0.18	0.18	0.18	0.18	0.19	0.19	0.21	0.21
安徽	0.13	0.13	0.13	0.12	0.14	0.14	0.14	0.14	0.15	0.15
福建	0.26	0.26	0.28	0.28	0.27	0.28	0.28	0.30	0.32	0.32
江西	0.31	0.32	0.33	0.32	0.32	0.31	0.31	0.33	0.35	0.35
山东	0.09	0.09	0.10	0.10	0.10	0.09	0.09	0.09	0.09	0.09
河南	0.10	0.10	0.11	0.11	0.11	0.11	0.11	0.12	0.13	0.13
湖北	0.16	0.16	0.19	0.19	0.19	0.19	0.19	0.21	0.23	0.23
湖南	0.26	0.26	0.27	0.29	0.28	0.29	0.28	0.30	0.33	0.33
广东	0.33	0.33	0.34	0.34	0.34	0.34	0.34	0.36	0.36	0.36
广西	0.31	0.31	0.33	0.33	0.33	0.33	0.33	0.36	0.40	0.40
海南	0.15	0.15	0.16	0.16	0.16	0.16	0.16	0.17	0.13	0.13
重庆	0.16	0.16	0.17	0.17	0.17	0.17	0.17	0.19	0.15	0.15
四川	0.49	0.49	0.51	0.51	0.51	0.51	0.51	0.54	0.59	0.59
贵州	0.18	0.18	0.20	0.20	0.20	0.20	0.20	0.23	0.25	0.25
云南	0.49	0.49	0.52	0.52	0.52	0.52	0.52	0.58	0.65	0.65
西藏	0.64	0.64	0.64	0.64	0.64	0.64	0.65	0.65	0.69	0.69
陕西	0.21	0.21	0.23	0.23	0.23	0.23	0.23	0.24	0.26	0.26
甘肃	0.14	0.15	0.16	0.16	0.16	0.15	0.15	0.16	0.18	0.17
青海	0.17	0.17	0.18	0.18	0.18	0.18	0.18	0.18	0.19	0.19
宁夏	0.03	0.03	0.03	0.03	0.03	0.03	0.03	0.03	0.03	0.03
新疆	0.18	0.18	0.18	0.18	0.19	0.20	0.20	0.22	0.25	0.25

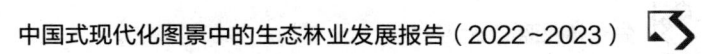

2. 森林保护指数

地区	2011年	2012年	2013年	2014年	2015年	2016年	2017年	2018年	2019年	2020年
中 国	6.11	6.00	6.14	5.79	6.89	6.72	7.32	6.90	6.93	7.09
北 京	0.14	0.15	0.15	0.14	0.14	0.13	0.14	0.13	0.13	0.13
天 津	0.07	0.07	0.07	0.07	0.07	0.07	0.07	0.07	0.07	0.07
河 北	0.26	0.27	0.27	0.28	0.28	0.38	0.33	0.38	0.34	0.31
山 西	0.30	0.32	0.29	0.30	0.27	0.26	0.33	0.35	0.29	0.28
内蒙古	0.43	0.45	0.47	0.33	0.43	0.40	0.42	0.40	0.46	0.42
辽 宁	0.22	0.21	0.21	0.19	0.19	0.16	0.15	0.17	0.16	0.16
吉 林	0.22	0.22	0.25	0.25	0.29	0.27	0.27	0.17	0.16	0.17
黑龙江	0.18	0.20	0.17	0.16	0.17	0.15	0.16	0.15	0.16	0.17
上 海	0.07	0.07	0.07	0.07	0.07	0.07	0.07	0.07	0.07	0.07
江 苏	0.12	0.12	0.11	0.11	0.13	0.12	0.12	0.13	0.13	0.13
浙 江	0.11	0.11	0.11	0.11	0.12	0.11	0.11	0.14	0.21	0.30
安 徽	0.11	0.11	0.17	0.16	0.20	0.14	0.15	0.16	0.15	0.18
福 建	0.16	0.11	0.12	0.09	0.19	0.18	0.18	0.16	0.17	0.20
江 西	0.15	0.16	0.17	0.15	0.19	0.22	0.22	0.22	0.24	0.33
山 东	0.26	0.25	0.26	0.26	0.26	0.22	0.22	0.22	0.25	0.23
河 南	0.26	0.25	0.26	0.27	0.24	0.21	0.22	0.22	0.22	0.23
湖 北	0.19	0.19	0.21	0.20	0.23	0.22	0.28	0.27	0.34	0.24
湖 南	0.26	0.26	0.25	0.28	0.34	0.32	0.33	0.35	0.34	0.35
广 东	0.17	0.16	0.17	0.17	0.29	0.25	0.24	0.26	0.26	0.31
广 西	0.13	0.13	0.13	0.13	0.15	0.15	0.13	0.17	0.17	0.16
海 南	0.08	0.09	0.08	0.09	0.09	0.09	0.09	0.09	0.09	0.09
重 庆	0.20	0.20	0.20	0.18	0.23	0.22	0.21	0.30	0.29	0.29
四 川	0.20	0.15	0.14	0.12	0.30	0.37	0.44	0.34	0.33	0.31
贵 州	0.17	0.15	0.23	0.22	0.31	0.33	0.62	0.24	0.24	0.30
云 南	0.41	0.37	0.36	0.30	0.38	0.36	0.31	0.32	0.33	0.31
西 藏	0.14	0.14	0.15	0.15	0.14	0.13	0.14	0.12	0.13	0.14
陕 西	0.25	0.24	0.26	0.24	0.28	0.23	0.26	0.27	0.26	0.26
甘 肃	0.24	0.24	0.25	0.26	0.32	0.35	0.36	0.37	0.32	0.32
青 海	0.20	0.18	0.17	0.17	0.16	0.20	0.22	0.21	0.21	0.25
宁 夏	0.13	0.13	0.13	0.12	0.12	0.11	0.12	0.13	0.12	0.12
新 疆	0.27	0.29	0.26	0.25	0.33	0.32	0.39	0.31	0.30	0.29

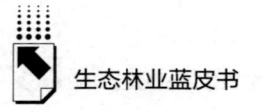

3. 生态林业受重视程度指数

地区	2011年	2012年	2013年	2014年	2015年	2016年	2017年	2018年	2019年	2020年
中国	8.28	8.50	9.04	9.00	8.52	9.29	7.90	6.72	6.65	7.83
北京	0.24	0.28	0.30	0.19	0.21	0.51	0.25	0.35	0.30	0.49
天津	1.75	1.68	1.37	0.68	1.12	1.06	0.93	0.41	0.29	1.30
河北	0.24	0.22	0.26	0.26	0.25	0.25	0.25	0.22	0.23	0.21
山西	0.32	0.31	0.26	0.32	0.27	0.27	0.26	0.22	0.23	0.16
内蒙古	0.08	0.09	0.11	0.12	0.12	0.14	0.14	0.15	0.13	0.13
辽宁	0.17	0.18	0.17	0.14	0.17	0.14	0.13	0.13	0.15	0.14
吉林	0.12	0.12	0.10	0.15	0.14	0.16	0.15	0.18	0.16	0.17
黑龙江	0.16	0.14	0.14	0.13	0.15	0.15	0.42	0.18	0.12	0.06
上海	0.70	0.74	0.62	1.11	0.75	1.05	0.76	0.82	0.78	0.68
江苏	0.41	0.39	0.36	0.22	0.21	0.16	0.13	0.17	0.23	0.25
浙江	0.11	0.11	0.13	0.12	0.11	0.09	0.09	0.07	0.05	0.11
安徽	0.21	0.26	0.27	0.34	0.20	0.25	0.26	0.28	0.34	0.36
福建	0.10	0.11	0.38	0.11	0.12	0.13	0.09	0.10	0.17	0.18
江西	0.12	0.11	0.10	0.09	0.13	0.13	0.10	0.10	0.09	0.12
山东	0.39	0.32	0.32	0.31	0.29	0.26	0.15	0.14	0.29	0.25
河南	0.23	0.23	0.20	0.29	0.30	0.20	0.21	0.26	0.16	0.23
湖北	0.15	0.17	0.14	0.12	0.11	0.09	0.08	0.09	0.11	0.10
湖南	0.21	0.18	0.13	0.15	0.16	0.12	0.09	0.12	0.15	0.15
广东	0.09	0.10	0.12	0.13	0.16	0.10	0.09	0.09	0.08	0.08
广西	1.09	1.31	2.01	2.50	1.98	2.45	1.80	0.74	0.69	0.69
海南	0.07	0.07	0.11	0.09	0.07	0.09	0.09	0.10	0.05	0.06
重庆	0.19	0.21	0.19	0.11	0.11	0.10	0.11	0.12	0.19	0.20
四川	0.09	0.10	0.12	0.09	0.09	0.09	0.10	0.12	0.12	0.12
贵州	0.16	0.16	0.15	0.17	0.19	0.19	0.13	0.14	0.19	0.21
云南	0.10	0.12	0.13	0.16	0.12	0.20	0.21	0.23	0.24	0.24
西藏	0.15	0.13	0.11	0.10	0.20	0.12	0.03	0.08	0.08	0.13
陕西	0.13	0.15	0.13	0.13	0.12	0.13	0.13	0.14	0.15	0.14
甘肃	0.11	0.10	0.10	0.09	0.10	0.11	0.11	0.11	0.13	0.12
青海	0.12	0.11	0.14	0.13	0.12	0.11	0.10	0.11	0.10	0.09
宁夏	0.18	0.17	0.23	0.32	0.36	0.32	0.37	0.62	0.53	0.54
新疆	0.10	0.10	0.12	0.12	0.12	0.12	0.13	0.13	0.13	0.13

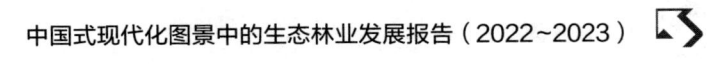

4. 林业产出指数

地区	2011年	2012年	2013年	2014年	2015年	2016年	2017年	2018年	2019年	2020年
中 国	3.72	6.24	7.43	8.97	11.32	12.88	15.64	17.92	20.61	18.14
北 京	0.03	0.03	0.02	0.04	0.03	0.05	0.03	0.03	0.07	0.05
天 津	0.00	0.00	0.00	0.00	0.00	0.00	0.00	0.00	0.00	0.00
河 北	0.05	0.06	0.09	0.10	0.12	0.12	0.13	0.14	0.15	0.13
山 西	0.01	0.02	0.02	0.02	0.03	0.03	0.05	0.05	0.05	0.04
内蒙古	0.02	0.02	0.02	0.04	0.05	0.07	0.09	0.12	0.15	0.13
辽 宁	0.15	0.25	0.24	0.29	0.26	0.21	0.22	0.21	0.19	0.12
吉 林	0.09	0.10	0.12	0.13	0.16	0.18	0.19	0.19	0.16	0.09
黑龙江	0.08	0.10	0.12	0.13	0.15	0.17	0.19	0.21	0.17	0.10
上 海	0.01	0.01	0.01	0.01	0.03	0.03	0.02	0.02	0.02	0.01
江 苏	0.21	0.31	0.36	0.54	0.45	0.50	0.58	0.70	0.70	0.66
浙 江	0.31	0.38	0.46	0.54	0.76	1.00	1.21	1.50	1.66	1.55
安 徽	0.16	0.36	0.37	0.43	0.61	0.78	0.91	1.07	1.21	1.21
福 建	0.15	0.22	0.28	0.27	0.31	0.48	0.45	1.33	1.57	1.22
江 西	0.32	0.61	0.83	0.51	0.96	1.04	1.55	1.60	1.76	1.71
山 东	0.23	0.39	0.47	0.55	0.65	0.67	0.71	0.71	0.69	0.58
河 南	0.09	0.15	0.13	0.17	0.21	0.25	0.29	0.32	0.36	0.34
湖 北	0.14	0.21	0.34	0.40	0.64	0.94	1.17	1.37	1.47	1.20
湖 南	0.56	0.71	0.88	1.06	1.24	1.03	1.26	1.38	1.47	1.34
广 东	0.17	1.03	1.07	1.59	1.59	1.84	2.05	2.04	2.06	1.64
广 西	0.09	0.13	0.31	0.53	0.45	0.51	0.61	0.70	1.75	1.82
海 南	0.02	0.03	0.04	0.06	0.06	0.05	0.07	0.07	0.05	0.06
重 庆	0.06	0.08	0.09	0.11	0.15	0.19	0.28	0.37	0.47	0.41
四 川	0.53	0.68	0.70	0.84	1.01	1.14	1.25	1.41	1.55	1.36
贵 州	0.11	0.17	0.22	0.33	0.99	1.10	1.64	1.72	2.06	1.72
云 南	0.04	0.06	0.08	0.10	0.12	0.14	0.19	0.23	0.32	0.30
西 藏	0.00	0.00	0.00	0.00	0.00	0.00	0.00	0.01	0.07	0.01
陕 西	0.02	0.05	0.06	0.08	0.12	0.13	0.18	0.17	0.20	0.18
甘 肃	0.01	0.01	0.02	0.02	0.03	0.03	0.04	0.07	0.03	0.02
青 海	0.00	0.00	0.00	0.00	0.00	0.00	0.01	0.01	0.01	0.01
宁 夏	0.01	0.02	0.02	0.03	0.06	0.06	0.05	0.04	0.04	0.06
新 疆	0.03	0.05	0.06	0.05	0.09	0.11	0.18	0.11	0.15	0.06

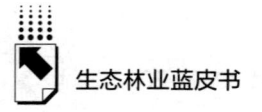

5. 林业产出效率指数

地区	2011年	2012年	2013年	2014年	2015年	2016年	2017年	2018年	2019年	2020年
中 国	6.55	7.59	8.77	9.85	10.75	11.69	13.33	14.55	15.48	16.24
北 京	0.44	0.26	0.18	0.24	0.32	0.40	0.32	0.32	0.37	0.31
天 津	0.14	0.14	0.12	0.16	0.15	0.16	0.15	0.17	0.09	0.09
河 北	0.13	0.17	0.17	0.16	0.15	0.16	0.16	0.18	0.17	0.16
山 西	0.15	0.13	0.14	0.14	0.15	0.16	0.18	0.20	0.18	0.18
内蒙古	0.21	0.24	0.26	0.30	0.32	0.32	0.32	0.36	0.39	0.35
辽 宁	0.20	0.30	0.27	0.30	0.25	0.24	0.25	0.24	0.23	0.21
吉 林	0.25	0.27	0.30	0.27	0.34	0.38	0.27	0.28	0.32	0.29
黑龙江	0.25	0.23	0.41	0.36	0.44	0.61	0.66	0.62	0.68	0.59
上 海	0.13	0.11	0.12	0.18	0.12	0.14	0.12	0.16	0.12	0.10
江 苏	0.20	0.21	0.21	0.23	0.21	0.21	0.24	0.24	0.25	0.28
浙 江	0.23	0.71	0.70	0.88	1.39	1.30	1.30	1.73	2.00	2.98
安 徽	0.25	0.31	0.31	0.39	0.41	0.47	0.48	0.57	0.56	0.57
福 建	0.16	0.15	0.40	0.37	0.43	0.50	0.46	0.57	0.62	0.61
江 西	0.32	0.33	0.40	0.38	0.40	0.42	1.50	1.52	1.94	1.99
山 东	0.31	0.31	0.37	0.36	0.36	0.36	0.36	0.35	0.29	0.25
河 南	0.18	0.18	0.23	0.30	0.32	0.36	0.41	0.41	0.36	0.37
湖 北	0.27	0.25	0.27	0.27	0.37	0.52	0.63	0.71	0.84	0.81
湖 南	0.30	0.31	0.39	0.46	0.50	0.58	0.61	0.68	0.67	0.64
广 东	0.12	0.27	0.26	0.30	0.28	0.32	0.34	0.45	0.48	0.40
广 西	0.33	0.40	0.52	0.62	0.68	0.80	0.87	1.02	1.17	1.24
海 南	0.10	0.09	0.18	0.16	0.17	0.17	0.18	0.15	0.15	0.15
重 庆	0.25	0.28	0.30	0.31	0.34	0.35	0.41	0.45	0.39	0.39
四 川	0.31	0.40	0.69	0.74	0.80	0.84	0.86	0.88	0.88	0.63
贵 州	0.34	0.39	0.43	0.50	0.49	0.56	0.67	0.65	0.69	0.87
云 南	0.13	0.16	0.23	0.27	0.29	0.27	0.29	0.30	0.35	0.36
西 藏	0.10	0.08	0.12	0.34	0.16	0.16	0.16	0.24	0.24	0.33
陕 西	0.15	0.20	0.19	0.19	0.23	0.22	0.23	0.27	0.22	0.20
甘 肃	0.16	0.16	0.17	0.18	0.17	0.19	0.21	0.27	0.20	0.19
青 海	0.14	0.21	0.10	0.12	0.11	0.11	0.25	0.15	0.19	0.14
宁 夏	0.19	0.19	0.17	0.21	0.23	0.27	0.30	0.24	0.26	0.44
新 疆	0.14	0.16	0.16	0.14	0.15	0.15	0.15	0.20	0.19	0.13

（三）生态林业发展重要二级指数

1. 森林碳汇量指数

地区	2011年	2012年	2013年	2014年	2015年	2016年	2017年	2018年	2019年	2020年
中 国	30.91	30.91	33.24	33.24	33.24	33.24	33.24	33.24	65.89	66.41
北 京	0.03	0.03	0.03	0.03	0.03	0.03	0.03	0.03	0.19	0.19
天 津	0.01	0.01	0.01	0.01	0.01	0.01	0.01	0.01	0.04	0.04
河 北	0.25	0.25	0.26	0.26	0.26	0.26	0.26	0.26	1.35	1.35
山 西	0.18	0.18	0.24	0.24	0.24	0.24	0.24	0.24	0.87	0.88
内蒙古	3.40	3.40	3.57	3.57	3.57	3.57	3.57	3.57	7.59	7.76
辽 宁	2.05	2.05	2.23	2.23	2.23	2.23	2.23	2.23	1.53	1.53
吉 林	3.95	3.95	4.09	4.09	4.09	4.09	4.09	4.09	2.12	2.13
黑龙江	0.45	0.45	0.46	0.46	0.46	0.46	0.46	0.46	5.47	5.52
上 海	1.14	1.14	1.30	1.30	1.30	1.30	1.30	1.30	0.02	0.02
江 苏	0.58	0.58	0.88	0.88	0.88	0.88	0.88	0.88	0.41	0.41
浙 江	0.17	0.17	0.18	0.18	0.18	0.18	0.18	0.18	1.61	1.61
安 徽	0.36	0.36	0.38	0.38	0.38	0.38	0.38	0.38	1.05	1.05
福 建	0.60	0.60	0.63	0.63	0.63	0.63	0.63	0.63	2.16	2.17
江 西	0.65	0.65	0.67	0.67	0.67	0.67	0.67	0.67	2.71	2.71
山 东	0.81	0.81	0.82	0.82	0.82	0.82	0.82	0.82	0.71	0.71
河 南	1.02	1.02	1.09	1.09	1.09	1.09	1.09	1.09	1.07	1.08
湖 北	0.17	0.17	0.21	0.21	0.21	0.21	0.21	0.21	1.96	1.96
湖 南	0.28	0.28	0.30	0.30	0.30	0.30	0.30	0.30	2.80	2.81
广 东	3.39	3.39	3.51	3.51	3.51	3.51	3.51	3.51	2.52	2.53
广 西	0.58	0.58	0.63	0.63	0.63	0.63	0.63	0.63	3.82	3.83
海 南	3.78	3.78	4.03	4.03	4.03	4.03	4.03	4.03	0.52	0.52
重 庆	4.38	4.38	4.83	4.83	4.83	4.83	4.83	4.83	0.95	0.95
四 川	1.04	1.04	1.07	1.07	1.07	1.07	1.07	1.07	5.02	5.06
贵 州	0.41	0.41	0.49	0.49	0.49	0.49	0.49	0.49	2.10	2.12
云 南	0.09	0.09	0.10	0.10	0.10	0.10	0.10	0.10	5.71	5.74
西 藏	0.01	0.01	0.01	0.01	0.01	0.01	0.01	0.01	4.06	4.09
陕 西	0.63	0.63	0.70	0.70	0.70	0.70	0.70	0.70	2.38	2.39
甘 肃	0.03	0.03	0.03	0.03	0.03	0.03	0.03	0.03	1.49	1.53
青 海	0.01	0.01	0.01	0.01	0.01	0.01	0.01	0.01	1.19	1.22
宁 夏	0.22	0.22	0.26	0.26	0.26	0.26	0.26	0.26	0.22	0.23
新 疆	0.22	0.22	0.24	0.24	0.24	0.24	0.24	0.24	2.24	2.26

注：为方便观察，此表数据为原始数据乘以100后的数据。

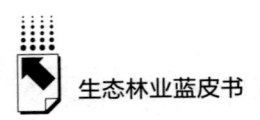

2. 林业全要素生产率指数

地区	2011年	2012年	2013年	2014年	2015年	2016年	2017年	2018年	2019年	2020年
中国	3.16	2.99	3.05	3.20	2.66	2.78	2.87	3.20	2.72	2.72
北京	0.12	0.11	0.10	0.11	0.08	0.09	0.10	0.11	0.09	0.09
天津	0.08	0.10	0.07	0.12	0.09	0.11	0.08	0.16	0.09	0.09
河北	0.10	0.11	0.10	0.09	0.07	0.08	0.08	0.09	0.09	0.09
山西	0.10	0.10	0.09	0.10	0.08	0.09	0.09	0.09	0.09	0.09
内蒙古	0.08	0.08	0.09	0.11	0.09	0.09	0.09	0.10	0.09	0.09
辽宁	0.10	0.09	0.09	0.10	0.07	0.06	0.09	0.10	0.09	0.09
吉林	0.10	0.09	0.09	0.08	0.08	0.09	0.07	0.08	0.09	0.09
黑龙江	0.10	0.07	0.10	0.08	0.07	0.08	0.08	0.08	0.09	0.08
上海	0.11	0.07	0.09	0.15	0.08	0.10	0.06	0.10	0.09	0.09
江苏	0.12	0.10	0.09	0.11	0.09	0.08	0.09	0.10	0.09	0.09
浙江	0.13	0.10	0.09	0.10	0.09	0.10	0.09	0.11	0.09	0.09
安徽	0.10	0.11	0.08	0.11	0.08	0.10	0.08	0.13	0.09	0.09
福建	0.13	0.09	0.21	0.05	0.09	0.10	0.09	0.12	0.09	0.09
江西	0.09	0.09	0.09	0.09	0.09	0.08	0.09	0.10	0.09	0.09
山东	0.12	0.12	0.11	0.09	0.08	0.09	0.08	0.11	0.09	0.09
河南	0.10	0.09	0.09	0.09	0.09	0.08	0.09	0.13	0.09	0.09
湖北	0.10	0.09	0.10	0.07	0.10	0.10	0.09	0.11	0.09	0.09
湖南	0.11	0.08	0.09	0.09	0.07	0.10	0.09	0.10	0.09	0.09
广东	0.10	0.11	0.09	0.11	0.09	0.08	0.10	0.10	0.10	0.08
广西	0.10	0.10	0.11	0.10	0.09	0.08	0.09	0.11	0.09	0.09
海南	0.08	0.04	0.10	0.10	0.10	0.11	0.11	0.08	0.08	0.09
重庆	0.10	0.11	0.10	0.10	0.11	0.11	0.11	0.13	0.09	0.09
四川	0.09	0.09	0.09	0.09	0.08	0.09	0.09	0.10	0.09	0.09
贵州	0.11	0.10	0.11	0.10	0.09	0.10	0.16	0.10	0.09	0.09
云南	0.09	0.10	0.10	0.09	0.08	0.08	0.08	0.09	0.09	0.09
西藏	0.09	0.06	0.09	0.27	0.09	0.08	0.08	0.10	0.09	0.09
陕西	0.09	0.12	0.10	0.09	0.09	0.09	0.09	0.12	0.09	0.09
甘肃	0.09	0.09	0.10	0.10	0.09	0.08	0.10	0.09	0.09	0.09
青海	0.13	0.20	0.09	0.11	0.10	0.09	0.15	0.04	0.09	0.09
宁夏	0.12	0.11	0.09	0.10	0.09	0.07	0.11	0.08	0.09	0.09
新疆	0.10	0.10	0.11	0.10	0.10	0.09	0.07	0.12	0.09	0.09

3. 林下经济产值指数

地区	2011年	2012年	2013年	2014年	2015年	2016年	2017年	2018年	2019年	2020年
中国	0.68	1.65	2.69	3.28	4.20	4.69	5.85	6.35	7.45	8.45
河北	0.00	0.03	0.03	0.03	0.03	0.03	0.03	0.02	0.02	0.02
内蒙古	0.00	0.02	0.02	0.03	0.03	0.04	0.04	0.04	0.04	0.03
辽宁	0.02	0.10	0.05	0.08	0.05	0.05	0.02	0.01	0.01	0.02
吉林	0.05	0.08	0.10	0.09	0.14	0.18	0.07	0.05	0.07	0.06
黑龙江	0.00	0.03	0.18	0.14	0.22	0.36	0.39	0.31	0.37	0.32
江苏	0.01	0.02	0.03	0.03	0.03	0.04	0.03	0.03	0.04	0.08
浙江	0.03	0.53	0.53	0.68	1.17	1.03	1.02	1.41	1.70	2.68
安徽	0.04	0.08	0.12	0.14	0.16	0.19	0.21	0.24	0.25	0.26
福建	0.01	0.05	0.17	0.28	0.30	0.36	0.32	0.31	0.39	0.41
江西	0.05	0.04	0.12	0.13	0.14	0.15	1.20	1.20	1.59	1.64
山东	0.14	0.15	0.21	0.22	0.21	0.21	0.21	0.18	0.14	0.10
河南	0.01	0.03	0.06	0.12	0.14	0.17	0.20	0.16	0.14	0.14
湖北	0.04	0.02	0.04	0.04	0.06	0.16	0.27	0.30	0.46	0.44
湖南	0.02	0.03	0.08	0.13	0.17	0.22	0.24	0.29	0.30	0.28
广东	0.01	0.01	0.02	0.03	0.02	0.04	0.07	0.15	0.20	0.14
广西	0.18	0.26	0.33	0.45	0.52	0.62	0.69	0.80	0.89	0.96
海南	0.00	0.01	0.05	0.02	0.02	0.02	0.03	0.01	0.02	0.02
重庆	0.01	0.02	0.03	0.04	0.05	0.05	0.07	0.07	0.05	0.06
四川	0.02	0.08	0.37	0.41	0.47	0.49	0.49	0.49	0.47	0.25
贵州	0.01	0.01	0.02	0.02	0.04	0.07	0.05	0.07	0.09	0.32
云南	0.01	0.02	0.08	0.11	0.14	0.11	0.11	0.10	0.15	0.15
西藏	0.00	0.00	0.00	0.00	0.00	0.00	0.00	0.00	0.00	0.00
陕西	0.00	0.02	0.02	0.02	0.05	0.05	0.05	0.06	0.04	0.03
甘肃	0.00	0.00	0.01	0.02	0.02	0.03	0.04	0.03	0.03	0.03

制度创新篇
Institutional Innovation Topic

B.2 集体林区不同新型林业经营主体政策诉求调查分析

刘璨 刘浩 刘彪 鹿永华*

摘 要： 在集体林区，培育新型林业经营主体是提高林地经营水平的合理选择。加快培育新型林业经营主体有利于实现集体林的规模化经营。当前，我国各级政府采取多种政策扶持措施，鼓励新型林业经营主体发展，并取得了重要进展。本报告依托国家林业和草原局重大问题调研课题，实地调研了952个不同类型的新型林业经营主体，分析他们在林权流转、林木采伐、融资渠道和森林保险等方面的现状、问题和诉求，提出了加强林权交易管理，创新经营发展模式，强化财政金融支撑，引导社会资本广泛参与，着力推进政策性、商业性森林保险工作等政策建议。

---

* 刘璨，国家林业和草原局发展研究中心副主任，二级研究员，主要研究方向为林业经济理论与政策；刘浩，博士，国家林业和草原局发展研究中心农村室主任，主要研究方向为林业经济理论与政策；刘彪，北京农学院经济管理学院在读硕士研究生，主要研究方向为林业经济理论；鹿永华，博士，青岛农业大学学报编辑部主任，教授，主要研究方向为农业经济管理。

关键词： 集体林区　林业经营主体　林权制度改革

一　引言

党的十八大报告对我国农村改革与发展所面临的新形势做出重大部署，提出要发展多种形式的规模经营。2022年中央一号文件和《农业农村部关于实施新型农业经营主体提升行动的通知》都提出推动新型农业经营主体走高质量发展道路，推动由数量增长向量质并举转变。林业在推进乡村振兴中具有不可替代的作用，林业发展肩负着改善生态状况和当地生计的双重使命。林业经营主体是推动林业发展的关键，在中央提出培育新型农业经营主体、加快构建新型农业经营体系后，林业专业大户、家庭林场、农民林业专业合作社和林业龙头企业等新型林业经营主体发展进入快车道。截至2020年底，全国新型林业经营主体达到29.43万个，经营林地总计2081亿亩，平均经营林地面积达到953.26亩。[①]

然而，伴随着新型林业经营主体的快速扩张，出现了发展质量不高、动力不强、后劲不足等问题。[②] 在新一轮集体林权制度深化改革背景下，我国政府围绕林木采伐、财政补助、绿色金融、社会化服务等方面，加大了对新型林业经营主体的扶持力度。2017年，国家林业局出台《关于加快培育新型林业经营主体的指导意见》，旨在鼓励和引导社会资本积极参与林业建设，推进集体林业适度规模经营。[③] 同时，各地加大了对新型林业经营主体的政策扶持力度，安徽省制定了财税、金融保险等七个方面的综合措施，福建省设立了新型林业经营主体标准化建设财政专项资

---

① 国家林业和草原局。
② 王倩、曹玉昆：《中国林业投资产出效应和盈利效应的时变特征》，《统计与决策》2020年第4期。
③ 罗攀柱：《集体林业新型经营主体：存在理由、现实困境及其路径选择——以湖南省为例》，《中南林业科技大学学报》（社会科学版）2020年第20期。

金。从目前所掌握的情况来看，集体林区不同类型的新型林业经营主体发展状况、存在的问题和政策诉求具有较大差异，导致新型林业经营主体相关扶持政策所发挥的效果具有显著差异，部分政策定位不精准，仅惠及某些主体类型，部分政策实操性不强，难以落地并发挥预期效果。因此，迫切需要研究新型林业经营主体的发展现状和困境，针对他们的政策诉求，有的放矢地提出完善相关扶持政策的对策建议。

在正式提出新型林业经营主体的概念之前，作为推动林地规模经营的载体，家庭林场、农民林业专业合作社和林业龙头企业受到学界的普遍关注。廖深洪等发现家庭林场、林业专业大户和农民林业专业合作社之间存在联系，家庭林场数量的增加有助于形成农民林业专业合作社。① 自 2012 年国家提出构建新型林业经营主体后，有学者从不同角度分析了新型林业经营主体的成立动因、特征及现状和发展前景。② 罗攀柱基于典型案例分析了我国新型林业经营主体的现实发展困境并提出破解思路。③ 围绕负责人能力、经营决策、林地流转、财政补贴、保险需求、林权抵押贷款等方面，学界研究了林业经营主体偏好和相关政策对其发展的影响。④ 根据上述文献可以发

---

① 廖深洪等：《发展家庭林场 深化林业改革——关于福建省龙岩市发展家庭林场的调研报告》，《福建林业》2013 年第 6 期。

② 张利明等：《民营林场发展经验及其典型意义——以江西省崇义县和遂川县为例》，《林业经济》2018 年第 9 期；柯水发：《新型林业经营主体培育存在的问题及对策——基于浙江、江西及安徽省的典型调查》，《林业经济问题》2014 年第 6 期；王世霞等：《内蒙古新型林业经营主体培育中的问题探析及对策建议》，《中国林业经济》2016 年第 4 期。

③ 罗攀柱：《集体林业新型经营主体：存在理由、现实困境及其路径选择——以湖南省为例》，《中南林业科技大学学报》（社会科学版）2020 年第 1 期。

④ R. L. Johnson, R. J. Alig, E. Moore et al., "NIPF Landowner's View of Regulation," *Journal of Forestry* 6 (1997): 23-28; Z. Muhammad, J. S. Syed, Y. Cao et al., "Impact of Small-to-Medium Size Forest Enterprises on Rural Livelihood: Evidence from Khyber-Pakhtunkhwa, Pakistan," *Sustainability* 10 (2019): 1-17; M. Indrajit, T. Lawrence, B. Brett, "Characterizing Family Forest Owners: A Cluster Analysis Approach," *Forest Science* 54 (2008): 176-184; 孟俊杰等：《新型农业经营主体财政政策需求优先序及影响因素分析——以河南省为例》，《中国农业资源与区划》2022 年第 9 期；王瑞敏：《新型农业经营主体农业保险需求影响因素——基于安徽省调研数据的实证分析》，《江西农业学报》2021 年第 3 期；谢向黎、石道金、许宇鹏：《新型林业经营主体林权抵押贷款的现状及对策——以浙江省为例》，《林业经济问题》2014 年第 6 期。

现，学界在新型林业经营主体相关研究领域已经取得了较为明显的进展，但同时存在一些不足，体现为已有研究主要针对某一区域或单一影响因素，容易出现以偏概全的现象。同时，已有研究大部分以定性分析和案例分析为主，缺乏相关数据支撑和以定量分析为主的研究。为弥补上述研究不足，本报告利用实地调研获得的952个新型林业经营主体数据，分析我国不同类型新型林业经营主体的现状、问题和诉求；根据新型林业经营主体在林权流转、林木采伐、融资渠道和森林保险等方面的政策诉求，提出优化与完善相关政策的主要思路，为促进集体林区实现适度规模经营提供路径参考。

二 相关概念及调研概况

（一）新型经营主体概念及演化

受农业家庭联产承包责任制启发，1981年，林业部门开展了以"稳定山权和林权、划定自留山、确定林业生产承包责任制"为主要内容的林业"三定"改革。1985年，为了制止乱砍滥伐，中央进一步优化农村经济政策，使农户拥有更充分的林业经营自主权，并开放了木材市场。[①] 2008年，在经历了福建、江西、辽宁等试点省份的试验之后，中共中央、国务院出台了《关于全面推进集体林权制度改革的意见》，我国开始全面推进集体林权制度改革，但很多地区仍然存在林地权属不清、纠纷不断、责权不明确等现象，导致林地经营管理机制不活、林地流转不规范，制约了农户从林地经营中获取经济收益。一方面，农户经营林地细碎化问题严重，导致农户经营林地积极性不高；另一方面，城镇化和老龄化导致林业劳动生产力的数量和质量迅速下降，林地流转进程明显加快，因此规模化和组织化的经营方式成为

---

① 胡武贤：《集体林权制度变迁的比较分析——基于行为主体的视角》，《华南师范大学学报》（社会科学版）2011年第2期。

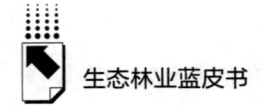

林业发展的趋势。2014年，我国推行集体所有权、承包权和经营权的"三权"分置，政府部门开始鼓励林地流转，将林地经营权从承包经营权中分离出来，积极培育家庭林场和合作社等新型林业经营主体。

为进一步深化集体林权制度改革，推进集体林业适度规模经营，鼓励和引导社会资本参与林业建设，2017年，国家林业局发布《关于加快培育新型林业经营主体的指导意见》，对新型林业经营主体的发展思路和相关扶持政策进一步做出了明确的规定。通过把农户发展为林业专业大户，将小农生产引入林业现代化的发展轨道；在林业专业大户的基础上，逐步推进家庭林场和农民林业专业合作社发展，使其开展与自身劳动力数量、经营管理水平、投融资能力相符或通过联合林农进行合作生产的适度规模经营，逐步发展为标准化生产、规范化管理的现代化林业龙头企业。在此过程中，引导社会资本参与林业建设，利用创新力强、管理水平高、资金充足等优势促进林业技术创新和成果转化，采取兼并重组、联合发展等方式，使林业企业最终成长为林业龙头企业。

（二）调研概况

本报告的数据来源为国家林业和草原局发展研究中心的全国性多层次长期大样本数据库，依托2021年度重大问题调研课题，对该数据库中新型林业经营主体相关方面进行了有针对性的调研。调研工作采取全国层面的随机分层抽样技术，选取集体林权制度改革典型省份江西、福建、广西等作为案例，在案例省份选取基本能够反映全省份整体情况的案例县市，每个案例县市选取3~6个乡镇，每个乡镇随机选取6~8个新型林业经营主体进行访问。在剔除无效样本后，本报告使用的数据涵盖了17个省份40个县市的972个样本新型林业经营主体。①

---

① 根据国家林业局2017年出台的《关于加快培育新型林业经营主体的指导意见》，本报告将林业专业大户、家庭林场、农民林业专业合作社、林业龙头企业统一划分为新型林业经营主体。

（三）样本特征

在972个受访样本主体中，林业专业大户、家庭林场、农民林业专业合作社和林业龙头企业分别占总样本主体数量的21.19%、12.55%、34.77%和31.48%（见图1）。其中，742个林业经营主体进行了工商注册，家庭林场、农民林业专业合作社、林业龙头企业的平均注册资本分别为136.35万元、335.26万元和1308.08万元。截至2019年底，所有类型经营主体平均资产总额为1518.18万元，其中，林业专业大户、家庭林场、农民林业专业合作社、林业龙头企业的平均资产总额分别为173.79万元、612.99万元、562.51万元和3839.73万元。

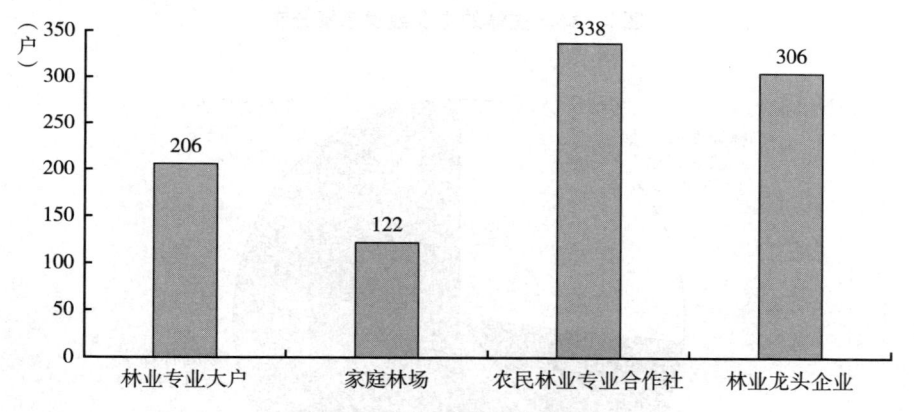

图1 不同类型样本主体分布

从样本主体的经营范畴来看，经营造林营林与特色林果的样本主体最多，比重分别为44.96%和41.36%；同时，经营林下种植、种苗花卉、林下养殖、木材加工的样本主体比重也均在10.00%以上，从事森林旅游或康养、果品加工和竹材加工的样本主体比重较小（见图2）。

从样本主体负责人的职务来看，22.74%的林业专业大户户主无职务，77.26%的样本主体主要负责人有正式职务，其中，家庭林场主占11.11%、农民林业专业合作社理事长占17.18%、林业龙头企业董事长占9.77%、总经理占12.76%、法人代表占26.44%（见图3）。

生态林业蓝皮书

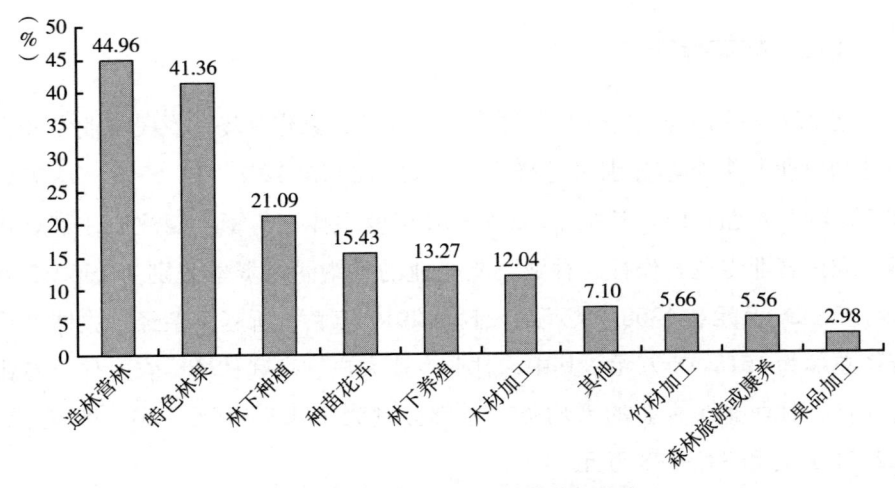

图 2 样本主体的主要经营范围分布

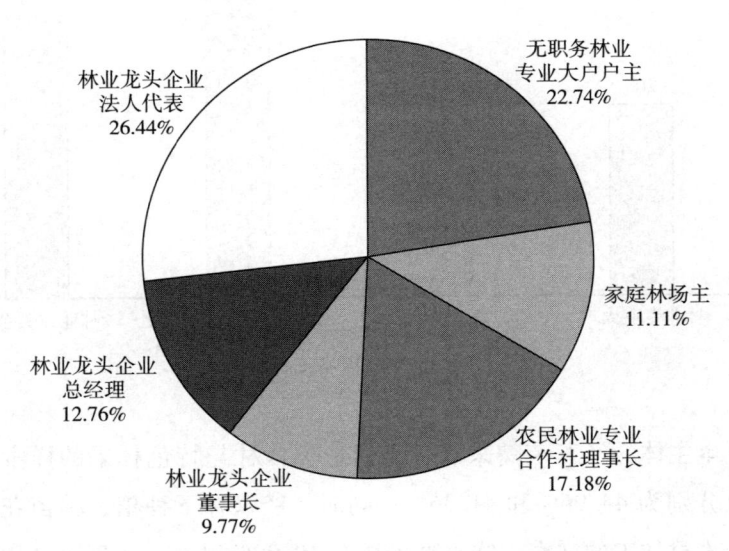

图 3 样本主体主要负责人职务分布

从样本主体负责人的社会职务来看，主要包括人大代表、政协委员、协会委员和其他社会职务，50.21%的样本主体负责人有社会职务。从横向对比来看，负责人有社会职务的比例相对较高的是林业龙头企业，为54.90%；有社会职务的比例最低的是林业专业大户，为43.20%（见图4）。

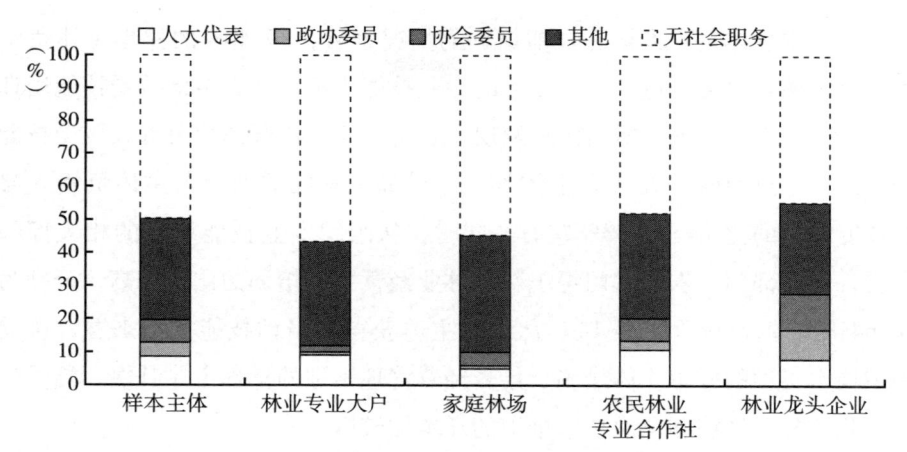

图4 不同样本主体负责人任职社会职务

从样本主体负责人受教育程度来看，受教育程度在初中及以上的占样本主体的90.23%，平均受教育年限为11.09年。从横向对比来看，负责人整体受教育程度由低到高分别为林业专业大户、家庭林场、农民林业专业合作社和林业龙头企业，其中，林业专业大户有20.39%的负责人仅有小学及以下受教育水平，林业龙头企业有34.64%的负责人接受过大专或本科及以上教育（见图5）。

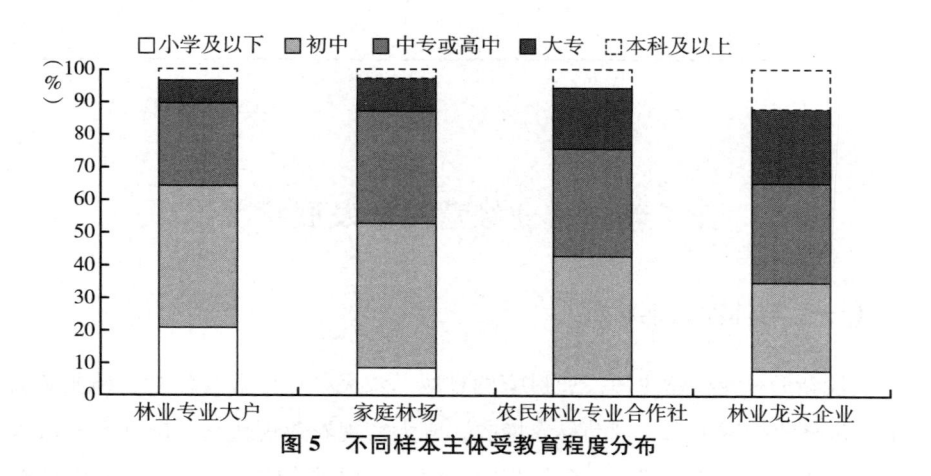

图5 不同样本主体受教育程度分布

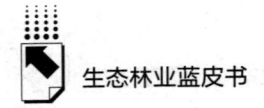

从样本主体负责人接受技能培训的情况来看，39.40%的样本主体负责人在过去两年里接受过7天及以上的专业技能培训；样本主体接受技能培训平均天数为11.41天。横向比较发现，农民林业专业合作社负责人接受技能培训的比重近50%，在所有主体类型中最高，其他类型经营主体负责人参加技能培训的比重均为33%左右。同时，从组织专业技能培训的相关部门来看，林业部门、农业部门组织新型林业经营主体培训的比例较高，分别为38.64%和25.59%（见表1）。从经营主体获得的培训技能类型来看，接受种植技术培训的样本主体最多，接受经营管理培训的样本主体其次，接受生产工艺、林下经济和电商技术培训的样本均较少。

表1 组织培训相关部门占比情况

单位：%，场

培训部门	占比	样本数
林业部门	38.64	148
农业部门	25.59	98
社会协会等机构（茶叶协会等）	5.22	20
自然资源局	6.01	23
各级政府部门（省、市、县级）	16.71	64
高等院校	7.31	28
自行组织	0.52	2

三 新型林业经营主体发展状况

（一）与林农联结状况

发展新型林业经营主体，通过家庭林场、农民林业专业合作社、林业龙头企业促进林业领域生产、带动林农增收，成为实现农业现代化、推进乡村振兴战略的重要手段。各个部门出台了相应的政策，促进小农户与现代农业发展有机衔接，强化新型林业经营主体带动农户的作用。调研中发现，林业专业大户、家庭林场、农民林业专业合作社和林业龙头企业雇用流出林地的林农占其工作人员的比重分别为 56.12%、71.57%、86.38% 和 88.57%；直接或间接带动农户发展同类产业户数分别为 36.54 户、51.03 户、164.37 户和 864.39 户。因此可以看出新型林业经营主体在实际生产经营中起到了示范带头作用，新型林业经营主体与农户的利益联结紧密，新型林业经营主体的发展规模与带动农户状况成正比。新型林业经营主体还为农户提供相关生产经营服务，其中，提供市场信息和产品销售服务总体占比较高，分别为 71.48% 和 71.67%。向农户提供市场信息和产品销售服务，有利于引导林农规范化生产，促进林业产业化经营，从而实现规模化、市场化销售，使产品销售价格相对较高，与市场建立相对稳定的产销关系，搞活流通，使林农更加受益，更容易打造地区特色产品品牌，从而带动地区经济发展。新型林业经营主体与林户联结状况见表 2。

表 2　新型林业经营主体与林户联结状况

单位：%

服务	林业专业大户	家庭林场	农民林业专业合作社	林业龙头企业
提供市场信息	84.44	66.23	74.32	65.58
贷款融资服务	55.56	37.66	24.12	35.71
产品销售服务	77.78	61.04	74.71	70.13
免费提供苗木、化肥等	60.00	46.75	50.19	53.90
免费提供修枝、整地等生产服务	57.78	40.26	37.35	44.16
其他服务	8.89	10.39	5.45	16.88

（二）林地经营规模

集体林家庭经营所带来的林地细碎化、经营规模小、集约化经营程度低、难以获得规模经济效益等问题制约了林业的发展，因此在深化新一轮集体林权制度改革的背景下，中央政府推动集体林地"三权分置"，鼓励农户流转林地和培育壮大新型林业经营主体。样本主体的林地面积呈现四个主要特征：一是林业龙头企业林地规模最大，农民林业专业合作社和家庭林场次之，林业专业大户最小，截至2018年，林业专业大户、家庭林场、农民林业专业合作社和林业龙头企业的平均林地规模分别为576.28亩、1963.29亩、1967.66亩和6855.14亩；二是农民林业专业合作社林地规模扩张较快；三是家庭林场、林业龙头企业的林地规模有所下降；四是林业专业大户的林地规模相对比较稳定（见图6）。

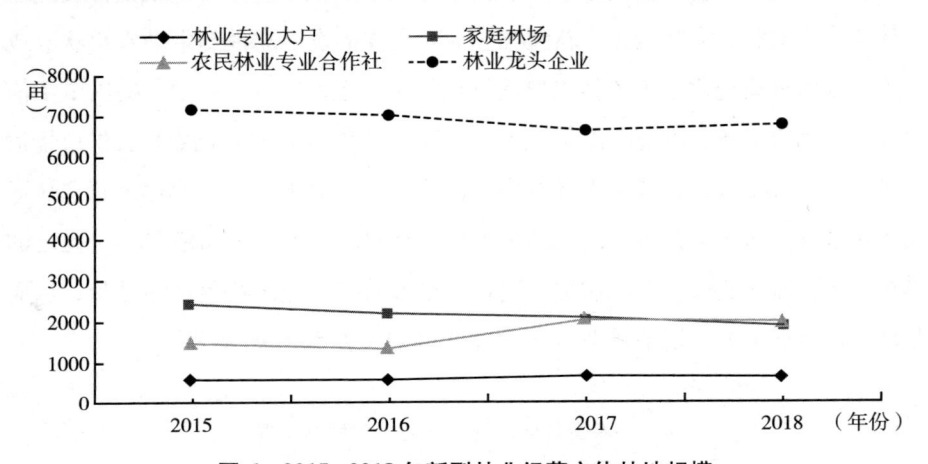

图6　2015~2018年新型林业经营主体林地规模

将样本主体的林地分为商品林和生态林，总体来看，样本主体经营的林地以商品林为主，面积所占比重超过80%，严如贺等发现我国南方12个省份中经济林占比不断上升，与商品林"经济林化"的趋势相一致，种植商品林有利于获得更高收益，带动周边农户发展同类产业，提高周边地区的林业生产经营效益，增加林农收入。①

在横向对比和时间序列上，样本主体的商品林面积呈现四个特征：一是农民林业专业合作社和林业龙头企业的商品林面积占比较大，2018年分别为87.84%和85.21%，林业专业大户和家庭林场的商品林面积占比较小，2018年分别为74.65%和75.53%；二是林业专业大户和农民林业专业合作社的商品林面积占比明显上升；三是家庭林场的商品林面积占比有所下降；四是林业龙头企业的商品林面积占比相对稳定（见图7）。

---

① 严如贺、柯水发：《经济林种植对人工林木材供给能力的影响：抑制还是促进？——基于南方12省份森林资源清查面板数据》，《中国农村经济》2019年第5期。

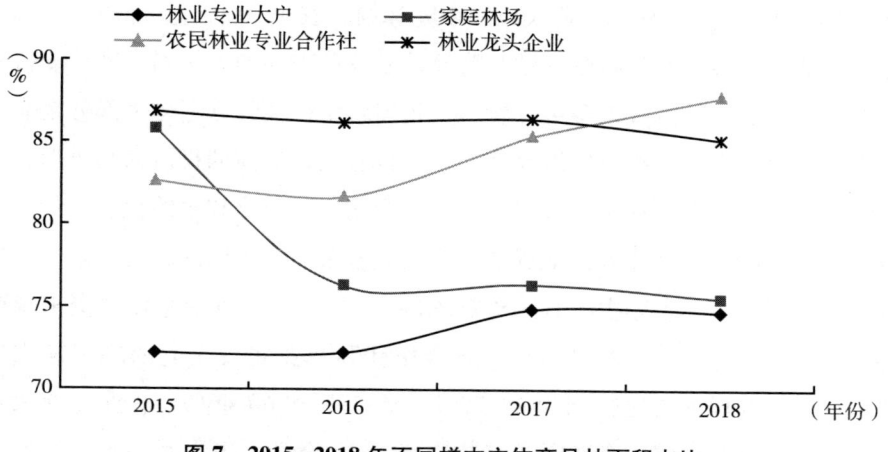

集体林区不同新型林业经营主体政策诉求调查分析

图 7 2015~2018年不同样本主体商品林面积占比

（三）融资情况

林业投资的体量大、周期长、风险高，与其他行业相比，林业的投资回报周期较长。2021年中国人民银行等联合印发的《关于金融支持新型农业经营主体发展的意见》指出，要为符合条件的新型农业经营主体提供免担保的信用贷款，并针对不同类型的经营主体，研究制定差异化的贷款政策，提振了经营主体的经营信心，切实解决了经营主体在发展中面临的实际问题。

从经营资金来源上看，85.08%的样本主体林业经营资金来源于自有资金。此外，还有银行贷款及财政补贴等其他来源作为重要补充。其中，银行贷款也是样本主体的重要资金来源，分别有30.58%、50.00%、37.57%、41.18%的林业专业大户、家庭林场、农民林业专业合作社、林业龙头企业的资金来源为银行贷款（多选）（见图8）。另外，有10.39%的样本主体资金来源为村民入股，获得集体林地承保经营权的农户可以独立经营并获得收益，还可以通过流转给其他经营主体进行参股获得收益，[1] 间接说明经营主体的发展可以带动农户增收，可以发挥示范带头作用。分别有12.14%、9.84%、

---

[1] P. Bardhan, C. Udry, *Development Microeconomics* (New York: Oxford University Press, 1999).

047

19.53%、14.05%的林业专业大户、家庭林场、农民林业专业合作社、林业龙头企业的资金来源为财政补贴，财政补贴政策需要加大倾斜力度，支持经营主体的发展。从资金来源可以看出，我国新型林业经营主体大部分是靠经营者的自有资本原始积累发展起来的，靠自有资金的前期投入初具雏形，在后续的生产经营和发展中，其规模化、市场化、专业化和集约化生产特点导致出现资金缺口，并导致其他资金的介入。考察样本主体的融资需求情况发现，在972个样本主体中，有融资需求的占60.19%，表明总体融资需求较高。其中，家庭林场、农民林业专业合作社和林业龙头企业的融资需求较强，有需求的样本占比分别为64.75%、66.57%和60.46%。林业专业大户的融资需求相对较弱，有融资需求的样本占46.46%。由于新型林业经营主体需要流转大量的林地，较大的经营规模也需要前期在已流转的林地上进行更多的投资，因此新型林业经营主体前期需要大量投资。已有研究证明增加转入林地面积、扩大经营规模，都将可能激发经营者建设林区道路、水利灌溉等基础性设施，以期获得规模收益。

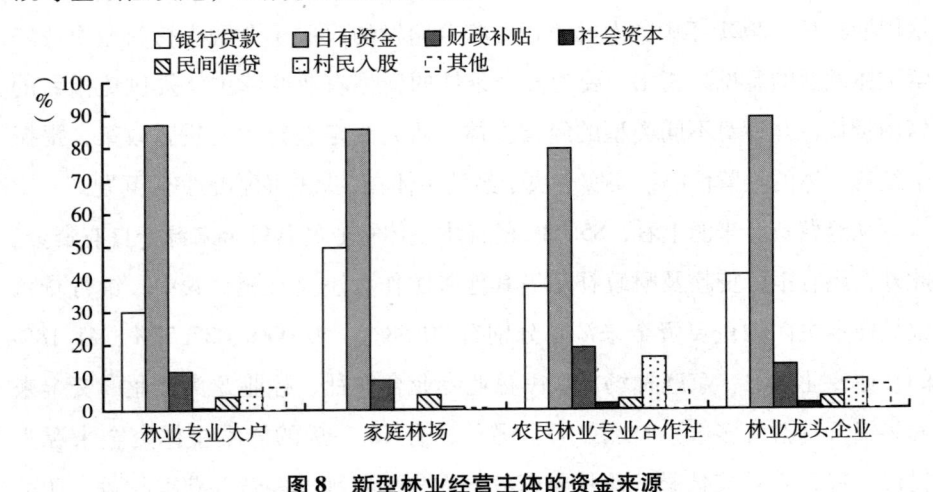

图8 新型林业经营主体的资金来源

为盘活林地资产、破解资金难题，中央放宽了对林地流转的限制，突破相关法律对林地抵押贷款范围的限定，赋予林木所有权、使用权和林地使用权抵押功能。林权抵押贷款作为"林改"配套改革中的一项重要内容，

2013年,《中国银监会 国家林业局关于林权抵押贷款的实施意见》指出,林业经营主体可以将承包经营的商品林作为抵押从银行贷款。林权抵押贷款既扩宽了农户提高信贷资金可获得性的渠道,缓解了抵押品信贷约束和信贷配给现象,有助于推动农村经济转型与升级。截至2020年末,我国实施抵押林地面积5473.05万亩,林权抵押贷款余额944.72亿元。[①] 但从实施情况来看,林权抵押贷款还存在一些问题。通过调研发现,在实际生产经营过程中,样本主体获得林权抵押贷款的比例很低,样本主体中仅有9.36%获得了林权抵押贷款,平均林权抵押面积为2122.45亩(见图9),平均林权抵押贷款利率为4.56%。

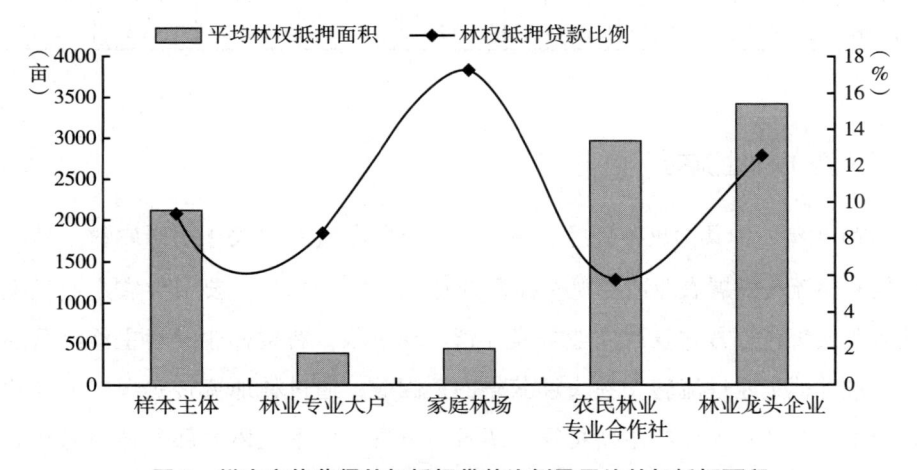

图9 样本主体获得林权抵押贷款比例及平均林权抵押面积

针对其他类型的涉林融资渠道,调研发现,有11.32%的样本主体获得了财政林业贴息贷款,其中,家庭林场获得财政林业贴息贷款的比重较高,为22.95%,其次是林业龙头企业和农民林业专业合作社,比重分别为13.73%和9.47%,林业专业大户获得财政林业贴息贷款比重为3.88%(见表3)。此外,各地推动涉林质押贷款的情况并不普遍,根据样本主体判断,在当地可以通过林业经营收益或现金流进行质押贷款的仅占12.86%,不同

---

① 国家林业和草原局。

类型样本主体的比重差异不大；同时，在当地可以通过公益林补偿收益权进行质押贷款的比重仅为3.29%，即便排除不了解该项贷款业务的部分样本主体，也反映出公益林补偿收益权质押贷款实际应用有限。

表3 样本主体其他类型的涉林融资渠道

单位：%

选项	样本主体	林业专业大户	家庭林场	农民林业专业合作社	林业龙头企业
财政林业贴息贷款	11.32	3.88	22.95	9.47	13.73
可以通过林业经营收益或现金流质押贷款	12.86	16.02	13.11	11.83	11.76
可以通过公益林补偿收益权质押贷款	3.29	3.40	4.92	3.55	2.29

（四）林地流转

2014年，中共中央办公厅、国务院办公厅印发的《关于引导农村土地经营权有序流转发展农业适度规模经营的意见》明确指出，要引导农户通过土地入股或流转等方式发展农业规模经营。现阶段，新型林业经营主体经营的大多数林地是通过流转交易市场获得的，因此，通过林地流转实现规模经营是新型林业经营主体的主要特征。调研中发现，样本主体大部分林地为林农的承包地，流转渠道是与相关村民协商转入（或租入），林业专业大户、家庭林场、农民林业专业合作社和林业龙头企业的该项比重分别为39.10%、43.00%、42.69%和40.38%，由于农民林业专业合作社和林业龙头企业林地规模较大，与相关村民协商获得的林地无法满足需求，需要在村集体主持下从村民手中流入部分林地，分别占41.11和40.87%。此外，还有部分林地通过政府或集体统一调整和竞拍集体林地的渠道进行流转（见图10）。

（五）林木采伐

我国《森林法》确立限额采伐制度，各省级林业主管部门以森林资源调

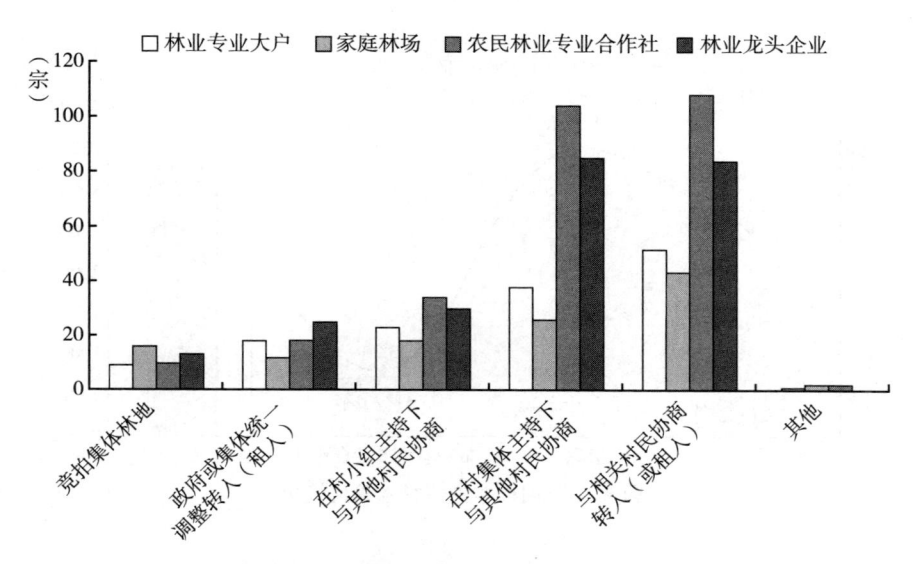

图10 不同林权流转途径各类样本主体分布情况

查数据为基础，按照消耗量低于生长量和分类经营管理的原则，编制本行政区的年采伐限额。对于森林经营主体特别是用材林经营主体而言，林木采伐是其生产活动获得产出收益的关键环节，在972个样本主体中，2019年有85个样本主体申请采伐林木，采伐申请率为8.74%；在申请采伐林木的样本主体中，申请采伐量均值为1920.89立方米，获批采伐量均值为1639.09立方米，实际采伐量均值为1636.38立方米。从横向对比来看，农民林业专业合作社的采伐申请率较低，原因在于农民林业专业合作社多以经济林、竹林、苗木等生产周期相对较短的业务活动为主。从申请采伐量、获批采伐量和实际采伐量来看，林业龙头企业明显高于其他类型的经营主体（见图11）。

调研中还发现，虽然集体林权制度改革后，林木采伐管理制度得到进一步完善，但林木采伐指标难申请仍然是困扰部分新型林业经营主体经营用材林的主要问题，有27.40%的样本主体认为申请林木采伐指标有困难，尤其是对于经营实力相对较弱的林业专业大户，该比例高达46.67%（见表4）。究其原因，有指标申请困难的样本主体认为指标有限的占大多数，比例为60.00%，同时，分别有40.00%和35.00%的样本主体认为申请程序复杂和

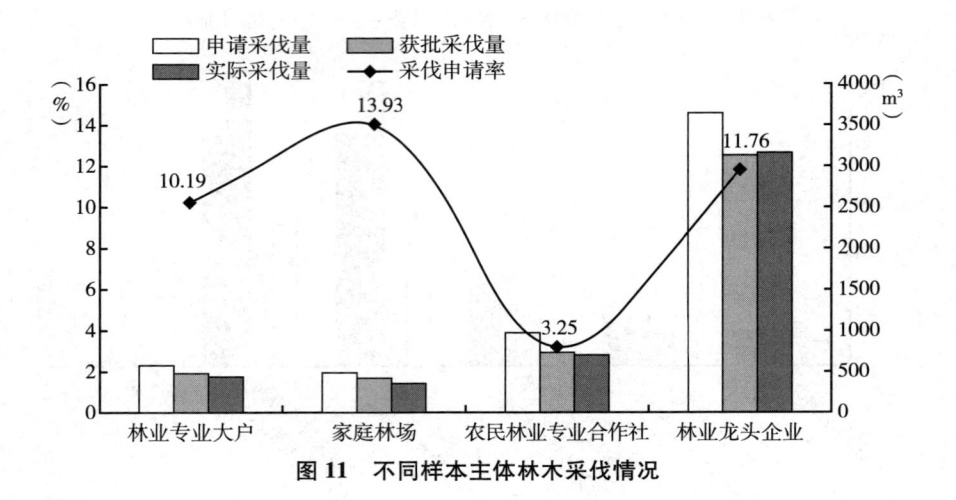

图 11 不同样本主体林木采伐情况

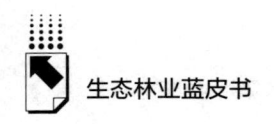

申请时间长，还有10%的样本主体认为禁伐政策导致无法获得林木采伐指标。进一步了解后发现，一些地区实施重点生态区位的禁伐政策，在972个样本主体中，11.73%的样本主体有部分林地被划入重点生态区位实施全面禁伐，木材收益受到负面影响。

表 4 不同样本主体对林木采伐现状的评价

单位：%

选项（多选）	样本主体	林业专业大户	家庭林场	农民林业专业合作社	林业龙头企业
申请采伐指标有困难	27.40	46.67	13.33	20.00	27.27
申请时间长	35.00	28.57	50.00	50.00	33.33
指标有限	60.00	42.86	50.00	50.00	66.67
申请程序复杂	40.00	42.86	50.00	0.00	44.44
禁伐政策	10.00	14.29	0.00	0.00	11.11

（六）森林保险

林业生产过程中面临火灾、风灾、冰冻灾害等各种自然风险，森林保险是规避林业经营风险、促进林业稳定发展的重要保障，不仅有利于经营主体在灾后恢复生产，还可有效降低林业信贷风险，实现经营主体经济保障。调研中发现，在972个样本主体中，森林保险投保率仅为25.62%。其中，林业专业大户、家庭林场、农民林业专业合作社和林业龙头企业的投保率分别为33.98%、22.95%、23.08%、23.86%。从投保途径来看，通过政府统保和自主投保的占比分别为61.32%和31.28%，经营主体在经营中对森林保险需求不足，投保率低下。根据《2021年度中国林业和草原发展报告》，在我国参保的森林面积中，公益林占投保面积的74.97%，商品林投保率虽逐年上升，但只占总投保面积的25.03%，与公益林仍存在较大的差距。经营主体所经营的林地大都以商品林为主，因此经营主体投保率与总投保面积占比基本相符。在投保主体中，受灾获得的保险赔偿为396.14元/亩，与保额标准均值基本一致，赔偿额仅占实际损失额的22.77%，由于赔付率处于低位水平，经营主体对商业性保险的投保积极性不高。

（七）林权纠纷

林权纠纷是影响新型林业经营主体林业生产活动的不利因素之一。在调研中发现，新型林业经营主体林权纠纷发生率总体不高，在972个样本主体中，林权纠纷发生率为5.56%；在存在纠纷的样本主体中，林权纠纷面积均值为1003.29亩。横向比较来看，林权纠纷发生率较高、林权纠纷面积较大的均为林业龙头企业，林权纠纷发生率为9.15%，林业专业大户和农民林业专业合作社的林权纠纷发生率相对较低。从纠纷类型来看，在发生林权纠纷的54个样本主体中，林木林地权属边界纠纷33起，林地承包纠纷6起，林权流转纠纷7起，其他纠纷8起（见图12）。

从纠纷解决情况来看，有51.89%的林权纠纷能够全部解决，有22.22%的林权纠纷得到部分解决，仍有25.93%的林权纠纷未能解决。对于已调解的林权纠纷，仍有40.74%的样本主体表示对调解结果不满意。其中，不满意度最高的是林业龙头企业，为46.43%；不满意度最低的是家庭林场，为22.22%。

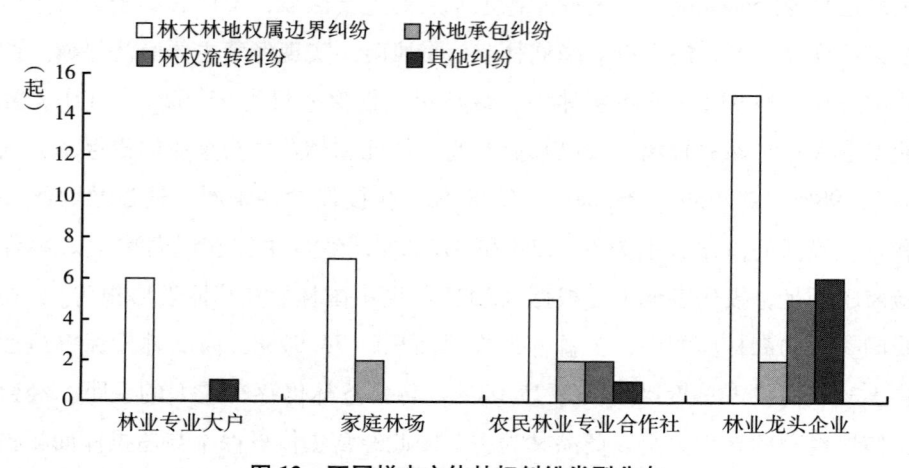

图12 不同样本主体林权纠纷类型分布

四 新型林业经营主体发展中存在的问题

近年来新型林业经营主体得到快速发展,但仍面临一些亟须解决的问题。总体来看,我国新型林业经营主体尚处于发展初期阶段,规章制度不完善,运作机制不健全,组织运行不规范,经营管理水平不高,还存在很多空壳主体。同时,政策扶持力度不够,金融支持不足,人才队伍缺乏,导致新型林业经营主体发展实力较弱,难以抵抗市场竞争风险,规模经营效益尚未显现。调研中发现,新型林业经营主体发展中存在的问题主要体现在如下几个方面。

(一)林权流转不畅导致难以实现规模化经营

调研中发现,对于现有的林地经营面积,53.56%的样本主体认为尚未实现规模化经营,并希望继续扩大经营面积,但对于这些希望扩大经营面积的样本主体而言,最大的困难是无法流转到更多林地,除了自身因素外,有34.84%的样本主体认为是没有人愿意转出林地,有13.53%的样本主体认为是流转程序繁杂,有17.79%的样本主体认为流转期限太短。调研中发现,所有样本主体希望租入林地的平均最佳期限为38.75年,高于现在合同普遍订立的15~30年。样本主体希望租入林地期限为11~30年的占比最高,林业专业大户、家庭林场、农民林业专业合作社和林业龙头企业的该项占比分别为49.62%、52.00%、57.31%、50.96%,原因在于经营林业(特别是经营用材林)生产周期长、风险大,在存在较大潜在利益的同时存在潜在的经营风险,另一个重要原因是林地承包期延期政策不明确。虽然国家已决定再延长30年,但延期政策不明确,经营主体处于观望阶段,因此在流转林地时只有39.33%的样本主体希望期限超过30年,7.49%的样本主体希望不超过10年(见表5)。

表5 不同样本主体转入(或租入)林权最佳期限区间选择情况

单位:%

主体类型	10年及以下	11~30年	31~50年	51~70年	71~90年	永久
样本主体	7.49	53.17	22.33	9.65	1.59	5.76
林业专业大户	7.52	49.62	24.06	14.29	0.00	4.51
家庭林场	3.00	52.00	24.00	9.00	5.00	7.00
农民林业专业合作社	11.46	57.31	18.18	5.53	1.19	6.32
林业龙头企业	4.81	50.96	25.48	12.02	1.44	5.29

通过林地流转实现规模经营是新型林业经营主体的主要特征,一方面,农户作为林地流转的主体,受传统观念的影响,缺乏对林地的经营意识,流转意愿普遍不强。从林地经营者的角度来看,资金缺乏、技术落后等因素导致流转效益不尽如人意,流转行为难以取得突破性进展。一是一些县市区尚未建立统一规范的林权流转交易平台,制约了流转工作的开展,个别县市区的流转市场甚至处于停滞状态。二是当前已经建立流转市场的地区,林地承包者与经营者私下交易的现象仍然大量存在,林权纠纷时有发生;部分地区建立了农村综合产权交易市场,导致林权交易市场的功能相对弱化。三是还没有建立完善的森林资源资产评估机制。专业评估机构和人员无法满足市场需求,加之社会上跨行业的中介评估组织收费较高,且常常出现评估结果脱

离实际的情况,对经营主体流转的顺利推进造成很大的负面影响。存在林权纠纷的经营主体中有61.11%是因为林木林地权属边界不明确,不利于流入方的可持续经营。另一方面,以农民林业专业合作社、家庭林场、林业专业大户等为主的新型林业经营主体的培育发展虽然取得了一定成效,但从目前情况来看,实际运行尚不理想,特别是部分新型林业经营主体处于名存实亡的状态,即便有勉强维持运行的也大多机制不活、活动单一、效益欠佳,没有充分发挥应有的推进林业规模化、集约化经营,组织带领农民发展生产增收致富的作用。

(二)融资难导致林地经营投入不足

由于林业生产周期长、前期投入大的特点,以及森林资产本身的特性,融资难一直是制约新型林业经营主体长期发展的主要问题。调研中发现,有48.77%的样本主体认为其林业生产活动受到资金问题的困扰,特别是林地规模相对较大的林业龙头企业和农民林业专业合作社,比例分别达到52.72%和55.44%。就专门支持林业生产的林权抵押贷款而言,一方面,金融机构不愿意进行林权抵押贷款。林权作为抵押物,前期核实、后期跟踪核查难度较大,加之金融机构人员对林业知识、林业的经营管理流程不熟悉,难以进行评估。另一方面,国家政策落实不到位。很多经营主体对相关政策和申请程序与渠道不了解,再加上林权抵押贷款条件苛刻、手续繁杂,申请周期较长,并且林权抵押贷款周期较短,平均不足两年,与林业生产周期差距较大,因此从某种意义上讲,林权抵押贷款成为经营主体的过桥资金,与实际应用出现偏离。值得注意的是,上述问题在调研中得到证实,样本主体对林权抵押贷款的满意度总体不高,感到满意、一般和不满意的样本主体分别占39.44%、20.07%和40.49%(见表6)。从横向对比来看,家庭林场对林权抵押贷款服务的满意度最高,但也仅有54.76%,农民林业专业合作社的满意度最低,仅有29.90%。究其原因,有63.48%的样本主体认为林权抵押贷款门槛高,林地规模、贷款金额和经营资质等限制使其难以获得贷款;34.78%的样本主体认为相较于其他类型的贷款,林权抵押贷款的申请手续繁杂;17.39%的样本主体认为贷款利率高且期限短；12.17%的样本主体认为林木资源评估难、费用高。

表6 不同样本主体对林权抵押贷款的评价及其原因

单位：%

选项	样本主体	林业专业大户	家庭林场	农民林业专业合作社	林业龙头企业
对林权抵押贷款服务感到满意	39.44	43.10	54.76	29.90	40.23
对林权抵押贷款服务感到一般	20.07	25.86	14.29	23.71	14.94
对林权抵押贷款服务感到不满意	40.49	31.03	30.95	46.39	44.83
不满意原因是门槛高	63.48	55.56	53.85	68.89	64.10
不满意原因是手续繁杂	34.78	27.78	30.77	40.00	33.33
不满意原因是利率高、期限短	17.39	15.56	30.77	24.44	10.26
不满意原因是其他（评估难、费用高）	12.17	5.56	15.38	6.67	20.51

（三）经济价值与森林保险价值不相适应

林业投资的特点是体量大、周期长、风险高，林业经营主体前期投资较大，且回报周期较长，后期经营主体投入逐渐减少。另外，受经营类型不同、投资比不同等的影响，林木经济价值差异导致森林保险投保人对保额的需求差异较大。在现阶段，以财政补贴为主导的政策性森林保险采取"低保额"的原则，保额主要匹配发生灾害后的再造林成本，而非林木的市场经济价值。同时，森林资源评估机构和评估人员不足、评估标准有待完善、评估成本高、森林保险险种单一、灾后赔付机制不健全等因素，也严重阻碍了森林保险发展以及实际保险业务运作。

五 新型林业经营主体的主要诉求

在接受调研的972个样本主体中，有70.37%的样本主体提出了一条或多条关于林业生产经营方面的政策诉求。根据梳理，这些政策诉求大致可以分为解决融资难题、增加项目补贴等10个方面（见表7）。同时，不同类型样本主体的经营形式、特点和规模具有较大差别，导致他们的政策诉求也存在一些差异。

表7 不同样本主体的主要诉求

单位：%

诉求类型	样本主体	林业专业大户	家庭林场	农民林业专业合作社	林业龙头企业
解决融资难题	27.06	14.08	25.41	32.04	31.35
增加项目补贴	24.38	18.78	35.25	4.19	5.28
完善市场体系	21.71	14.55	26.23	19.46	27.39
强化基础设施	15.53	18.31	18.04	16.47	11.55
加强技术扶持	8.44	3.29	10.66	12.28	6.93
强化风险防控	6.38	7.98	9.02	5.09	5.61
优化采伐管理	6.17	8.45	17.21	2.39	4.29
完善用地确权	5.97	4.32	4.92	5.48	9.57
简化经营手续	5.04	3.29	5.74	4.50	6.60
加强宣传引导	2.26	0.47	0.82	2.40	3.96

一是解决融资难题，有此诉求的样本主体占全部样本的27.06%，在所有诉求类型中占比最高。样本主体主要是希望在政府及相关部门主导下通过模式和产品创新，探索建立符合林业生产特点的绿色金融体系，完善林权抵押贷款、质押贷款、小额贷款、贴息贷款等政策，降低融资难度和成本并拓宽融资渠道。从横向对比来看，由于农民林业专业合作社和林业龙头企业的资金需求比较高，农民林业专业合作社和林业龙头企业最大的诉求就是解决融资难题，相比而言，家庭林场和林业专业大户的融资诉求相对较小，特别是林业专业大户，仅有14.08%的林业专业大户认为有关部门应充分重视林业经营融资难的问题。

二是增加项目补贴，有此诉求的样本主体占全部样本的24.38%，在所有诉求类型中占比位列第二。样本主体主要是希望政府及相关部门提高造林、种苗、抚育等补贴标准，以及加大林下经济、经济林、森林康养、国家储备林、退耕还林、天然林保护等林业产业发展和生态保护修复项目的扶持力度，扩大其覆盖范围，创新针对新型林业经营主体的专项补助扶持政策。从横向对比来看，林业专业大户和家庭林场对增加项目补贴的诉求占比较高，分别为18.78%和35.25%，该诉求成为林业专业大户和家庭林场的最大政策诉求。农民林业专业合作社和林业龙头企业对增加项目补贴的诉求占比较低，均在5%左右。

三是完善市场体系，有此诉求的样本主体占全部样本的21.71%，在所有诉求类型中位列第三。样本主体主要是希望政府加强对市场的引导和调控，通过完善供应链体系，实现供给与需求的有效对接，打通产品流通渠道，稳定市场价格、规范市场秩序。从横向对比来看，各类样本主体对完善市场体系的诉求占比差异不大。

四是强化基础设施，有此诉求的样本主体占全部样本的15.53%。样本主体主要是希望政府强化林区（生产）道路、电力水利等基础设施建设。从横向对比来看，林业专业大户、家庭林场和农民林业专业合作社因自身开展基础设施建设的能力较弱，对政府强化基础设施的诉求占比较高。但林业龙头企业林地规模较大、综合实力较强，且有些样本主体已自行投资进行了基础设施建设，故有此诉求的样本主体相对较少，占比为11.55%。

除了以上方面外，样本主体的诉求还包括加强技术扶持（8.44%）、强化风险防控（6.38%）、优化采伐管理（6.17%）、完善用地确权（5.97%）、简化经营手续（5.04%）和加强宣传引导（2.26%）。虽然对于所有样本主体而言，上述诉求占比整体不高，但仍得到某些经营主体类型的高度关注，成为突破林业生产经营瓶颈的关键环节。例如，农民林业专业合作社和家庭林场对获得技术扶持的需求相对较高，家庭林场和林业专业大户的采伐管理和防火防虫等风险防控问题也不容忽视，林业龙头企业的林地流转及后续产权问题亦需要有关部门关注。

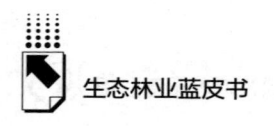

六 政策建议

基于实地调研获得的972个新型林业经营主体数据,本报告分析了我国新型林业经营主体的发展情况、发展中存在的问题和主要诉求。根据主要发现,提出如下政策建议。

(一)加强林权交易规范管理,创新新型林业经营主体发展路径

完善集体林"三权分置"运行机制,规范林权流转行为。拟定标准化林权流转合同,充分保障林农、新型林业经营主体等的权益,减少林权纠纷发生;将集体统一经营管理的林地经营权和林木所有权纳入公共资源交易平台。促进林权流转规范化,努力营造有利于新型林业经营主体发展的社会环境。积极探索创新新型林业经营主体高质量发展模式,提升新型林业经营主体生产经营能力。提高林地经营稳定性,巩固和完善现有多种经营模式;在经营管理上注重"稳中求进、精简高效",建立新型林业经营主体信用评级机制,对于信用等级高的新型林业经营主体,在林地到期续约方面进行奖补。培育示范性新型林业经营主体,加大技术扶持力度,发挥引领带动效应。

(二)加大财政金融扶持力度,引导社会资本参与林业建设

加大和优化林业公共财政投入,建立公共财政为主导、社会力量参与的林业投入机制,提升林业金融服务深度。一是鼓励引导社会资本参与林业经营生产活动,以奖代补并且利用多渠道吸引社会资金参与林业建设,有效提高公共财政资金的使用效率。多方位、多层次筹集财政支林和以工代赈等资金,大力支持林业一二三产业全面发展。二是切实加大对林业发展的金融扶持力度,建立银林合作双赢机制。积极与各类银行沟通,协调完善绿色金融信贷体系。完善林业中长期贷款特别是林权抵押贷款、质押贷款的管理办法,创新与林业生产经营周期长、投入大、见效慢相适应的金融产品。与此

同时，建立各级政府林权抵押贷款担保基金和与林业贷款期限相一致的财政贴息制度。三是建立健全抵押林权收储处置和管护支持政策，设立林业金融产品风险补偿金。建立长效服务林权融资的林权数据库，建立依据面积、林种、树龄、林木林地市场价格的相对科学的林权价值数据库，构建动态价值评估调整机制。

（三）推进森林保险多元化

森林保险的特殊性决定了其发展需要社会各方通力合作。当前，保险机构没有发挥应有的作用，森林保险涉及众多机构，如评估、咨询等机构，应加强保险机构发展，使其提高林业中介业务能力，提升专业知识水平，真正发挥桥梁作用。一方面，政府应积极引导保险机构完善投保程序、简化投保手续、降低保险费率、提高赔付率，积极支持保险机构建立森林保险专业查勘平台，提高森林保险出险后的理赔效率；另一方面，要通过加大政策宣传力度，提高社会对森林保险的认知，并促使保险机构通过及时认真的理赔服务等，树立良好的形象，取信于民，提高林业经营主体的风险意识和对森林保险的认识，使其积极参加森林保险。此外，森林保险应进一步体现因地制宜理念。根据不同区域、经营类型和层次需求，充分匹配林木资源的经济价值，提供多元化差异化的森林保险产品；加强森林保险模式与管理方式的创新，完善制度机制建设，推动森林保险更好地服务林业发展，在发挥保险保障作用的同时，助力增强森林保险保单的增信能力，积极探索"保险+信贷"模式，缓解林业经营主体融资难和融资贵的问题，推动新型林业经营主体和林业产业发展。

参考文献

[1] 张寒、程娟娟、刘璨：《基于内生性视角的非农就业对林地流转的效应评价——来自9省1497户林农的连续监测数据》，《农业技术经济》2018年第

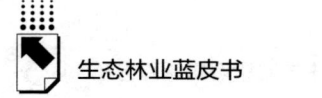

1期。
［2］张蕾、齐联、孙敬良：《关于新型林业生产经营主体培育与组织创新的思考》，《林业经济》2014年第10期。
［3］柯水发等：《新型林业经营体系培育的动因、特征及经验——基于浙江、江西及安徽3省的调查》，《林业经济》2015年第1期。
［4］崔宁波、宋秀娟：《新型农业生产经营主体的发展现状与思路探析——以哈尔滨市为例》，《东北农业大学学报》（社会科学版）2015年第3期。
［5］徐嘉琪、叶文虎：《培育新型林业经营主体的路径探析——基于新制度经济学视角》，《林业经济》2015年第2期。

B.3 生态产品市场化交易平台构建

于法稳 李坦*

摘　要： 建立生态产品市场化交易平台，是践行"绿水青山就是金山银山"理念的关键路径，是中国经济实现高质量发展的重要使命，更是从源头推动生态环境领域国家治理现代化的必然要求。本报告以生态产品市场化交易平台构建为研究对象，界定了生态产品的科学概念和理论基础，系统梳理了近年来相关政策的沿革，分析了生态产品价值及市场化的实际经验。在此基础上，构建了基于市场的生态产品交易的分析框架，对可行的市场化交易平台模式进行了比较分析。

关键词： 生态产品　市场化　交易平台

一　引言

（一）研究背景

随着经济社会的迅速发展，我国社会生产能力在诸多方面已经得到了质的飞跃，保护与发展的矛盾日益突出。党的十九大报告中指出，我国经济已由高

---

* 于法稳，管理学博士，中国社会科学院农村发展研究所二级研究员，生态经济研究室主任，中国社会科学院生态环境经济研究中心主任，主要研究方向为生态经济学理论与方法、资源管理、农村生态治理、农业可持续发展；李坦，管理学博士，安徽农业大学经济管理学院教授，主要研究方向为生态经济学与自然资源评价。

速增长阶段转向高质量发展阶段。而高质量发展,是指注重经济效益、社会效益和生态效益相结合、促进人与社会协调发展的综合发展。

在推进生态文明建设的过程中,我国政府采取了制度改革、生态补偿、大规模生态治理与恢复等措施,并提出了一系列的政策建议。但是,已不能满足人们对生态产品多样化的需求,生态产品的供应方与受益方利益分配的矛盾也更加尖锐。目前生态产品在产权确定、价值核算等方面存在一定困难,生态产品的利益分配主要靠政府主导,市场在资源配置中的基础性地位没有得到充分凸显。在此背景下,对我国生态产品以市场导向为重点的交易机制进行研究,促进生态产品的价值实现和市场化交易程度的提升,继而探索一条基于生态资源的绿色发展之路,对实现人民群众物质水平提高和生态产品发展具有重要意义。

(二)研究意义

本报告综合运用经济学、生态补偿等理论,对生态产品价值实现和市场化交易可行性进行了分析,特别是在公共物品属性、外部性等因素的作用下,生态产品价值实现与市场化交易所起的作用,对于丰富生态产品市场化交易研究的理论依据具有一定的意义。

当前我国的生态补偿方式以国家财政转移支付为主,尽管有多种形式,但仍存在争议。主要问题是生态产品供给主体和受惠者补偿标准不统一,导致了区域间的不和谐。利用市场机制,以政府采购、市场交易、协商等形式,对生态产品的供给方进行合理的补偿,对于丰富现有补偿方式,促进区域协调发展具有一定意义。

二 基本概念

(一)生态产品概念

依据已有研究,可从以下三个层面来理解生态产品的意蕴:第一,生态产品专注于"产品"角度。生态产品与物质产品和文化产品并驾齐驱,构成了涵盖人类生命支持、物质保障与精神福祉的三大产品类别。何谓生态产品？需要凝结人类劳动，体现社会必要的劳动时间，能够使生态环境质量得到改善的物品、服务等具有一定"载体"的事物，都是生态产品。第二，生态产品注重人类劳动价值的体现，从生态环境质量的角度来看，生态系统自身原有的承载力、完全原生态的"绿水青山"不属于生态产品，而是生态资源，即未经人为干预（包括污染与治理）的生态环境以生态资源固有"存量值"的形式存在，而投入人类劳动、改善生态环境质量的"增量值"才是生态产品所指的内容。第三，与改善生态环境质量有关，体现生态环境资源价值的物品或服务，如生态旅游、生态农产品等的最终目的是提高生态资源增量、改善生态环境质量，是凝结人类劳动的服务与物品，都属于生态产品。

总而言之，凝结人类劳动、体现社会必要的劳动时间、能够使生态环境质量得到改善的物品或服务，即为生态产品。生态产品是在"系统化"的思维观念上形成的中国化概念，强调生态资源的生产能力，其产出的产品具有生态福利和经济福利性质。

（二）"两山"理念

"绿水青山就是金山银山"（简称"两山"理念）是习近平同志在总结自身在地方工作的实践经验，分析前人对生态文明建设做出的贡献，深刻认识我国生态家底的基础上提出的科学论断。"两山"理念由习近平同志于2005年在浙江任职期间首次提出，是习近平生态文明思想的重要组成部分，它标志着经济发展和生态环境保护零和理念的结束，并且论证了环境保护和生产力保护及生态改造和生产力增长是兼容的认知。"两山"理念的提出，揭示了发展与保护的本质关系，从根本上明确了生态环境和经济发展不是对立而是统一的并且可以相互转化，指明了实现发展与保护内在统一、相互促进、协调共生的方法论。

（三）公共品理论

公共品理论是新政治经济学的重要理论。它还通过促进国家职能的转

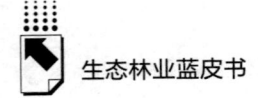

变、公共收支的形成和公共服务的商业化来支撑国家与市场之间的关系。根据萨缪尔森的观点，纯公共品和服务是指个人消费的产品和服务，不受其他消费产品和服务的限制，由此提供的产品和服务具有明显区别于私人产品和服务的三个特征：效用的不可分割性、非竞争性和非排他性。

公共产品理论也为研究构建生态产品市场化交易平台提供了理论基础，具有极其重要的指导意义。生态产品种类多样、内容丰富，同时公共产品的属性显著，想要实现完全的市场化供给十分困难，但以公共产品理论为基础，将市场化机制和市场化交易平台引入生态产品供给，对处理政府与市场的关系、转变政府职能、进行生态环境治理具有重要的借鉴意义。

（四）生态补偿理论

生态补偿作为一种积极的保护生态系统的激励机制，是指生态产品的受益者向生产者支付一定的费用，从而促进资源使用者对生态环境的积极保护，而整个社会所得到的生态产品和服务的价值要大于支付成本。我国在20世纪90年代初首先提出了生态补偿的概念，并提出了基于"污染者付费"的生态补偿制度，以降低环境损害和生态损失。在随后的发展中，生态补偿更加侧重"受益者付费原则"。换句话说，生态补偿是一种通过对生态系统服务的保护和可持续利用、促进人与自然和谐共处、平衡生态系统保护成本和发展的机会成本，以政府和市场的方式协调各方利益的制度安排。

生态补偿的出发点是通过受偿者保护生态环境，使发生受偿的相关区域得到持续的生态系统服务，因此，除体现生态系统服务价值之外，还需要明确规定受偿主体的权责范围以及相应的义务，保障生态产品与生态系统服务的供给质量。

三 政策回顾

自生态产品这一概念于2010年由国务院发布的《全国主体功能区规

划》首次提出后,"生态产品是有价值的"这一论述得到广大学者认同,我国各个领域的学者开始对生态产品及其价值实现和市场化交易展开深入研究。与此同时,从中央到地方各级政府也逐步推进相关政策实践。总体来说,我国生态产品市场化交易以及价值实现的政策实践可以划分为三个阶段:起步阶段、探索阶段以及深化阶段。

(一)起步阶段

中国参照污染者负担原则的精神,在《中华人民共和国环境保护法(试行)》中规定了"谁污染谁治理"的原则。20世纪80年代我国率先对生态产品的价值实现问题进行了探讨,当时政府的关注重点为生态补偿机制。

进入21世纪之后,随着"两山"理念的提出,生态产品市场化交易和价值实现机制探索,成为我国宏观层面上的一个重要课题。生态产品的市场化交易及价值实现搭建了"绿水青山"与"金山银山"互通的桥梁。2007年,国家环保总局发布了《关于开展生态补偿试点工作的指导意见》,具体要求协调相关部门在自然保护区、重要生态功能区建设、矿产资源开发和流域水环境保护等领域开展生态补偿。2013年党的十八届三中全会通过的《生态文明体制改革总体方案》中明确指出,要丰富生态补偿机制,不断加大对重点生态功能区转移支付力度,逐步完善根据生态保护修复效果分配资金的奖惩机制。建立以当地政府为主体、中央财政扶持的横向生态补偿机制。

在这一阶段的实践中,虽然尚未清晰界定生态产品的内涵,但关于生态产品市场化交易及价值实现机制的探讨,为之后生态产品市场化交易平台的构建奠定了坚实的基础。

(二)探索阶段

2010年12月国务院出台《全国主体功能区规划》,生态产品这一概念第一次明确出现在公众视野中。自这个概念提出后,国家层面的宏观文件中开始逐步细化生态产品价值实现以及市场化交易的具体要求与任务。党的十八大报告中明确提出"增强生态产品生产能力"。十八届三中全会和十八届四中全会分别提出从建立生态文明制度和法律制度方面完善生态文明制度。

党的十九大于2017年召开标志着中国特色社会主义进入新时代，面对"人民日益增长的优美生态环境需要"，习近平总书记在2018年全国生态环境保护大会上提出要积极回应人民的需求，大力推进生态文明建设，为人民群众提供更多的高质量生态产品。2019年，习近平在郑州考察黄河流域并主持召开黄河流域生态环境保护与高质量发展座谈会时，提出要"打造更多的生态产品"，以促进黄河流域的高质量发展。

可以看出，我国政府不仅从类型分布、功能价值、保护手段等方面对生态产品进行了探讨，并逐渐集中在其本身的资源特征和维护上，而且明确生态资源是现代社会发展的生产要素之一，促进良好的生态环境价值向经济价值转化。

（三）深化阶段

2020年，习近平总书记在第三次推动长江经济带发展座谈会上提出，要加快建立生态产品价值实现机制，真正实现绿水青山的生态价值与经济价值。同年，国家发展和改革委员会发布了《国家生态文明试验区改革措施和经验做法推广清单》，明确了国家生态文明试验区的具体改革措施，为其他地区进行生态文明试验探索提供了范式依据。同年9月，第75届联合国大会一般性辩论上习近平主席提出"双碳"目标，更加彰显了中国作为发展中大国在国际生态环境问题上的担当。

自2020年以来，我国对生态产品的价值实现和市场化交易方面更加关注，并提出了一系列的政策建议。对生态产品价值的评估、调查监测、经营开发、保障机制等问题进行了详细的论述，阐明了生态产品价值实现和市场化交易的主要内容和内在逻辑，并提出了生态产品价值实现和市场化交易的宏观政策体系（见图1）。

```
起步阶段 → 探索阶段 → 深化阶段
```

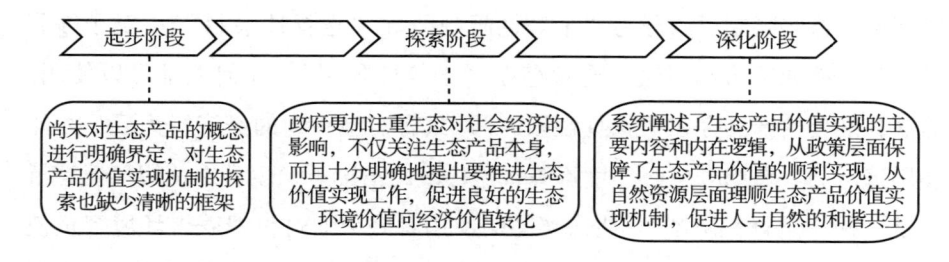

起步阶段	探索阶段	深化阶段
尚未对生态产品的概念进行明确界定，对生态产品价值实现机制的探索也缺少清晰的框架	政府更加注重生态对社会经济的影响，不仅关注生态产品本身，而且十分明确地提出要推进生态价值实现工作，促进良好的生态环境价值向经济价值转化	系统阐述了生态产品价值实现的主要内容和内在逻辑，从政策层面保障了生态产品价值的顺利实现，从自然资源层面理顺生态产品价值实现机制，促进人与自然的和谐共生

图 1　生态产品市场化交易及价值实现政策实践阶段

四　分析框架

（一）市场化交易的可能性

1. 生态产品的准公共产品属性

由于公共物品具有规模大、产权难以分割、公益性强等特性，国家通过规模经济和"暴力潜能"的优势来实现资源的整合，通过市场实现公共物品供应的可能性微乎其微。生态产品具有典型的公共产品特性，准公共产品的规模、范围、消费者数量相对比较容易确定，然而，外部性的存在会导致市场上资源的错配，所有权的明确性成为创造市场导向的生态产品交易机制的主要挑战。公共产品在消费上存在的"搭便车"问题，也可能会随着人们对生态环境问题的重视、生态环保意识的提高而得到解决。

由于生态产品内在属性、制度安排和成本的限制，生态产品的供给方以政府为主，但政府作为生态产品的主要供应者，其成本、效益甚至公平性都受到较大束缚，只能提供普通的大众化的生态产品，而无力提供具有特殊性和异质性的生态产品。因此需要通过构建生态产品市场化交易平台来实现多元供给，以排除"搭便车"行为，发挥市场这只看不见的手的隐形调节作用。

2. 生态产品的消费存在排他性技术门槛

尽管公共产品具有公共利益特征，但其使用仍存在限制。根据 Goldin

的理论，这些限制可以分为"平等性限制"和"选择性限制"。[1] 对于纯公共产品，例如国防和司法，通常存在"平等性限制"，任何人都可以使用。然而，准公共产品存在"选择性限制"，只有实施一定的经济行为后，才能使用该产品。在当今生态环境资源日益稀缺的情况下，生产性使用环境容量也是一种"选择性限制"。生态产品的使用者必须通过付费获得环境容量使用权，以进行物质产品的生产。理论上，如果可以排除免费使用者，生态环境容量类的生态产品是可以通过市场提供的。

3. 多维政策体系为生态产品市场化交易提供制度保障

构建生态产品市场化交易平台、将市场机制引入生态产品供给离不开各项政策的支撑和制度的保障。国家和地方围绕顶层制度设计需求相继制定了一系列的生态产品价值实现与市场化交易的制度安排与政策体系，为生态产品的经济和环境价值实现提供了良好的政策环境。

（二）市场化交易的逻辑思路

促进生态产品的市场化和价值化需要价值发现、认可和回归的演变过程。需要探索建立完善的生态产品商业市场，推进生态产品市场化交易平台建设，促进生态补偿多元化，使生态资源保护者获得经济利益，进一步推进生态产品价值创造和实现。

五 市场化交易平台模式

（一）EOD 模式

EOD 模式（生态环境导向的开发模式）以环境保护和管理为基础，以特色产业经营和区域综合开发为支撑，采用产业链延伸、联合经营、共同开

---

[1] Goldin K. D., "Equal Access vs. Selective Access: A Critique of Public Goods Theory," *Public Choice* 29 (1977): 53-71.

发的方式，促进高公益、低收益的生态环境项目与相关高收益产业有效融合，是一种创新的项目组织实施模式。换句话说，EOD 模式旨在通过大胆而复杂的开发和协调项目，将环境和生态治理与产业盈利联系起来，平衡总收入和项目融资，促进环境和生态管理与产业统筹发展。

依据 EOD 试点项目的开展情况，构建生态产品市场化交易平台、推进生态产品价值的实现，要坚持以保护为主，解决凸显的生态环境问题。因地制宜、合理有序地发展相关产业，将生态效益转化为发展效益。在实施过程中，政府和市场将共同探索基于市场的交易和实现生态产品价值的新机制及举措。EOD 模式下生态价值捕获路径见图 2。

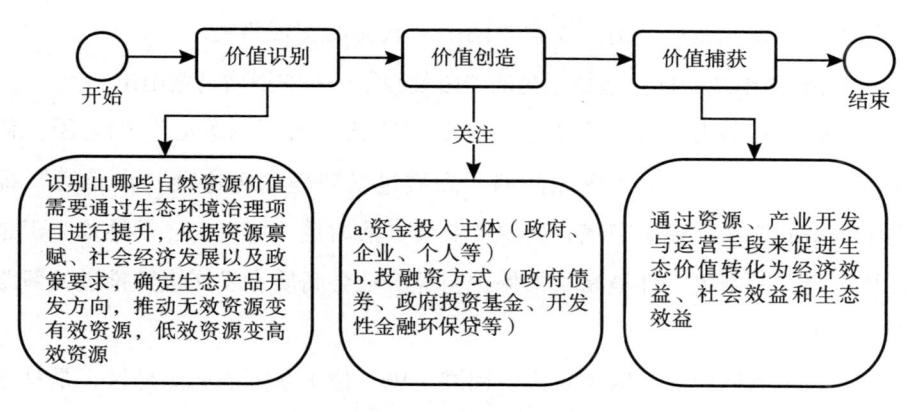

```
开始 → 价值识别 → 价值创造 → 价值捕获 → 结束
                      ↓关注
```

识别出哪些自然资源价值需要通过生态环境治理项目进行提升，依据资源禀赋、社会经济发展以及政策要求，确定生态产品开发方向，推动无效资源变有效资源，低效资源变高效资源

a.资金投入主体（政府、企业、个人等）
b.投融资方式（政府债券、政府投资基金、开发性金融环保贷等）

通过资源、产业开发与运营手段来促进生态价值转化为经济效益、社会效益和生态效益

图 2　EOD 模式下生态价值捕获路径

1. 创新 EOD 模式——广东省深圳市大鹏新区

2021 年，广东省深圳市大鹏新区被生态环境部命名为"绿水青山就是金山银山"实践创新基地。近年来，该区践行"绿水青山就是金山银山"理念，推进以生态为导向的创新发展模式（创新 EOD 模式），形成了独具大鹏特色的经济发达地区的生态保护"两山转化之路"。厚植生态优势，打造生态精品。构建生态文明量化评估体系，将 GEP 作为衡量新区发展成效的标尺；加大投入力度，推进"绿水青山"保护行动，PM2.5 连续 5 年优于世界卫生组织第二阶段标准，河流年均水质全部达到Ⅳ类以上，森林覆盖率达 77.58%，生态环境状况指数全省"六连冠"；成功打造中国经济发达

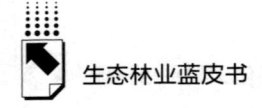

地区第一个"生态氧吧"。大鹏湾被誉为三大美丽港湾的典范并向全国推介，珍稀物种布氏鲸重现大鹏湾。

创新EOD模式，构建生态产品市场化交易平台，优化生态产品价值实现机制。大鹏新区构建滨海度假休闲旅游产业链和森林生态康养产业链，实现生态产品价值高效转化，构建EOD项目实施规范化管理体系，在全国率先创新构建区域EOD发展模式，优化生态产品价值转化机制。依托山海资源，实现"两山"有效转化和在地实践。围绕打造全球海洋中心城市集中承载区和世界级滨海旅游度假区，构建"山海生态+生态旅游业+生命健康产业+海洋产业+清洁能源产业"转化模式，通过较场尾民宿区和坝光国际生物谷等小单元典型案例，探索"两山"转化的实现路径。

2. EOD模式如何打造长三角的"白菜心"——安徽省马鞍山市

安徽省马鞍山市有一个心愿，一个打造长三角"白菜心"的心愿。伴随着长三角一体化上升为国家战略，高质量发展理念对这颗"白菜心"提出了更高的要求：要生态优，更要产业强、活力足、城乡美、百姓富。于是在马鞍山，一条生态环境高水平保护与经济社会高质量发展统筹推进的新路正被奋力闯出。

马鞍山因钢而兴，因钢立市。回溯历史，位于东郊的向山地区，是马鞍山产业的发源之地。近百年的采矿史，为向山地区留下的，除去被誉为"马钢粮仓"、为马钢公司输送了2亿吨铁矿石的功勋矿山——凹山，还有大大小小的各种矿山。由于采矿历史悠久，一些小的矿业公司乱采乱挖，造成植被破坏、水体污染、地质灾害等诸多生态问题，山体上出现了许多洞口，形成了非常明显的"生态疤痕"。马鞍山市委主要领导表示，向山是马鞍山的发源地、城市起步区，历经近百年开采，在做出巨大贡献的同时，也留下了很多环保欠账。什么时候向山地区治理好了，马鞍山资源型城市转型才算成功，才能走出高质量发展之路。① 2021年，马鞍山举全市之力打响

---

① 《马鞍山市："城市伤疤"的"美颜"之路》，《潇湘晨报》百家号，2022年9月13日，https://baijiahao.baidu.com/s?id=17438299058944151 72&wfr=spider&for=pc。

"向山大会战"。运用 EOD 模式，总投资 84.87 亿元，启动向山生态修复与绿色转型发展。在这一进程中，矿山修复、基础设施提升等 44 个重要工程搭起生态"骨架"，智能制造、节能环保、文旅康养等新兴产业不断丰富其生态内涵，"三棵树"项目便是其中的典范。"三棵树"项目以丁山矿和凹山湖西侧 380 亩土地为核心，采用"矿山治理+特殊经济林一二三产"的方式，种植了 3400 株元宝枫、山桐子、杜仲，发展林下经济。向山地区成为马鞍山打造"两山"理念样板区的试验田。

马鞍山是一个以工业为基础的地方，它靠着工业化发家致富，工业的基因已经渗透到了它的血液里。绿色发展，需要以创新驱动、数字赋能来推动制造业高质量发展。马鞍山已经从一个传统的资源型城市发展成为一个以生态和绿色发展为先的文明绿色城市。通过创新运用 EOD 模式，马鞍山率先实现了绿色转型，提高了发展的质量和效益，实现了高水平的保护和高质量的综合发展。

（二）PPP 模式

PPP（Public-Private Partnership）模式即公共部门与私人部门的合作关系，是指通过签订长期合同或长久协议，私人部门参与公共产品供给或公共建设。随着项目融资的发展，这一模式得到越来越广泛的应用。在此基础上，政府与企业、其他非营利机构可以分担责任、分担风险、分享收益。采用 PPP 模式，政府与私营企业联合出资，可以节省政府开支；在公共物品供应中引入市场机制，可以在某种程度上实现政府部门由公共物品的提供者向监督管理者转变，从而推动服务政府的形成；政府与私营企业可以充分利用自身的优势，有效地减少公共物品的供应成本，从而促进公共物品的供应。

生态产品是一种公共物品，它要求国家通过特定的手段来生产，或者通过特定的手段来促进它的生产。在生态产品供给已不能满足人民需要的情况下，需要通过优化其供应机制来提高供给的有效性。政府直接提供生态产品的机制转变为政府主导提供生态产品的机制，激发了市场主体、政府部门和

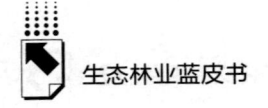

私营企业共同提供生态产品等的积极性。这正是PPP模式在生态产品供应中的作用。

生态产品PPP模式是指政府和私营部门共同提供生态产品，其本质在于充分发挥政府和市场主体的作用。生态产品自身的特性决定了政府在提供生态产品时应更好地发挥主导作用，而PPP模式解决了单一的政府提供生态产品的低效率问题，激发了不同主体提供生态产品的合作意愿，在市场上形成了更为高效的交易平台。

例如广西南宁市以PPP模式推进水环境治理的探索，为了改善水环境，促进生态文明建设，成为广西的"龙头城市"和区内的世界性都市，南宁市从2008年开始大力开展城市水系综合开发，并且于2009年确定为"中国水城"。但由于资金、观念和技术方面的原因，治理成效并不理想。为了突破水资源管理的资金瓶颈，南宁市委、市政府根据水资源管理的困难、前期工作的完成情况以及流域的发展前景，引进了先进的管理技术和理念。在此背景下，本着克服困难，坚持创新、合作、尊重环境、开放、共享的发展理念，竹排江上游植物园段（那考河）治理项目被选为首项PPP试点项目。

南宁市委、市政府聘请了专业技术顾问来设计技术路线、交易结构和投资回报。将设计—建造—融资—运营（DBFO）方法中的绩效评估和其他关键约束条件应用于该项目上游段的PPP项目，以建立符合"多方评价，按绩效付费"理念的治理机制，建立了"水质、水量、防洪"三位一体考核机制，政府依据考核综合绩效向项目公司付款。政府通过成立专门决策机构，提高部门协作程度；优化技术路线、交易结构等核心边界条件；规范采购程序，创新采用竞争性磋商方式；双方分担风险，政府适度监管，助力PPP项目顺利执行。上述主要做法实现了"引资""引智"和"引制"三大治理效果。在政府与工程单位的共同努力下，将"被污染的纳污河"改造成湿地公园，大大改善了水质和生态环境，该项目的成功为河流管理领域PPP项目的实施提供了有效路径，也为构建生态产品市场化交易平台提供了经验借鉴。

（三）有偿使用交易模式

生态有偿使用是指综合考虑生态保护的成本、发展的机会成本和生态服务的价值，通过向生态保护的受益者或受生态破坏影响的人支付货币、物质或其他无形的利益来补偿其成本或其他相关损失的一种行政和商业行为。在实施有偿使用制度时，应充分考虑市场需求和供给、资源稀缺程度以及生态破坏和恢复的成本。要坚持"以人为先"的原则，健全生态功能区的生态补偿机制，推动区域间的横向补偿。积极发展绿色市场，推进碳排放权、排污权、用水权交易，通过市场化的手段，引导社会资本参与生态环境保护，从而更有效地构建生态产品市场化交易平台。

生态产品有偿使用交易模式中对生态服务的支付不是交易的结束，而是一个新的循环的开始。生态产品有偿使用既能为生态产品供应者节约成本，又能使其获得利润，向供应者发出积极信号，鼓励其继续提供环保服务及高品质的生态产品。只要对生态产品进行有效的监督，就可以通过市场机制来达到应有的效果。从利益相关者的角度转变为市场的角度，可以极大地促进中国资源和生态服务要素的自由交换。建立和健全资源有偿使用与生态补偿机制，运用市场化的手段，实现生态产品的有偿使用与有偿服务，将会对我国的实践产生深刻的影响。

1. 甘肃武威：以流域生态保护补偿助推水环境质量改善

近年来，甘肃省武威市积极建立流域长期保护和管理的合作和治理机制，大力推进水环境质量的提高，提高了流域上游和下游的综合管理水平。武威市成立了由多部门组成的石羊河流域横向生态保护补偿试点工作推进小组，多次召开专题会议，对流域横向生态保护补偿机制建设提出意见建议。2020年6月，凉州区与民勤县签订了《石羊河流域上下游横向生态补偿协议》，明确上下游县区权利义务，确定考核断面为石羊河扎子沟断面，补偿方式由水质考核补偿和河道径流量考核达标补偿两部分组成。

补偿机制对上游和下游生态环境的保护起到了很好的促进作用，使整个区域的水环境质量得到了改善。2021年，全市5个地表水监测断面水质达

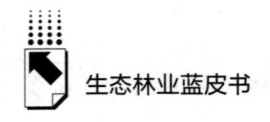

到Ⅰ类，4处地表水监测断面水质为Ⅱ类。2022年，国控和省控9个地表水断面中除界牌村符合指标Ⅱ类以外，其他8个断面的水质都达到了100%的优良水平，全市城乡无黑臭水体。

2. 宁夏石嘴山市、银川市：加快推进排污权有偿使用和交易改革

宁夏石嘴山市实现首例排污权个人交易，标志着该地区排污权有偿使用和交易改革取得了积极进展。全区已有729家重点管理排污单位完成确权，其他排放额度也完成了政府储备的审批。

同时，宁夏回族自治区已经完成了"四本排放账目"的审批和评估，排放交易平台基本建成，"1+6"支持政策体系逐步落实。"1+6"排污许可交易管理体制主要涉及前期管理理念、交易规则、价格管理、储备等。与之相配套的是控制、收入管理、电子投标和抵押信贷等六个支持系统。该系统已进入报批、印发实施阶段。2021年，宁夏石嘴山市已经初步建立了一个集信息、服务、交易、监管于一体的排污权交易平台。该地区的试点地区银川市和石嘴山市率先扎实做好排污权交易各方面的工作，包括确定碳排放配额，发展交易主体，并将其与交易平台衔接，打通排污权交易各个环节。石嘴山市已经完成了第一笔排污权交易和第一笔按揭贷款，银川市的交易工作正在紧张准备中，预计会在二级市场上开始进行交易。

宁夏石嘴山、银川两市将支持环境产权交易，推进有偿使用和排污权交易，并引入排污权有偿使用机制，促进社会资本参与。以市场化的方式吸引社会资金参与生态环境保护，从而更有效地推进排污权有偿使用、生态补偿市场化交易，建立具有活力、促进经济社会持续发展的有偿利用与生态补偿机制。

（四）生态购买模式

生态购买是实现生态建设与经济发展良性互动的制度和政策选择之一。所谓生态购买，是指国家从生态环境的长期安全角度出发，在生态环境极其脆弱、影响深远的地区开展生态工程建设，指定专业部门，根据森林恢复量和自然生态质量，向林主支付相应的费用，从而实现生态环境良性循环，农

民富裕，经济与生态协调发展。生态购买是一种以补偿环境生态利益为目的的生态效益管理方式，其理论上与"空间激励"相似，由政府在特定地区制定特定的政策以促进经济增长。

生态购买是一种新型模式，是对过去中国生态建设过程中"只保证过程，不保证效果"的旧模式的调整。其实质是封山种草，使大自然有自己的循环发展空间，减少人为干扰，减轻土地资源和生态环境的负担，实现植被、地表水和地下水的生态恢复和良性循环。政府购买生态产品，帮助农民致富，并确保农民不返贫，帮助农民发展生态农业；以生态建设成果（生态产品）作为投资管理的核心内容，保证其产出的效率和转换速度，实现生态效益的转换。生态建设既加快了生态产品的商品化、物币化及"生态致富"的进程，也有利于培育市场，加快生态建设市场的发展，充分利用市场机制，整合社会资源，提高生态建设的吸引力和竞争力。生态购买可以及时实现生态效益的转化，提高生态建设的最终质量和效益，从而实现生态建设的良性循环，是生态产品市场化交易的一种重要模式。生态购买是实现生态建设和经济发展"双赢"的机制，可以有效地利用市场和激励机制，使生态产品的经济效益和生态效益实现良性循环。

（五）生态产业化模式

生态产业化模式利用市场化的方式，通过明确产权和产业化运作，改变商品的性质，引导企业自发交易，从而实现其潜在的生态服务价值。生态产业化强调生态资源的转换和利用，是社会现代化、人类更好地利用自然资源的象征，同时要考虑到生态效益，提前制定产业生态化的规划，只有这样，生态资源才能得到持续的发展。

例如福建省围绕生态产品价值实现，着力打造生态产业链。2022年，福建省人民政府办公厅印发《福建省推进绿色经济发展行动计划（2022—2025年）》，主要目标是坚持生产绿色化、生态产业化、能源清洁化、生活低碳化，部署了"强化减污降碳，推动产业绿色低碳循环发展""围绕价值实现，着力打造生态产业链""坚持先立后破，推动能源产业提质增效"

"强化绿色理念，实施绿色低碳全民行动"等四个方面共十八项重要任务。其中，生态产品价值实现方面的重点任务之一是构建发展生态产品市场化交易平台。

打造生态产品供需平台，促进生态产品供需精准对接、资源与资本有效链接，鼓励相关企业积极参加中国国际消费品博览会、"双品网购节"等消费促进活动，以及"双十一""双十二"等电商主题活动。实施数字农产品出村进城工程，力争全省农产品网络零售额年均增长10%以上。加快建立生态环境产权交易市场，借鉴"生态银行"经验，鼓励各地开展自然资源平台化运营试点。推进碳排放权和碳汇交易，健全碳排放权交易机制，持续推进林业碳汇交易，探索开展省级海洋产业发展示范县藻类海水养殖碳汇试点。

参考文献

[1] 韩宇、刘焱序、刘鑫：《面向生态产品价值实现的生态修复市场化投入研究进展》，《生态学报》2023年第1期。

[2] 李芳芳、杨赫：《生态产品市场化价值研究》，《青海金融》2022年第7期。

[3] 高晓龙等：《生态产品价值实现关键问题解决路径研究》，《生态学报》2022年第20期。

[4] 赵云皓等：《生态产品价值实现市场化路径研究——基于国家EOD模式试点实践》，《生态经济》2022年第7期。

[5] 海明月、郇庆治：《马克思主义生态学视域下的生态产品及其价值实现》，《马克思主义与现实》2022年第3期。

[6] 孙博文：《建立健全生态产品价值实现机制的瓶颈制约与策略选择》，《改革》2022年第5期。

[7] 李敏瑞、张昊冉：《持续推进基于生态产业化与产业生态化理念的乡村振兴》，《中国农业资源与区划》2022年第4期。

[8] 石敏俊、陈岭楠、林思佳：《"两山银行"与生态产业化》，《环境经济研究》2022年第1期。

[9] 丁艳：《"两山论"视域下生态产品价值实现的实践模式与优化逻辑》，《创新》2022年第2期。

[10] 余东华：《黄河流域产业生态化与生态产业化的战略方向和主要路径》，《山东师范大学学报》（人文社会科学版）2022 年第 1 期。

[11] 陈婉：《EOD 践行"两山"理念的模式创新》，《环境经济》2021 年第 24 期。

[12] 周兰萍、张留雨：《EOD 助推 PPP 高质量发展》，《项目管理评论》2021 年第 4 期。

[13] 方印、李杰：《生态产品价格形成机制及其法律规则探思——基于生态产品市场化改革背景》，《价格月刊》2021 年第 6 期。

[14] 周静：《生态补偿推进生态产品价值实现的几点思考》，《中国国土资源经济》2021 年第 5 期。

[15] 李繁荣、戎爱萍：《生态产品供给的 PPP 模式研究》，《经济问题》2016 年第 12 期。

[16] 高超平、刘纪显、赖小东：《基于 DSGE 模型的生态产品市场化研究》，《管理现代化》2016 年第 6 期。

[17] 田野：《基于生态系统价值的区域生态产品市场化交易研究》，硕士学位论文，华中师范大学，2015。

[18] 黄如良：《生态产品价值评估问题探讨》，《中国人口·资源与环境》2015 年第 3 期。

[19] 梁锷：《市场化思路下湖南资源有偿使用和生态补偿制度构建研究》，《企业技术开发》2014 年第 34 期。

[20] 曾贤刚、虞慧怡、谢芳：《生态产品的概念、分类及其市场化供给机制》，《中国人口·资源与环境》2014 年第 7 期。

[21] 延军平等：《基于生态购买的西部经济与生态良性互动发展模式研究》，《陕西师范大学学报》（哲学社会科学版）2006 年第 4 期。

[22] 秦颖：《生态产品的市场化供给机制与价值实现模式研究》，中国经济出版社，2022。

[23] 中共中央组织部组织编写《贯彻落实习近平新时代中国特色社会主义思想在改革发展稳定中攻坚克难案例　生态文明建设》，党建读物出版社，2019。

[24] 王海飞：《洞庭湖生态经济区政府生态购买机理及实现路径研究》，硕士学位论文，中南林业科技大学，2021。

[25] 李晓玲：《铜川新区城市生态购买设计》，《西北大学学报》（自然科学版）2006 年第 5 期。

B.4
健全完善生态环境保护"天地一体化"监测体系

——浙江丽水的经验与启示

彭绪庶 刘春晓*

摘 要： 在新发展阶段，深入推进环境污染防治和建设美丽中国，需要建设生态环境保护"天地一体化"监测体系，助推生态环境监测能力现代化。建设生态环境保护"天地一体化"监测体系，尚存在缺乏成熟技术应用示范、监测信息难以有效整合和集成、体制和政策性障碍等问题。丽水市建设"三眼守望"系统和数字土壤系统的实践表明，"天地一体化"监测体系能充分利用不同环境监测手段的优点，数字技术是有效整合和集成卫星遥感、地面监测和人工检查等信息数据源，整合跨部门数据源的黏合剂。建设成功的生态环境保护"天地一体化"监测体系，需要进行系统设计，统筹包括生态环境部门在内的多个政府部门；需要数字政府建设形成的政务数字化转型动力助推；需要加强生态环境数据的场景应用谋划，以应用带动系统建设；需要政府与市场密切合作，在发挥政府主导作用的前提下，充分发挥市场的能动作用。

关键词： 生态环境保护 天地一体化 监测体系 丽水

---

* 彭绪庶，中国社会科学院数量经济与技术经济研究所信息化与网络经济研究室主任，研究员、博士研究生导师，主要研究方向为科技创新与绿色发展；刘春晓，生态经济数字化工程（丽水）研究院常务副院长、研究员，主要研究方向为产业数字化。

党的二十大报告明确提出，中国式现代化是人与自然和谐共生的现代化。"推动绿色发展，促进人与自然和谐共生"，必须"深入推进环境污染防治"，"持续深入打好蓝天、碧水、净土保卫战"。生态环境监测提供最基本和准确可靠的生态环境质量现状与变化趋势数据，是实施环境监督检查、执法和科学管理生态环境的重要依据，也是生态环境保护工作的重要基础和建设生态文明的重要支撑。贯彻落实党的二十大提出的深入推进环境污染防治和推进美丽中国建设，必须加强生态环境管理基础能力建设，全面加快构建立体、科学的生态环境监测体系，加快实现生态环境监测能力现代化。

一　生态环境保护"天地一体化"监测体系是实现生态环境监测现代化的重要内容

（一）健全完善生态环境保护"天地一体化"监测体系的必要性

1. 谱写美丽中国新篇章需要深入打好污染防治攻坚战

党的十八大以来，统筹"五位一体"总体布局，中央和各地各级政府把生态文明建设摆在全局工作的突出位置，全面发力，尤其是"十三五"期间污染防治攻坚战取得了显著成效，环境质量明显好转，生态系统稳定性持续提升，"生态文明建设和生态环境保护发生了历史性、转折性和全局性的变化"[①]。

总体上，我国生态环境质量与人民对美好生活的需要还有较大差距，生态环境改善的基础尚不牢固，生态环境既是关系党的使命宗旨的重大政治问题，也是关系民生发展的重大社会问题。根据党的二十大报告，基本实现美丽中国目标是社会主义现代化的重要标志，也是"十四五"乃至更长时期谋划生态文明建设和生态环境保护的远景目标。进入实现第二个百年奋斗目

---

① 《生态环境部部长黄润秋中宣部"中国这十年"新闻发布会答记者问》，生态环境部网站，2022年9月15日，https：//www.mee.gov.cn/ywdt/zbft/202209/t20220915_994045.shtml。

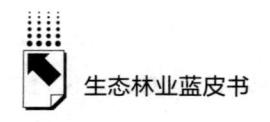

标的新征程，谱写美丽中国建设新篇章意义重大、影响深远，必须深入打好污染防治攻坚战。

2. 应对碳达峰碳中和需要推动减污降碳协同增效

碳达峰碳中和是应对全球气候变化、体现中国负责任大国形象、构建全球人类命运共同体的重要战略，将引起经济社会系统的深刻变革。另外，温室气体排放较多主要是由于能源消费结构中化石能源占比和产业结构中重化工产业占比过高，以及生产技术相对落后和能源利用方式不当等。这些同时是影响生态和导致环境污染的主要原因。因此，坚持协同推进降碳、减污、扩绿等各项工作是实现碳达峰碳中和的重要抓手，减污降碳的协同增效尤为关键。

3. 完善生态环境监测需要利用数字技术建立生态环境保护"天地一体化"监测体系

早在21世纪初，国务院即批准环保部和中科院等联合开展生态环境十年变化（2000~2010年）调查评估工作，目的是利用遥感技术，掌握我国生态环境状况的基础信息，分析了解我国生态环境状况的特征与变化趋势。该项目通过遥感与野外调查和核查相结合，形成了"天地一体化"的生态系统调查技术体系，为建立生态环境保护"天地一体化"监测体系奠定了重要基础。生态环境治理现代化要加强生态环境治理的科技支撑，尤其是需要及时利用先进技术建立覆盖大气、水和土壤的生态环境保护"天地一体化"监测体系。数字技术是当前新一轮科技革命的代表性技术，也是最典型的通用目的技术，因此需高度重视在生态环境保护的进程中用好数字技术，找到利用数字技术推动生态环境保护的契合点和发力点，重点在于依托大数据技术和数字化集成平台，实现大气、水、土壤等生态环境指标实时动态监测。

（二）健全完善生态环境保护"天地一体化"监测体系具备坚实的工作基础

1. 中国环境监测技术和设备取得了突破性进展

传统的环境监测以近地分布的观测点为主，难以反映区域全貌。经过十多年的发展，目前我国具有自主知识产权的环境监测技术与设备基本实现了对水、土、气等领域的全覆盖，设备和监测技术水平基本上达到世界先进甚至是领先水平。例如，在大气监测领域，以大气自由基现场监测系统研发成功为标志，我国跃升为国际上能实现超痕量大气自由基监测的少数国家之一。利用天基卫星与空基卫星、航空无人机、移动监测车与地面观测等手段协作，初步形成了"五基"协同的立体遥感监测网络，立体化智慧化环境监测评估预警能力大大提升。

2. 生态环境（在线）监测监管能力不断提高初步奠定立体监测体系工作基础

20世纪90年代末，国家环境保护总局从海南和吉林开始试点，建立污染源在线监控与预警系统，2005年开始着手建立全国联网的环境污染源在线自动监控系统。[①] 截至2022年，我国环保系统已建成国家、省、市三级污染源监控网络，包括国家中心1个、区域督查中心5个、省级中心32个和地市中心333个。固定污染源中具有排污许可证的单位基本全部采用在线监测技术，可实时将污染物排放信息上传至全国排污许可证管理信息平台。此外，我国土壤环境监测网络共包括8万个监测点位，覆盖全部县（市、区），海洋生态环境监测网络设置1359个国控监测点位。根据《"十四五"生态保护监管规划》，到2025年，全国将进一步建立生态监测监督评估网络，重点区域将开展常态化的遥感监测，逐步形成"陆海统筹、天地一体、上下协同、信息共享的生态环境监测网络"。

3. 国家自然保护区"天地一体化"遥感监控体系初步建成

生态环境监测是生态环境保护的重要一环，是生态文明建设的重要支撑。2022年，我国有474个国家级自然保护区，为及时掌握全国自然保护区的生态环境变化情况，加强监督执法等，已初步构建自然保护区"天地一体化"遥感监控体系，实现对全国自然保护区生态环境质量、重点污染源和生态环境状况监测的全覆盖，定期进行遥感监测和实地核查，运用

---

① 于爱敏等：《谈我国污染源在线监控与预警系统建设的主要问题》，《北方环境》2010年第4期。

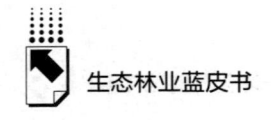

"互联网+"大数据分析技术，全面加快生态环境监测和保护手段智能化、现代化建设，以大数据守护国家绿水青山。

二 生态环境保护"天地一体化"监测体系面临的机遇与挑战

（一）健全完善生态环境保护"天地一体化"监测体系面临的新机遇

1. 中央重视生态环境质量提升

党中央始终高度重视环境保护工作。党的十八大以来，生态文明建设成为"五位一体"总体布局的重要部分，绿色发展成为新发展理念的重要内容，"两山"理念被写入党章，习近平生态文明思想正式形成并成为习近平新时代中国特色社会主义思想的重要组成部分，生态文明也被写入宪法。党的二十大再次明确将人与自然的和谐共生确立为中国式现代化的重要特征之一，提出了大力推进生态文明建设和推进美丽中国建设的目标要求。提升生态环境质量被提到新的高度，生态环境部出台了包括《"十四五"生态环境监测规划》在内的一系列重点领域规划和专项规划，为生态环境监测体系建设带来了前所未有的新机遇。

2. 数字技术赋能的新趋势

数字技术是当前新一轮科技革命的代表性技术，找准数字技术赋能生态环境保护的契合点与着力点是未来发展的趋势。数字技术应用为生态环境治理能力现代化提供了新的选择，其在生态环境监测、生态环境管理等领域有了广泛的应用，同时展现了巨大潜力。尤其是5G、大数据、云计算、人工智能等多种新兴技术的快速发展，为集成生态环境监测数据，开发新的应用场景，推动生态环境监测朝高精度、动态化和智能化方向发展提供了可能。要实现水、土、气等多方数据的连续采集和实时监测，将不同来源的大量数据集成应用，形成生态环境保护"天地一体化"监测体系，数字技术应用不可或缺。

（二）健全完善生态环境保护"天地一体化"监测体系面临的新挑战

1. 大尺度高精度动态生态环境监测技术缺乏成熟应用

生态环境监测是典型的交叉学科知识与技术应用。生态环境保护"天地一体化"监测体系不仅涉及森林、草原、湿地等生态系统和大气、水、土壤等环境系统的监测，还涉及地理上大范围的监测，包括整县（市、区）甚至是跨区域、跨流域的大范围监测。另外，生态环境监测对动态及时性要求越来越高。尽管包括遥感技术在内的技术，在生态环境监测领域已有较多成熟应用，但由于大尺度与高精度本身存在矛盾，短周期高频率动态监测与低成本监测之间也存在矛盾，同时实现大尺度高精度动态生态环境监测尚缺乏典型应用，也无法通过一种技术实现。生态环境监测的高复杂度和综合性要求必须通过不同技术集成不同监测手段所采集的信息和数据源来实现。

2. 土壤环境和污染监测技术亟须加强

在现有生态环境监测和治理体系中，与大气和水等环境系统的监测相比，土壤环境系统的监测明显滞后，其原因首先是土壤环境污染成因较为复杂，解决土壤污染的方法与成因难以匹配；其次是土壤环境污染不像大气和水环境污染那样明显，常常无法通过视觉观察到，污染隐蔽性强，没有引起足够的重视；再次是土壤环境污染治理难度大、成本高，涉及的跨部门因素更多，监测和治理难度相应更高；最后是尽管有一些技术手段在土壤环境监测中得到了有效应用，但总体上土壤环境污染监测极其缺乏系统性，仍然有许多问题影响土壤环境质量监测工作的高质量、规范化开展，也难以实现土壤环境监测质量把控。

3. 生态环境保护"天地一体化"监测信息缺乏有效整合和集成

建立生态环境保护"天地一体化"监测体系需要根据需要不断丰富监测手段，由传统地面监测、人工监测转向"天地一体化"的自动化、智能化监测，关键是整合多手段、多渠道、多部门的监测信息与数据，实现对生态环境变化的客观、科学、快速和定量感知，同时在此基础上开发不同应用为预警预测和政策服务等提供决策参考。从实践来看，整合不同部门的数据，建立多元数据的关联分析，实现"空天地"和多渠道来源数据的相互补充、印证，尚缺乏有效路径和技术支撑。

4. 健全完善生态环境保护"天地一体化"监测体系需加快破除体制障碍

生态环境保护"天地一体化"监测信息有效整合和集成难一方面与技术因素有关，另一方面则与制度性因素和立体监测体系本身的复杂性有关。我国现行管理制度中尚无统一的生态环境监测条例或办法，难以支撑跨部门、跨流域生态环境监测信息的整合和集成。缺乏统一的生态环境监测信息大数据开发平台，导致现行生态环境监测过于依赖环保部门，而基层环境监测体系不健全进一步制约了生态环境监测信息采集。此外，生态环境信息敏感，社会资本进入存在一定障碍，导致监测信息和数据应用不足，反过来也导致监测信息数据采集、整合与集成过度依赖中央和地方财政支持。

三 "三眼守望"：丽水建立"天地一体化"监测体系的重要实践

（一）"三眼守望"："天眼、地眼、人眼"立体监测体系的基本思路

丽水市是习近平总书记"绿水青山就是金山银山"理念的重要发源地。习近平总书记在浙江工作期间，先后八次来到丽水，深情寄语"绿水青山就是金山银山，对丽水来说尤为如此""志不求易、事不避难"等。丽水"三眼守望"在利用国产自主卫星遥感数据的基础上，集成地理信息、地面物联网观测、实时视频监控及社会经济统计等多源数据资源，形成全覆盖、全信息、多尺度、多时相、多元化的"空天地一体化"的空间信息数据资源库。面向丽水社会治理与绿色发展的实际需求，开展智慧生态环保及科学

空间治理协同与调度的丽水两山"天眼守望"卫星遥感数字化信息服务，实现生态环境监测、GEP 核算及动态展示、自然资源规划和利用监测以及卫星遥感基础数据服务的应用场景示范，为政府相关部门和社会公众提供生态监测专题数据产品，构建天基信息服务与交流的通道，实现"天上看、网上管、地上查"终极目标，为生态价值的有效评估提供定量化标准，为丽水成为全面展示浙江高水平生态文明建设、高质量绿色发展成果和经验的重要窗口提供有力支撑。

1. 优化生态环境监测体系，指导生态文明建设发展

"三眼守望"利用卫星遥感监测具有全覆盖、全天候、精度高的优势，对丽水全辖区内的大气、水资源、土壤、森林、绿地、湿地等生态环境情况进行网格式全面排查和监测。根据需要，网格尺寸可细分至数平方米，并且通过遥感数据反演每个网格上的生态环境量化指标，完成辖区全域、定期、精细的排查，实现生态环境要素全域感知。

2. 准确评估生态产品价值，助力高质量绿色发展

"三眼守望"一键式自动计算任意地块 GEP 单项及总值，通过云端的智能统计分析，自动生成核算报告；通过动态展示市、县、乡三级行政区的变化趋势及每个分项核算结果，判断 GEP 高低的原因，为各级政府决策制定提供必要支撑。系统可以通过绘制丽水全域生态产品价值一张图，实现让丽水的每一分生态产品价值都可计算。

3. 完善生态产品交易机制，形成高频全域交易能力

"三眼守望"利用完整的高分、风云和环境等国产卫星数据资源，结合先进的水、大气和固废等生态环境遥感反演技术，实现对水、大气、固废环境的立体化监测，形成多种时空分辨率的生态环境要素监测和预报体系；开展生态系统空间变化监测，形成标准并每月提供生态系统分类空间数据。在此基础上，面向省、市、县等各级地方政府，系统可以提供基于多源卫星遥感的生态产品价值评估服务，系统通过将遥感应用与区块链技术相结合，形成以空间大数据为主要衡量手段的生态产品价值交易平台。

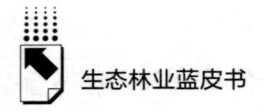

4. 加快治理能力现代化，聚焦重大工程监测

"三眼守望"可以发挥卫星遥感影像视点高、视域广、数据采集快、可连续重复观测、可持续监测服务的优势，聚焦重大工程监测，对重大工程与周边区域划定管控范围和开发边界，加强开发强度管制，实现土地节约集约利用。在此基础上，利用全方位立体持续监测数据，可以开展丽水市发展规划的研究解析，掌握丽水市自然资源、生态环境建设成效等动态变化情况，通过数字化服务生动地展示丽水生态环境发展轨迹，深入探索影响发展的核心因素，推动生态环境建设和生态价值实现可持续进程。

（二）"三眼守望"平台（系统）的主要结构和功能

面向丽水生态环境治理和绿色发展的应用需求，"天眼、地眼、人眼"立体监测网络服务由6个部分组成，按照4个层次的架构设计，协同并继承丽水"花园云"平台建设的要求。应用场景包括生态环境立体化监测、GEP核算及动态展示、自然资源规划和利用监测三大场景，其中生态环境立体化监测包含水环境立体化监测、大气环境立体化监测、固废环境立体化监测、自然保护区遥感监测等；GEP核算及动态展示包含GEP核算及成果可视化、生态产品交易平台、美丽大花园展示、重大工程监管等；自然资源规划和利用监测包含地质灾害监测、非法采矿监测、规划建设项目落地监测、耕地变化监测、生态保护红线监测、违法违规建筑监测、森林火灾监测预警、土地开发监测预警等（见图1）。

丽水"三眼守望"平台具体分为3个模块，分别为生态环境立体化监测服务、GEP核算与交易平台服务、自然资源规划和利用监测服务。

1. 生态环境立体化监测服务

具体包括水环境立体化监测服务、大气环境立体化监测服务、固废立体化监测服务和自然保护区遥感监测服务。水环境立体化监测服务主要是结合丽水市境内主要河流断面水质监测、主要污染源排污口在线监测，整合水质类别统计、河道统计、断面监测数据、站点监测数据和现场核查数据，

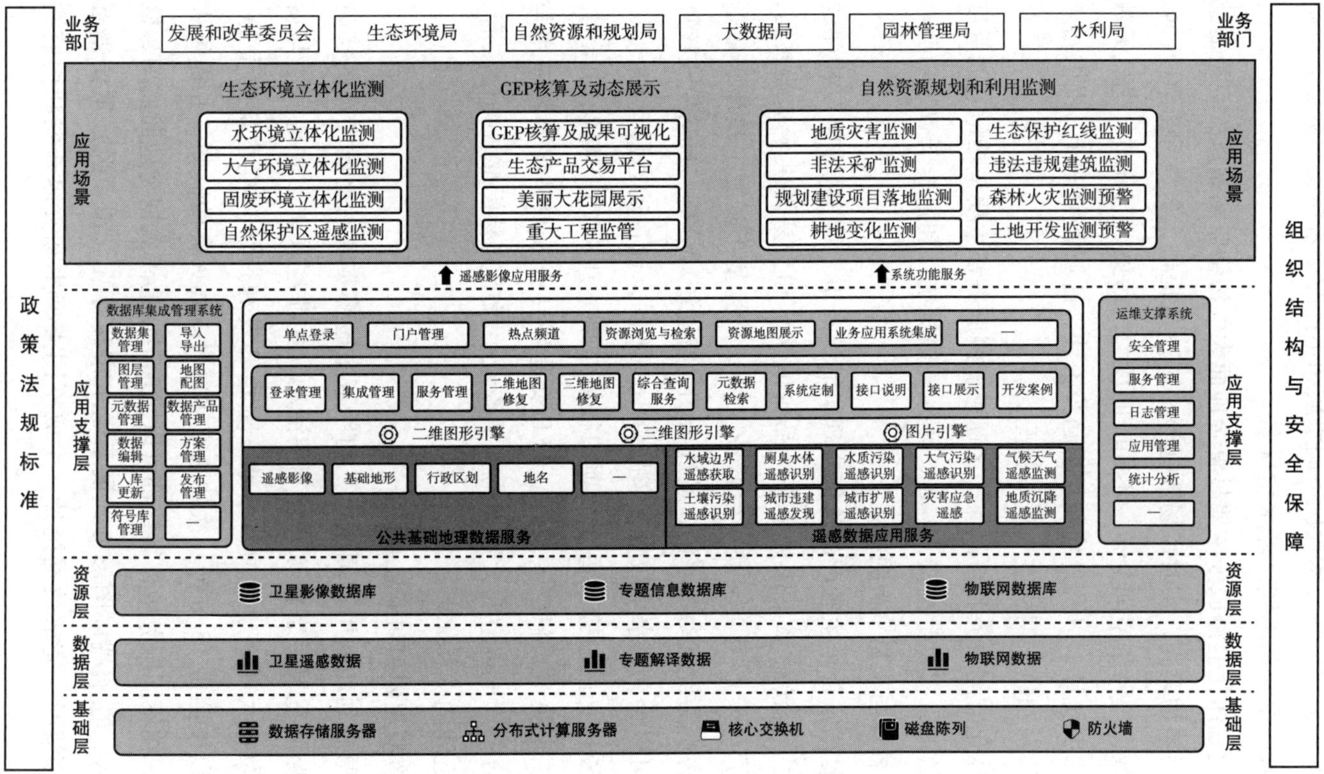

健全完善生态环境保护"天地一体化"监测体系

图1 丽水"三眼守望"平台（系统）结构

资料来源：根据丽水市"天地一体化"监测体系项目团队开发资料归纳。

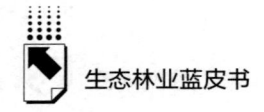

进一步通过水质参数反演技术提供不同水质和不同时期水质反演数据，分析丽水市境内水质变化和不同区域水质排名。

大气环境立体化监测服务主要是整合地面大气污染监测站点、卫星遥感监测、大气污染物监测、实时风场数据等，进一步提供大气污染预测数据，提供不同参数大气污染空间分布、不同时间段大气污染空间分布、优良天数统计、年均浓度统计，以及日均和月均趋势统计、区域贡献统计，提供站点预测、风场信息和热点网格空气质量状况。

固废立体化监测服务和自然保护区遥感监测服务都主要依赖地基的月度统计和监测数据，提供数据接入、前端展示与数据统计和报告下载等功能。

2. GEP核算与交易平台服务

丽水市是国家首个生态产品价值实现机制试点市。"三眼守望"构建的"天地一体化"监测体系不仅为生态产品价值核算和交易提供了基础数据，也直接提供了GEP核算与交易平台服务。GEP核算基于多源卫星遥感数据观察到的生态产品价值动态评估，通过云端的智能统计分析，自动生成核算报告。系统可以绘制丽水全域生态产品价值一张图，通过动态展示市、县、乡三级行政区的变化趋势及每个分项的核算结果，判断GEP高低的原因，为各级政府制定决策提供必要支撑。GEP交易平台服务则是将遥感应用与区块链相结合，形成以空间大数据为主要衡量手段的交易标准，构建政府、企业与个人之间的交易体系。

3. 自然资源规划和利用监测服务

自然资源规划和利用监测主要是利用卫星遥感实现对地质灾害的实时监测预警，监测重要生态资源开发利用活动，如非法采矿、耕地利用与耕地变化，以及重大规划建设项目落地、土地开发和违法违规建筑建设等。此外，还可以按照每15分钟一次的频率实现对森林火灾的监测，并提供火灾预警服务。在不同服务中，系统都可以实现卫星遥感数据与地面监测、核查数据的接入，在前端以图形方式展示丽水市和各县（市、区）重要生态资源开发利用情况，完成数据统计，生成不同类型生态资源开发利用监测报告。

（三）"三眼守望"平台（系统）的运行机制

1. "三眼守望"天地一体的数据采集和集成应用机制

"三眼守望"综合利用21颗国产遥感卫星，获取覆盖丽水市全域的多源异构遥感数据，依托浙江省一体化智能化公共数据平台，打通省气象监测、省地表水交接断面自动监测、省空气质量指数AQI发布、市自然资源一体化管理等15个业务系统，汇聚卫星遥感、省级回流、市级业务系统三条路径，归集社会、经济、监测、规划等四大类数据，构建形成"一库（生态资源数据库）、一图（全市域三维地图）、一箱（智能算法工具箱）"的数据支撑底座，对大气质量、水质环境、地质状况、地表覆被等不同要素进行精确感知、动态监测和数据集成。

2. "三眼守望"天地一体监测构成和实时运作机制

"三眼守望"通过"天眼（卫星遥感大数据）+地眼（生态感知物联网）+人眼（全科网格四平台）"，以触发中心、协同中心、监管处置中心、信用中心为抓手，构建三位一体生态数字治理新模式（见图2）。通过"三

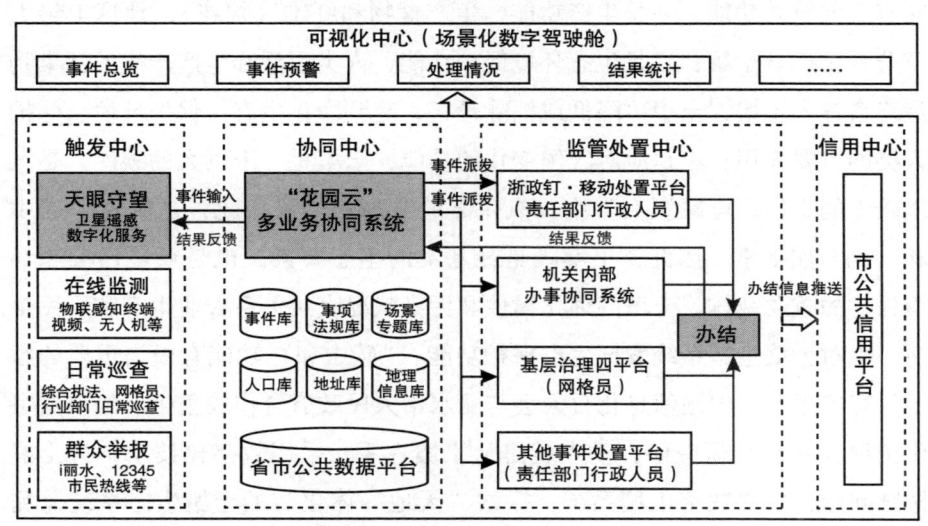

图2 丽水"三眼守望"平台可视化中心场景

资料来源：根据丽水市"天地一体化"监测体系项目团队开发资料归纳。

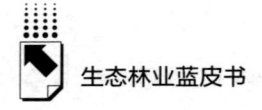

眼一体"实现"天地一体",实现全域生态底数及变量实时监测和获取。在此基础上,采用"卫星遥感+在线监测+日常巡查+群众举报",实现全方位监测、全天候实时预警。在此基础上,通过丽水"花园云"多业务协同系统将事件派发至处置系统,办结信息通过"协同系统"反馈,同步推送至市公共信用平台进行评估,实现"一屏掌控""一触即发""一体指挥"。各子系统联动形成"监测—分析—预警—处置—反馈—评估"全闭环,提前感知、自动分析生态环境质量变化趋势,为生态安全预警及高效处置提供决策辅助。

四 数字土壤:丽水推动"天地一体化"监测土壤生态的重要探索

(一)丽水建立数字土壤系统的背景

土壤是人类赖以生存的物质基础,是人类社会发展、创造财富的源泉,它有三大重要功能,一是生产功能,生产食物和纤维(棉花),地球上绝大部分食物产自土壤;二是生态环境保护功能,人类生活和生产产生的污染物最终会进入土壤,土壤可降低或消除毒害,起到净化生态、保护环境、保护人类的重要作用;三是应对气候变化的功能,土壤是一个巨大的碳库,是大气碳库的 2 倍,可减缓大气中二氧化碳的升高和气候变化,是实现"碳中和"的自然要素。因此,土壤既是最基本的生态要素,也是环境污染和环境保护的重要载体,土壤的理化属性和污染状况直接关系农业生产和人民生活,也对土壤生态系统发挥生态保护功能、"碳中和"功能有极为重要的影响。有鉴于此,中国信息化百人会与丽水市人民政府合作成立生态经济数字化工程(丽水)研究院,重点就是从土壤入手,采用数字化技术,为土壤把脉问诊,建立数字土壤系统,探索"天地一体化"的土壤生态系统监测有效路径。

（二）数字土壤系统的主要结构和功能

1. 数字土壤系统概述

数字土壤系统是利用3S（RS、GIS、GPS）、物联网等信息技术，归集和治理土壤、气象等生态环境要素数据，以智能化手段服务于土地等生态资源监测的数字化平台。

系统依托浙江省数字化改革体系架构，以打造全国领先的土壤科研和土壤应用数字化系统为建设目标。系统立足于生态环境检测和生态产品价值实现的现实需求，以土壤数字化为切口，集聚土壤、气象、土地利用、产业主体、地理空间等生态环境数据，建成多维度生态数据仓，实现各部门生态数据的归集和标准化，打造融合"数据+算法+空间分析"的数字生态底座，实现数字化、可视化、智能化决策。

2. 数字土壤系统的架构

数字土壤系统由云端（领导驾驶舱）和移动端组成（见图3）。云端负责数据归集和计算，以三级领导驾驶舱形式提供可视化决策服务，并对移动端用户的需求进行智能反馈。移动端是系统的信息出入口，服务于个人用户，主要考虑未来可以基于数字土壤系统开发各种农业生产应用，如评估土壤与不同农产品的适宜性，可用于分类指导农特产品的生态价值提升，探索生态文明建设与数字化发展相结合的路径，助力丽水在新起点上取得新发展。

数字土壤系统依托浙江省数字化改革的"四丛四横两端"体系框架（见图4），实现省、市、县三级数据和应用的全域共享。

3. 数字土壤系统功能和场景应用

数字土壤系统实现了三个方面的功能。生态环境数字底座功能。系统归集和治理了土壤及相关的生态要素数据，建成立体土壤数据库和相关的逐日气候数据库，二者精度分别达100米级和90米级，达全国同类数据库领先水平。数据库可以为茶产业大脑等生态场景应用提供数据支撑和应用支撑。

政府可视化决策支持功能。系统通过"数据+算法+空间分析"的有机融合，利用GIS技术将土壤属性数据和算法融入地理空间，实现分析结果的

生态林业蓝皮书

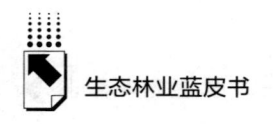

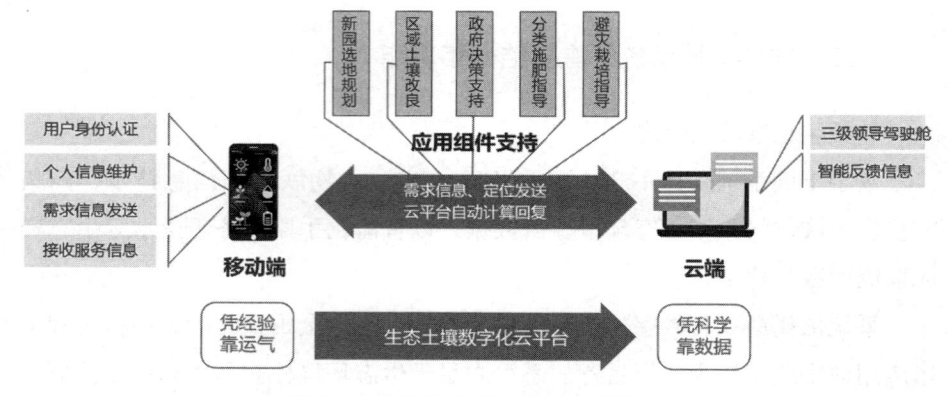

图3 丽水数字土壤系统的总体架构

资料来源：根据丽水市"天地一体化"监测体系项目团队开发资料归纳。

可视化、数据化、智能化，更好地用于政府部门的高效精准管理。

实时土壤信息服务功能。用户可通过手机App与平台云端进行自动智能交互，获取生态土壤、气候等数据，用于了解土壤生态信息或者指导农业生产服务。

（三）数字土壤系统在土壤生态环境立体监测中的应用

生态环境监测通常分为环境质量监测、污染源监测、生态质量监测三个方面。无论是采用哪种监测方式或需要监测哪些内容，不同类型的监测方式都会直接或间接涉及土壤，为此数字土壤系统可为生态环境监测工作提供多种服务（见图5）。首先，地面监测的采样点布设或长期定位点选址，都需要历史性的区域土壤性质、养分含量和污染物的分布数据，这就需要数字土壤系统作为支撑。其次，直接监测无法实现时，需要采用模型模拟方法监测区域分布特征，这时需要数字化土壤数据，如监测一个省域每年森林生长量、土壤和森林固碳量的空间分布，一个流域每次降雨产生的径流量和面源污染流失量的空间分布，一个地区土壤可蚀性、养分侵蚀量和泥沙侵蚀量空间分布等，这些监测工作都需要根据监测点数据预测区域分布结果，需要用模型模拟方法进行监测，土壤是模拟模型的重要参数，预测时需要区域

健全完善生态环境保护"天地一体化"监测体系

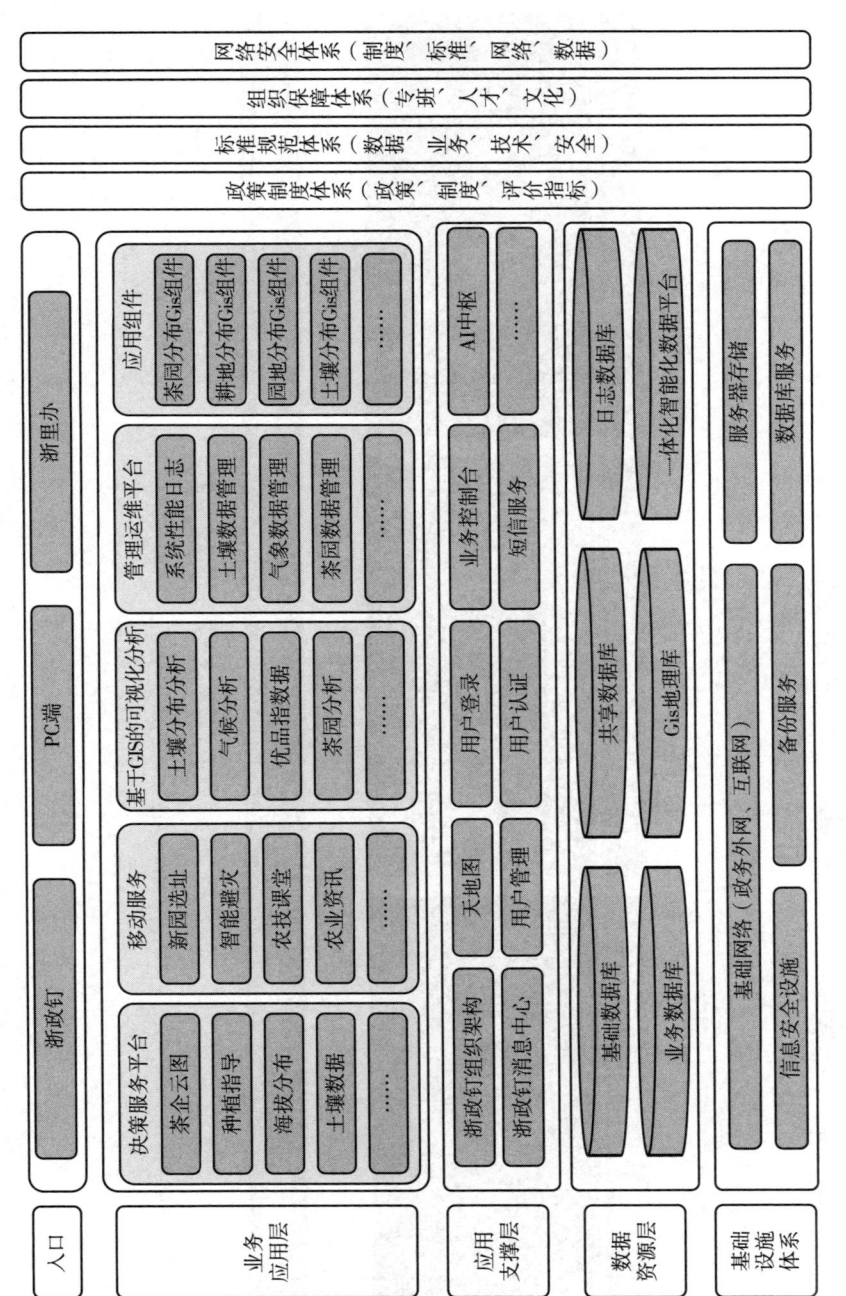

图4 丽水数字土壤系统的体系框架

资料来源：根据丽水市"天地一体化"监测体系项目团队开发资料归纳。

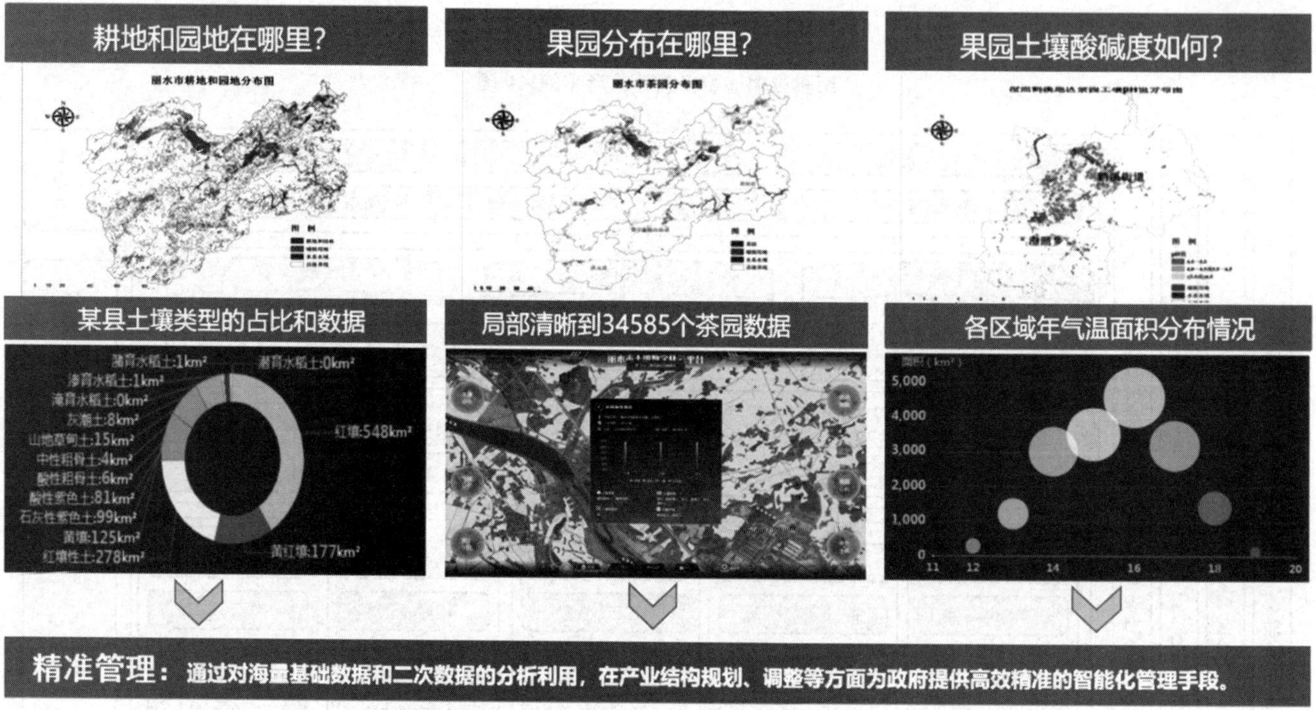

生态林业蓝皮书

图5 数字土壤系统支持生态场景应用

精准管理：通过对海量基础数据和二次数据的分析利用，在产业结构规划、在调整等方面为政府提供高效精准的智能化管理手段。

资料来源：根据丽水市"天地一体化"监测体系项目团队开发资料归纳。

尺度的土壤性质等空间分布数据。最后，进行监测结果的源解析，监测结果获得后，需要分析各种监测结果产生的原因，如农产品品质提升、污染防治、生态环境建设，需要对监测结果进行原因分析，这时需要数字化土壤数据。总之，数字土壤系统在生态环境监测工作的前期设计、监测工作实施和后期的源解析方面都有十分广泛的应用。

从欧美发达国家和我国少数地区的实践经验来看，数字土壤系统可广泛应用于农业、林业、水利、国土、环保、工程和军事等各个领域。从生态环境立体监测的角度来看，现有的数字土壤系统为土壤生态环境立体监测体系建设奠定了坚实基础，未来土壤理化信息数据可通过卫星遥感观测反演与无人机或地面人工取样检测相结合，进一步丰富土壤生态信息渠道，为生态环保部门利用土壤重金属和有机污染物数据制定环境保护治理规划与进行农业面源污染治理等，为自然资源部门利用土壤数据进行土地利用规划与保护、耕地土壤分等定级、占补平衡、新开垦土地高标准建设规划等提供科学依据。

五 结论与启示

党的十八大以来，以习近平同志为核心的党中央高度重视生态环境监测工作，对生态环境监测网络建设、管理体制改革、数据质量提升做出一系列重大部署，并取得了阶段性成果。新时代新形势下对生态环境监测工作提出了新的要求，需要利用数字技术建立生态环境保护"天地一体化"监测体系，实现对生态环境大尺度高精度和动态的监测，不仅为生态环境管理，也为生态资源开发利用，尤其是生态产品价值实现提供数据和应用支撑。丽水建设"三眼守望"生态环境监测系统和探索建设数字土壤系统的实践表明，不同监测手段各有优缺点，以数字技术为黏合剂，能有效利用不同监测手段的优点，整合卫星遥感、地面监测站点、人工核查、抽样调查和统计及众多政府部门的生态环境相关信息与数据，支撑应用开发满足不同政务需求、社会需求和产业发展需求。生态环境保护"天地一体化"监测体系不仅满足了生态环境科学管理的数据需求，也为生态环境信息开发、促进生态产品价值实现提供了可能。

丽水建设"三眼守望"平台和数字土壤系统的实践也为健全完善生态环境保护"天地一体化"监测体系提供了有益启示。

第一，应系统设计，统筹推动。建立生态环境保护"天地一体化"监测体系涉及多个政府部门，仅依靠生态环境部门不仅限制其集成的生态数据源，也严重制约监测体系数据的应用，因此应由地方政府负责进行顶层设计，科学归纳数据源和采集方法，明确不同政府部门的责任，具体落实可由地方生态环境部门和发展改革部门共同推动，或建立专项工作小组负责具体实施。

第二，应加快数字政府建设，尤其是加快生态环境数字化。丽水"三眼守望"平台和数字土壤系统项目从立项到推进，离不开浙江自上而下地推动数字化改革，政务数字化转型形成了的强大推动力，这也是建立生态环境保护"天地一体化"监测体系所必需的社会环境。

第三，坚持应用先行，加强场景应用谋划。要让相关部门持续支持生态环境保护"天地一体化"监测体系建设，必须让相关政府部门、社会和业界相信它"有用"，即能通过不同应用场景开发，支持不同政务的数字化转型。同时，要尽可能地拓展其在生态环境管理领域外的其他应用，尤其是促进其在生态产品开发、生态产业发展等领域的应用开发，推动地方政府相信它"有用"。

第四，政府与市场密切合作。生态环境监测本身是政府应尽的管理责任和义务，但建设生态环境保护"天地一体化"监测体系不仅投资大、持续投资时间长，政府还存在诸多技术盲区。另外，无论是"天地一体化"的生态环境信息采集，还是生态环境信息应用场景的开发利用，都离不开市场的支持。因此，各地可以根据发展实际，通过政府主导和市场积极参与的方式，使政府与市场密切合作，共同推动生态环境保护"天地一体化"监测体系建设与数据应用开发。

参考文献

[1] 欧阳志云等：《全国生态环境十年变化（2000—2010年）遥感调查评估》，《中国科学院院刊》2014年第4期。

[2] 刘一君：《基于遥感的自然生态环境监测研究》，《四川建材》2022年第8期。

[3] 《刘文清：环境监测技术创新可推动绿色低碳发展》，《新京报》2022年10月26日。

[4] 《卫星遥感在生态环境智慧监测中的地位作用》，环境杂志网，2022年5月25日，http://www.zhhjw.org/m/view.php?aid=14254。

[5] 于爱敏等：《谈我国污染源在线监控与预警系统建设的主要问题》，《北方环境》2010年第4期。

[6] 孙金龙、黄润秋：《回顾光辉历程 汲取奋进力量 建设人与自然和谐共生的美丽中国》，《光明日报》2021年6月22日。

[7] 谷业凯：《用数字技术赋能生态环境保护》，《人民日报》2022年6月27日。

B.5 实现"绿水青山"与"金山银山"价值转化路径

秦国伟[*]

摘　要： 本报告探讨如何实现"绿水青山"与"金山银山"的价值转化，阐述了"绿水青山就是金山银山"的概念和内涵，并介绍了价值转换的概念和理论。分析了"绿水青山"与"金山银山"之间的实际关系，包括实践探索与进展、形成路径与模式、取得的成效与不足。提出阻碍"绿水青山"价值转化的因素，如社会认识不充分、产权制度不完善、核算标准不统一等。提出包括完善自然资源产权制度、登记核算考核评价制度、扩大市场化交易范围等政策建议。

关键词： 绿水青山　价值转化　自然资源产权制度

一　引言

"绿水青山就是金山银山"这一理念从 2005 年习近平在安吉县考察时提出至今，已提出将近 20 年。2017 年，中共第十九次全国代表大会进一步指出，要"坚持人与自然和谐共生"，践行"绿水青山就是金

---

[*] 秦国伟，管理学博士，安徽省乡村振兴研究院特聘教授、研究员，主要研究方向为绿色发展和生态经济。

银山"理念。① 在2018年举办的深入推动长江经济带发展座谈会及全国生态环境保护大会上，这一理念进一步发展，不再局限在单单树立这一理念层面，而是开始积极探索转换路径、开展试点、号召公众参与、建立生态经济体系。此后总书记又多次提到这一理念，如2020年在浙江省和山西省考察时，明确指出采取多种举措将生态效益转化为社会经济效益，"绿水青山"也是经济财富；2021年在参加内蒙古代表团审议时提到，生态也是价值，且是增值的。

这一理念已成为全社会的共同认知，并且全社会开始行动起来，全国各地将这一理念付诸实际行动，坚定不移推动高质量发展。

二 理论基础与分析框架

（一）相关概念、内涵、外延和特征

1. 生态产品

"生态产品"是具有中国特色的概念，国外学者大多称之为"生态系统服务"（ecosystem services）或"生态标签产品"（eco-label products）。这一概念最早源自生态系统服务，随后逐渐引申为将这一服务变做交易商品，从而繁衍出生态产品（自然系统为满足人类需求而提供的有形物质和无形服务）的概念。同时有专家学者指出，生态产品具有公共性、外部性、生物生产性、人类收益性、经济稀缺性和保护成效性等特征。当前我国政府文件中采用"生态产品"这一名词代替学术领域中采用的"生态系统服务"，具有重要的战略和现实意义。

2. "绿水青山"和"金山银山"

"绿水青山"是指人类赖以生存的自然资源和自然环境。"金山银山"

---

① 《习近平谈新时代坚持和发展中国特色社会主义的基本方略》，新华网，2017年10月18日，http://www.xinhuanet.com//politics/2017-10/18/c_1121820368.htm。

是指人类开展经济活动所创造出来的丰厚财富，一般多用GDP这一指标体现。二者之间存在辩证关系，这一关系的发展，包含三个阶段。第一个阶段是牺牲"绿水青山"，来换取"金山银山"，在这一阶段并不重视环境；第二个阶段是二者同时兼顾；第三个阶段是将"绿水青山"转化为获取"金山银山"的源泉。这三个阶段的发展，体现出二者从顾此失彼到兼顾再到和谐统一的质变过程。

3. "绿水青山就是金山银山"

这一理念是习近平生态文明思想的代表性论断，深刻回答了发展与保护的辩证关系，体现出改善生态就是创造财富的逻辑思维，打破了保护环境和发展经济不能同时兼顾的错误观念，这是对自然和经济发展规律的深刻认识，为生态环境高水平保护和经济高质量发展提供了依据，具有重要的时代价值。[①] 这一理念也是马克思主义生态观的与时俱进，是协调推进"四个全面"战略布局的应有之义，是统筹高质量发展与高水平保护的根本路径，是推动解决我国社会主要矛盾的科学理念，体现了中国智慧。[②]

（二）"绿水青山就是金山银山"价值转换的概念、理论

党的十九大将"增强绿水青山就是金山银山的意识"写入党章，指出缺少生态产品也是我国社会主要矛盾的一个方面。生态产品是"两山"理念落地的实践抓手与物质载体。考虑到生态产品价值包含实物产品价值和无形服务价值，生态产品价值的实现一方面符合"两山"理念，另一方面符合公众对良好生态环境的需求。因此，建立多元生态产品价值实现机制是推动"绿水青山"转化为"金山银山"的必由之路。更需注意的是，在"两山"理念生态产品价值实现中，生态保护是前提，即要将山

[①] 《始终牢记总书记的殷切嘱托——浙江践行"绿水青山就是金山银山"综述》，人民网，2015年5月8日，http://dangjian.people.com.cn/r/2015/0508/c117092-26968026.html。

[②] 《坚持"绿水青山就是金山银山"理念促进经济社会发展全面绿色转型》，新华网，2021年1月15日，http://www.xinhuanet.com/politics/2021-01/15/c_1126985515.htm。

水林田湖草作为一个生命共同体统一保护，守住"绿水青山"之本。生态产品价值实现，为"两山"理念提供了实践抓手和价值载体。生态价值实现路径见图1。

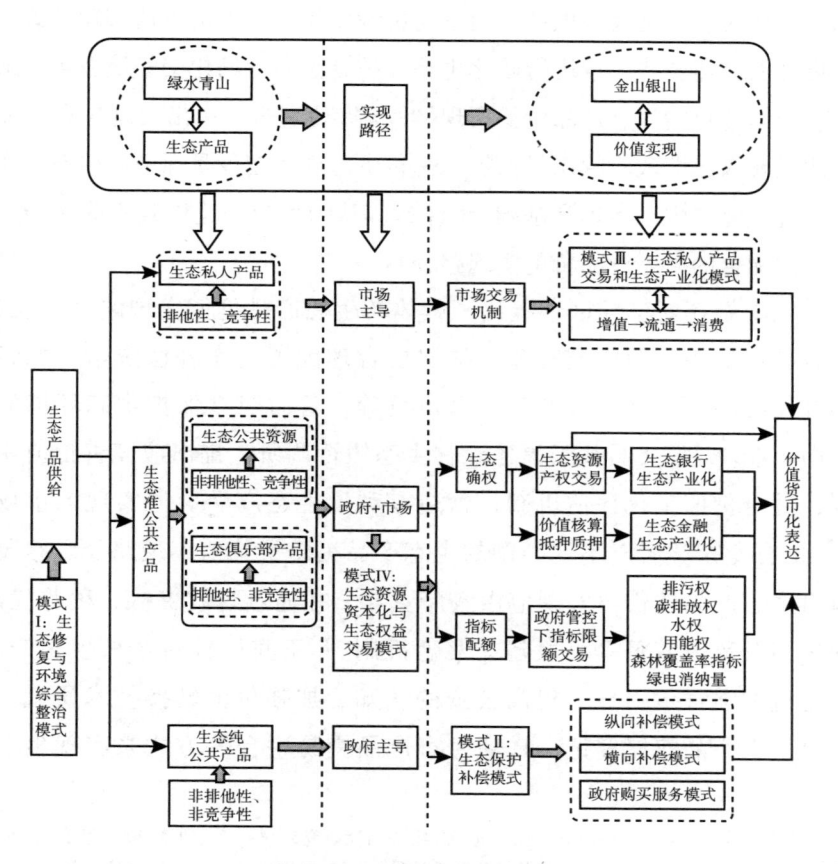

图1 生态价值实现路径

"绿水青山就是金山银山"是立足中国国情、紧贴中国实际、具有中国特色的实践路径，国外对其研究很少，故本报告主要针对国内相关研究进行梳理归纳。

许多学者对生态产品价值实现，即"绿水青山"转化为"金山银山"路径进行了积极探索。高晓龙等指出生态产品价值实现可以通过政策工具干预供给者行为，激励其做出符合私人和公共利益的决策，提出构建生态系统的"格局—过程—产品"思维，打通转化通道。① 张林波等建议要通过制定补偿措施、金融扶持、制度激励等措施实现生态产品价值，以完成转化。② 丘水林等认为应立足我国国情，通过完善制度保障、丰富价值实现方式、基于市场开展公司合作、推进行政化生态保护补偿向市场化交易演替等方式构建具有中国特色的生态产品价值实现体系。③ 马晓妍等指出实现生态产品价值的四重要求，即政府管制是前提、完善生态产权制度是保证、生态技术投资是关键、建立生态市场是基础。④ 沈辉等认为，应构建以政府为主导，相关参与方配合的生态产品价值实现路径。⑤

专家学者还对不同区域提出了具体的生态产品价值实现路径。比如，李忠以长江经济带为研究对象，提出要合理配置生态补偿资金、探索综合性补偿办法、建立生态产品交易市场等，着力建立保护生态环境的利益导向机制。⑥ 张文明基于福建森林生态银行调研，提出应完善价值实现机制，健全价值量化评估机制，营造有利于生态产品价值实现的市场环境。⑦ 也有专家学者对不同类型的生态产品提出了价值实现路径。廖茂林等指出生态产品的价值实现应由政府主导，并通过财政支持、税收优惠、公众参与及环境监督等手段建立奖惩机制。⑧ 王宾则针对乡村生态产品，提出通过加强宣传引导、提高公众的认知、加强价值转换技术研究、完善农村生态产品权属登记、搭建生态产品交易平台等方式来实现生态产

---

① 高晓龙等：《生态产品价值实现关键问题解决路径研究》，《生态学报》2022年第20期。
② 张林波等：《生态产品内涵与其价值实现途径》，《农业机械学报》2019年第6期。
③ 丘水林、靳乐山：《生态产品价值实现的政策缺陷及国际经验启示》，《经济体制改革》2019年第3期。
④ 马晓妍、何仁伟、洪军：《生态产品价值实现路径探析——基于马克思主义价值论的新时代拓展》，《学习与实践》2020年第3期。
⑤ 沈辉、李宁：《生态产品的内涵阐释及其价值实现》，《改革》2021年第9期。
⑥ 李忠：《长江经济带生态产品价值实现路径研究》，《宏观经济研究》2020年第1期。
⑦ 张文明：《完善生态产品价值实现机制——基于福建森林生态银行的调研》，《宏观经济管理》2020年第3期。
⑧ 廖茂林、潘家华、孙博文：《生态产品的内涵辨析及价值实现路径》，《经济体制改革》2021年第1期。

品的价值。①

综上可知，实现生态产品的价值是践行"两山"理念的重要举措，发挥政府主导作用、完善产权制度、构建相应的市场体系、科学合理量化价值是"两山"理念的实现路径，这是研究人员达成的一致观点。

三 "绿水青山与金山银山"的现实考察

（一）实践探索与进展

习近平总书记深刻指出了发展理念所具有的战略性、纲领性和引领性，囊括了发展的思路、发展的方向和发展的着力点。② 党的十八大以来，以习近平同志为核心的党中央将生态文明建设摆到治国理政的重要位置，以"两山"理念为先导，促使我国环境保护发生质变。2021年4月，中共中央办公厅、国务院公厅印发的《关于建立健全生态产品价值实现机制的意见》，第一次将"两山"理念落实推到了制度安排和实践操作层面。③ 之后，国务院办公厅印发《关于鼓励和支持社会资本参与生态保护修复的意见》，明确应充分发挥好市场和政府各自在资源配置中的作用，找重点，激活力，推动环境保护。包含《全国重要生态系统保护和修复重大工程总体规划（2021—2035年）》等在内的诸多文件的出台，为更好地实现生态产品的价值提供了全面系统的论述，为价值如何实现提供了依据和遵循。④ 之后，各省份在遵循顶层设计的前提下，根据实际情况制定了

---

① 王宾：《共同富裕视角下乡村生态产品价值实现：基本逻辑与路径选择》，《中国农村经济》2022年第6期。
② 《走以绿色为底色的高质量发展之路（治理之道）》，"人民网"百家号，2021年12月28日，https://baijiahao.baidu.com/s?id=1720336789221392857&wfr=spider&for=pc。
③ 《推动生态产品价值实现需把握四方面要求》，光明网，2021年8月26日，https://m.gmw.cn/baijia/2021-08/26/35112670.html。
④ 《释放政策红利 共护绿水青山（人民时评）》，"人民网"百家号，2021年11月30日，https://baijiahao.baidu.com/s?id=1717799319265155712&wfr=spider&for=pc。

相应的实施意见、详细的管理办法等，如江苏省、海南省、天津市等制定了生态产品价值实现机制实施方案，因地制宜引导行业、项目布局，初步探索形成了"守绿换金""添绿增金""点绿成金""绿色资本"4种转化路径和与生态相关的工业、农业、旅游、市场、金融等8种转化模式。

自2017年以来，生态环境部命名了87个"绿水青山就是金山银山"实践创新基地；2021年，生态环境部发布了第一批18个各有侧重且相对成熟、可复制、可推广、可持续的"绿水青山就是金山银山"实践典型案例。这些根据自然资源禀赋、地域和气候条件、传统文化特色等形成的实践创新基地和典型案例形式多样、收益可观，对周边地区乃至全国范围内"绿水青山就是金山银山"的实践形成很强的示范效应。

（二）形成路径与模式

以消费属性作为划分依据，生态产品包含私人产品、公共产品、准公共产品三大类。其中，生态私人产品主要指产权明确、能直接进行市场交易的私人物品，具有排他性和竞争性；生态公共产品主要指产权难以明晰，生产、消费以及受益关系难以具体明确的公共物品，比如重点生态功能区提供的维系国家生态安全、服务全体人民的产品，具有非排他性和非竞争性；生态准公共产品又被划分为公共资源（具有非排他性、竞争性）及俱乐部产品（具有排他性、非竞争性）（见表1）。

表1 生态产品分类及特征

分类		特性	价值类型	表现形式
私人产品		排他性、竞争性	以市场价值为主	绿色有机农产品等
准公共产品	公共资源	非排他性、竞争性	市场价值和非市场价值	生态公园、生态绿道等
	俱乐部产品	排他性、非竞争性		集体林权、用能权、排污权等
公共产品		非排他性、非竞争性	以非市场价值为主	清新空气、环境等

实现生态私人产品价值需要充分发挥市场作用，实现生态公共产品价值需要政府的支持，实现生态准公共产品价值需要采取政府和市场相结合的方

式，政府立足客观实际，通过立法或行政手段建立生态产品交易规则和市场，进而按照公平公开的原则自由交易。

目前我国逐渐形成4种路径模式：以东北地区为代表的生态产业化经营模式，实质是以市场为主导，以可持续方式开发和交易经营性生态产品；以东部、中部地区为代表的生态补偿模式，实质是以政府为主导购买生态公共产品；以东部、西部地区为代表的生态修复模式；以东部地区为代表的生态属权模式（见表2）。

表2 生态产品价值实现模式、区域与典型案例

模式	区域	典型案例
生态产业化经营模式	东北地区	吉林省抚松县发展生态产业推动生态产品价值实现
生态补偿模式	东部、中部地区	湖北省鄂州市、浙江省杭州市余杭区青山村
生态修复模式	东部、西部地区	江苏省徐州市贾汪区潘安湖采煤塌陷区
生态属权模式	东部地区	福建省南平市森林生态银行

（三）取得的成效与不足

我国虽然在生态产品价值实现的有关机制创新、特色模式实践等方面均取得了进展，但同时存在一些不足。

一是确权登记工作方面。当前确权登记工作逐步推进。2013年，《中共中央关于全面深化改革若干重大问题的决定》提出了要健全自然资源资产产权制度；2019年颁布《自然资源统一确权登记暂行办法》，2020年颁布《自然资源确权登记操作指南（试行）》；2021年，各省份陆陆续续发布了确权登记总体工作具体方案等，但是少部分地区还存在生态空间定义重叠、林草争地、无法精准确权等问题。

二是生态价值评估方式及核算体系方面。虽然生态环境部已经制定并实施了专门的核算技术规范，各地区也因地制宜开展生态产品价值核算工作并出台GEP地方核算标准，生态产品价值量化具备了标准化、规范化的条件，

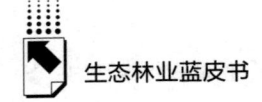

但是现有的生态产品交易方法学相比实际仍存在滞后，不能完全满足支撑生态产品交易、生态保护补偿等政策的需要。

三是生态权益交易方面。生态权益交易是生态产品价值实现的难点，在探索中形成了两种类型：通过政府管控或设定限额等方式创造交易需求，促进指标限额交易；持续完善产权市场交易制度。但是当前自然资源确权、监管、交易平台等均处于起步阶段，相关业务尚未全面实施，缺少具体的指示性文件。

四是生态产品经营机制方面。各地依托多种网络渠道，创建品牌、扩大品牌知名度，基于需求提供供给，实现价值增值。此外，还有依托现有的家庭农场、合作社等，来促进生态产品价值实现与增值。但是，权属交易、绿色金融、绩效考核、品牌建设等领域的机制联系通道尚未打通，没有体系推进。

五是生态保护补偿方面。我国出台了《关于深化生态保护补偿制度改革的意见》《中央对地方重点生态功能区转移支付办法》等政策支持生态补偿落地、指导生态补偿实践、深化生态保护补偿制度改革，在纵向、横向生态补偿及政府购买服务等方面取得了重要成就。但当前依然存在补偿力度小、补偿资金未能充分体现区域生态产品提供能力、资金使用效率不高等问题。

六是生态产品价值实现考核制度方面。各地深入探索 GDP 与 GEP 双重考核，生态产品价值所占比重得到了重视并不断提升，各地也开始注重考核结果应用。但是，当前绩效考核与评估大部分关注过程，结果层面并未对标具体的指标。

四 "绿水青山难成金山银山"的瓶颈

（一）社会认识不充分

经核算，生态系统提供的服务每年平均价值约为 33 万亿美元，但目前我国对生态系统价值的认识远远不足，虽然多数地方已不再将 GDP 作为政绩考核的唯一指标，但在实际中经济发展优于生态保护的观念依旧存在，绿色GDP意识淡薄，生态系统整体价值未得到充分体现。首先，学术界对生态产品概念的内涵和外延还没有达成共识，有的人将生态产品内涵从广义和狭义两个层面进行解释，并从生态服务与生态产品两个角度切入阐释生态产品的内涵，有的人从供给、消费、功能及人与自然和谐共生等视角展开分析。由于没有一致的认识和统计口径，核算结果具有很大的差异，不利于生态产品价值实现。其次，"哪些是生态产品""谁应该付费""生态产品价值几何"等基础性问题，仍没有明确且统一的答案，导致部分地区公众积极性并不高，而是主要依靠政府推动，特别是部分资源缺乏"赋权"，难以实现有偿使用，无法有效保障生态产品价值的顺利实现。

（二）产权制度不完善

产权制度是"绿水青山"变成"金山银山"、实现生态产品市场交易的前置性基础性制度，明晰的产权是市场交易实现资源配置的必要条件。但就自然资源资产来说，其产权制度的改革依然处于起步阶段，相较于其他资源来说，自然资源具有动态性等特征，具有较大的确权难度，尤其是我国关于自然资源的登记、监督、交易等方面的平台尚不完善，处于起步阶段，进一步增加了确权难度。虽然当前已印发了《自然资源统一确权登记暂行办法》《自然资源确权登记操作指南（试行）》，但仍出现了林草争地、无法确权到地块等问题。同时，中央和地方的代理关系尚未理顺，各主体的权利责任、所有权的代理模式、利益关系分配方式等尚不明确。

（三）核算标准不统一

生态产品给人类带来的影响是长期且大范围的，所以很难精准定量核算其价值。从责任主体看，虽然我国颁布了《森林生态系统服务功能评估规范》《湿地生态系统服务评估规范》等文件，但尚未明确核算工作，以及如何将其纳入经济社会发展评价体系。分地区来看，不同的地区核算方法、内容体系、数据来源均不相同，绝大部分地区更侧重自然生态系统价值，很难系统全面地反映生态产品数量和质量。从核算方法层面看，有当量因子法、功能价格

法、"生态元"法、GEP核算法等，优劣势见表3。因为我国尚未对核算的指标体系、模型方法、数据来源等进行规范统一，调查、统计、监测体系不完善，进行统一核算较为困难，数据的完整性、精确性和及时性均需提升。

表3 生态产品价值测算方法及优劣势

测算方法	优势	劣势
当量因子法	规范简便，具有横向可比性，数据需求量少，不需要对生态价值转化进行大量的估算	体现宏观、平均值，不能很好地反映具体特征
功能价格法	偏向经济价值的供给服务功能，结果真实，可核算单一土地类型下的价值	参数众多，数据计算量大，计算复杂
"生态元"法	通过交易发现"生态元"的价格，价格发现机制科学合理，统一的量纲便于比较	参数多，核算结果不确定性大
GEP核算法	全面，可量化各种类型生态系统的生产总值、状况及变化情况	认识不统一，业务化核算技术缺失

（四）交易机制不健全

生态产品价值实现分为政府和市场两种途径。其中，政府途径有税收、各方主体商定的生态补偿机制；市场途径有交易机制和市场机制。在实践中，生态产品价值实现以政府途径为主，市场途径较少。市场途径是解决生态环境问题的有效途径，但存在交易价格不公正、交易程序不规范、交易平台不统一等问题。一是没有重视市场主客体、市场交易过程、市场价格确定间的关联，没有重视产权制度与价格、税费等制度改革之间的关联，人为规定生态资源有偿使用及其收费标准或市场化价格。二是能够实现产权交易的资源种类有限，交易程序较为粗糙。三是交易市场分散设立，缺乏全国统一的交易体系和交易信息平台，例如，各项交易市场相互分离，尚未形成统一的产权交易市场体系，人民群众对生态产品全方位、多层次的需求不能得到满足。

（五）支持保障不系统

从金融支持层面看，由于生态产品投资时限长、收益回报低、投资风险高，企业普遍缺乏对生态产业投资的动力。同时，我国生态金融制度不够健全，绿色PPP、绿色信贷等融资渠道的支持有限，依旧以传统标的为主要形式，生态价值并未体现在产品的定价中。从财税支持层面看，生态补偿资金一般源自政府财政，支持资金来源单一，可能会出现政府财政压力大、资金利用效率不高、发展可持续性差等问题，特别是一些地区政府部门只是将生态产品价值实现作为政府生态环境保护工作的部分内容，重视程度不够，支持资金不足。从技术支持层面看，生态产品确权登记、价值核算、价值评估等生态产品价值实现的核心环节都需要较高的技术水平，但当前与数字相关的基建和技术发展较为缓慢，阻碍了生态产品价值的实现。

五 "绿水青山就是金山银山"的制度供给

生态产品价值实现要深入贯彻习近平生态文明思想，基于观念为先、顶层设计优化、机制完善、先试点再全面的原则，通过健全完善政策法规，持续增强生态产品价值实现机制的系统性、整体性、协同性，进一步提升公众对生态产品价值的认知。

（一）系统开展自然资源产权制度改革

首先，加强自然资源资产法制建设，清晰界定各类自然资源的使用权以及所有权边界，进而为产权登记提供支持。

其次，落实资源统一确权登记制度，根据产权情况明确归属，根据不同地区不同生态产品类型来建立清单，扎实开展自然资源确权登记，特别是关于各类自然保护区、国有林区等重要板块的登记。

再次，加快建立统一标准，在全国范围内开展自然资源资产调查，对标联合国环境经济核算体系，加快编制不同地理尺度自然资源资产负债表，基于国土调查数据，厘清存量、消耗量等状况。

最后，在产权主体国有的基础上，开发使用权转让等多种创新形式，实现自然资源产权的多层次市场化交易，促进资源权益的保护与利用。

（二）一体完善登记核算考核评价制度

首先，构建价值评估体系，将价值划分为物质价值、服务价值及文化价值等多个维度，在每个维度下构建更为详细的评价指标，最终建立生态产品价值评估指标体系。

其次，遴选针对性强、可操作性高的生态产品价值核算方法，譬如若该生态产品的产权明晰，并且可以直接放在市场上进行交易，那么可以通过市场价值法等方法进行评估；否则，可采用替代成本法、机会成本法、意愿调查法等来进行评估，着力统一生态产品价值核算方法（见图2）。

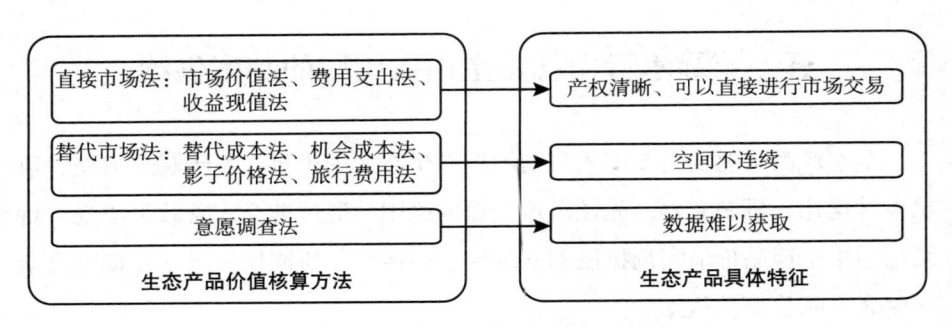

```
┌─────────────────────────┐      ┌─────────────────────────┐
│ 直接市场法：市场价值法、   │ ───► │ 产权清晰、可以直接进行市场交易 │
│ 费用支出法、收益现值法     │      │                         │
├─────────────────────────┤      ├─────────────────────────┤
│ 替代市场法：替代成本法、   │ ───► │ 空间不连续               │
│ 机会成本法、影子价格法、   │      │                         │
│ 旅行费用法               │      │                         │
├─────────────────────────┤      ├─────────────────────────┤
│ 意愿调查法               │ ───► │ 数据难以获取             │
└─────────────────────────┘      └─────────────────────────┘
     生态产品价值核算方法              生态产品具体特征
```

图2　生态产品价值核算方法及应用

再次，将生态产品服务价值评估体系纳入国民经济统计核算体系，力争把"绿水青山"变为可测算、可评估、可考核的"金山银山"。

最后，完善绩效指数，将相应制度安排纳入绩效评估，并及时根据生态产品价值核算结果准确度进行动态调整。

（三）试点扩大市场化体系化交易范围

首先，依据市场规律促进生态产品的开发，按照供求规律生产生态产品，并将生态产品与传统产业结合起来，创造出新的产业，提升生态产品的附加值，通过市场化手段实现生态资源保值增值，着力探索生态产业化经营方向。

其次，探索建立资产权益类生态产品与生态价值核算挂钩机制，建立并完善生态产权的市场交易制度，使经济发展能够和生态环境保护实现和谐统一。

再次，针对碳排放权、水权、排污权等责任指标交易平台分散、交易活跃度低、交易标的少等问题，积极建立辐射范围广、全品类的综合性生态产品交易中心，促进生态产权的增值和流通，适时融入公共资源交易平台，满足供求双方、交易双方的信息需求。

最后，在产品流通基础设施方面增加投入，提升流通质效，扩大品牌知名度，尤其是实物产品要积极申请"三品一标"等国家和国际认证的产品标识，进一步培育区域公共品牌体系，提高产品附加值。

（四）持续完善生态保护补偿实施机制

首先，发挥中央在跨行政区生态补偿中的协调作用，在利用中央财政资金纵向转移支付的基础上，健全、创新各类机制，如生态补偿机制、绿色分配机制等。

其次，充分发挥市场对生态资源配置的决定性作用，构建多元化筹资渠道，根据市场供需特点实行生态补偿定价。

最后，提高生态补偿标准，采用补助、合同外包等形式购买公益生态工程、生态产品等。

（五）着力健全价值转化支撑保障体系

首先，对不同的生态产品，根据其属性和特征采取不同的金融支持对策，如表4所示。

表4 生态产品金融支持对策

生态产品类型	自身属性及资金需求特征	金融支持对策
生态保护、生态修复工程	公共性强、资金需求较大、周期较长	政府财政投入、绿色PPP、生态保护与修复基金等
生态私人产品	外部性较弱、投资周期较短、市场回报率高	政府主导、多方参与的多元投融资机制，生态产业投资基金，短期绿色债券

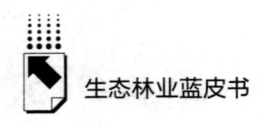

其次，促进生态产品进行市场化交易、自然资源资产产权界定和有偿使用等方面的立法，完善生态产品价值实现法律保障体系，如表5所示。

表5 立法范围及主要任务

立法范围	主要任务	已有相关法律条文
生态产品市场化交易	明确产权，明确生态产品供给主体的权利与义务，价值核算，明确生态准公共产品的市场交易体系及监管机制	—
自然资源资产产权	完善自然资源资产产权登记制度	《海岛保护法》《水法》《森林法》《草原法》《海域使用管理法》《矿产资源法》
自然资源有偿使用	推行有偿使用制度，健全定价机制	—
生态基金运作	明确各级政府、企业及各利益相关者的公共责任，明确权利和任务等	《超级基金法》（美国）
生态补偿	明确保护与收益主体间的权利义务关系，明确生态补偿的适用范围以及工作原则	《生态保护补偿条例》

最后，夯实科学技术支撑基础。一是构建国家层面宏观统筹、地方层面具体践行、公众层面多方参与的检测网络，加强数字化网络建设。二是厘清不同地域 GEP 和 GEEP 核算，构建参考性评价指标体系，规范核算方法。三是制定技术开发激励政策，通过政策扶持、成立生态技术发展基金等，鼓励更多国企、民营企业、科研院所、高校智库和社会团体等参与生态技术开发应用与人才培养。

六 结论和启示

"两山"理念是生态文明建设的核心价值观，本报告阐述了"绿水青山"与"金山银山"价值转化的理论基础与分析框架，在总结国内外研究的基础上，首先分析了"绿水青山与金山银山"的实践探索与进展、形成路径与模式、取得的成效与不足三个方面，然后探讨了"绿水青山难成金山银山"的瓶颈，包括社会认识不充分、产权制度不完善、核算标准不统一、交易机制不健全以及支撑保障不系统，最后立足贯彻习近平生态文明思想，从系统开展自然资源产权制度改革、一体完善登记核算考核评价制度、试点扩大市场化体系化交易范围、持续完善生态保护补偿实施机制、着力健全价值转化支撑保障体系等方面提出"绿水青山就是金山银山"的制度供给，为实现价值转化提供了对策建议。

如今，我国正经历百年未有之大变局考验，目标的实现时间也在不断逼近，亟须实现生态产品价值转化。即使当前学者已在相关理论与实践研究中取得了较为丰富的成果，但仍存在不容忽视的问题，例如，如何将理论研究与实践运用有机结合，社会大众对生态产品的认知仍有很多不足，生态产品价值实现路径不符合现实条件等，这些问题急需更多学科的交叉、更多元化的数据基础、更多样化的技术支撑。

参考文献

[1] Markus J. Peterson et al., "Obscuring Ecosystem Function with Application of the Ecosystem Services Concept," *Conservation Biology* 1（2010）：113-119.

[2] 沈辉、李宁：《生态产品的内涵阐释及其价值实现》，《改革》2021年第9期。

[3] 张林波等：《生态产品内涵与其价值实现途径》，《农业机械学报》2019年第6期。

[4] 苏杨、魏钰：《"两山论"的实践关键是生态产品的价值实现——浙江开化的率先探索历程》，《中国发展观察》2018年第21期。

[5] 高晓龙等：《生态产品价值实现关键问题解决路径研究》，《生态学报》2022年第20期。

[6] 丘水林、靳乐山：《生态产品价值实现的政策缺陷及国际经验启示》，《经济体制改革》2019年第3期。

[7] 马晓妍、何仁伟、洪军：《生态产品价值实现路径探析——基于马克思主义价值论的新时代拓展》，《学习与实践》2020年第3期。

［8］李忠：《长江经济带生态产品价值实现路径研究》，《宏观经济研究》2020年第1期。

［9］张文明：《完善生态产品价值实现机制——基于福建森林生态银行的调研》，《宏观经济管理》2020年第3期。

［10］廖茂林、潘家华、孙博文：《生态产品的内涵辨析及价值实现路径》，《经济体制改革》2021年第1期。

［11］王宾：《共同富裕视角下乡村生态产品价值实现：基本逻辑与路径选择》，《中国农村经济》2022年第6期。

［12］赵晓迪、赵一如、窦亚权：《生态产品价值实现：国内实践》，《世界林业研究》2022年第3期。

［13］刘江宜、牟德刚：《生态产品价值及实现机制研究进展》，《生态经济》2020年第10期。

［14］孙博文：《建立健全生态产品价值实现机制的瓶颈制约与策略选择》，《改革》2022年第5期。

［15］靳诚、陆玉麒：《我国生态产品价值实现研究的回顾与展望》，《经济地理》2021年第10期。

［16］王金南、王夏晖：《推动生态产品价值实现是践行"两山"理念的时代任务与优先行动》，《环境保护》2020年第14期。

［17］黎元生：《生态产业化经营与生态产品价值实现》，《中国特色社会主义研究》2018年第4期。

［18］孙志：《生态价值的实现路径与机制构建》，《中国科学院院刊》2017年第1期。

［19］王会、李强、温亚利：《生态产品价值实现机制的逻辑与模式：基于排他性的理论分析》，《中国土地科学》2022年第4期。

［20］张丽佳、周妍：《建立健全生态产品价值实现机制的路径探索》，《生态学报》2021年第19期。

［21］马永欢等：《对我国生态产品价值实现机制的基本思考》，《环境保护》2020年第C1期。

［22］R. J. Kemkes, J. Farley, C. J. Koliba, "Determining When Payments are an Effective Policy Approach to Ecosystem Service Provision," *Ecological Economics* 11 (2010): 2069-2074.

［23］王斌：《生态产品价值实现的理论基础与一般途径》，《太平洋学报》2019年第10期。

［24］高晓龙等：《生态产品价值实现的政策工具探究》，《生态学报》2019年第23期。

［25］S. Lockie, "Market Instruments, Ecosystem Services, and Property Rights:

Assumptions and Conditions for Sustained Social and Ecological Benefits," *Land Use Policy* 31 (2013): 90-98.

[26] 程翠云、李雅婷、董战峰:《打通"两山"转化通道的绿色金融机制创新研究》,《环境保护》2020年第12期。

[27] 谢高地等:《自然资源资产产权制度的发展趋势》,《陕西师范大学学报》(哲学社会科学版)2015年第5期。

[28] 李宏伟、薄凡、崔莉:《生态产品价值实现机制的理论创新与实践探索》,《治理研究》2020年第4期。

[29] 孙博文、彭绪庶:《生态产品价值实现模式、关键问题及制度保障体系》,《生态经济》2021年第6期。

B.6 提升生态产品供给能力的重点与路径

李晔 陈奕延*

摘　要： 本报告回顾总结相关研究内容，梳理了习近平生态文明思想、公共产品理论及可持续发展理论，在此基础上，提出构建生态产品供给能力测度指标体系的详细步骤，根据已有研究梳理出产业结构、科技发展、资本投入、能源消费结构、生态空间五项影响生态产品供给能力的因素，提出我国生态产品供给面临生态空间萎缩、生态产品流通不畅、生态补偿机制匮乏问题，进一步提出修复自然生态系统、打造生态产品价值评估核算体系、健全生态保护补偿机制、加快绿色科技成果转化四条有益于提升生态产品供给能力的对策建议，为政府施策提供参考。

关键词： 生态产品供给　公共产品理论　可持续发展理论

一　引言

党的十八大报告提出了"增强生态产品生产能力"，党的十九大报告则进一步提出"要提供更多优质生态产品以满足人民日益增长的优美生态环境需要"。党的二十大报告强调要"建立生态产品价值实现机制"。生态

---

* 李晔，应用经济学博士后，南开大学经济与社会发展研究院助理研究员，主要研究方向为环境经济学、绿色可持续发展；陈奕延，北京理工大学管理与经济学院副研究员，主要研究方向为绿色创新行为、亲环境行为等。

产品价值实现机制,是将"绿水青山"与"金山银山"高度统一的重要内联要素,是促进优质生态产品供给能力进一步提升的重要举措。生态保护涉及多方主体利益,多主体间的激烈博弈往往导致生态产品的供给效率低下,而生态资源的资本化能有效解决产权主体界定不明确、生态补偿机制不健全、生态产品交易模式不规范等问题,是生态产品价值充分实现的重要手段。我国幅员辽阔、东西南北各地区气候环境差异较大,各省份绿色发展水平不同,生态系统服务与生态资源空间分布均存在差异。生态资源的空间分布不均匀,加之行政区划的刚性分割,影响了生态产品供给体系建设的系统性、完整性。本报告厘清生态产品及其供给能力的相关概念,基于习近平生态文明思想、公共产品理论及可持续发展理论,构建生态产品供给能力测度指标体系,深刻剖析我国生态产品供给当下面临的主要问题,提出提升生态产品供给能力的路径与对策,从而为生态产品价值的实现贡献方法依据,为深化"两山"理念,坚定落实党的二十大报告中提出的"推动绿色发展,促进人与自然和谐共生"的国家生态治理目标提供参考。

二 生态产品及其供给能力

(一)生态产品

生态产品指人类由生态系统中汲取的各类效用,其最早被定义为生态系统服务。生态系统服务能够为人类提供物质产品、无形服务及美学价值三项功能,人类能够利用并且从中获益。后来,随着研究与应用的不断深化,生态系统服务理论得以继续拓展,联合国千年生态评估系统(The Millennium-UM Ecosystem Assessment,MEA)在生态系统服务中加入了"支持功能",而一些国外学者则将"产品属性"纳入其中。对于生态产品内涵的理解,学者总结出三类不同意见。其一,将生态产品概念分为广义与狭义两类。广义的生态产品不仅囊括了自然系统生产的产品与服务，亦包括了人工作用下生产的产品，这类产品附加了人类劳动与人工属性。狭义的生态产品则等同于生态系统服务。其二，将生态产品等同视为能够产生正外部性的生态系统服务，是由纯粹大自然提供的有形物质产品和无形服务的统称。其三，将生态产品的内涵指向具备公共产品特性、附加了各类自然要素的自然系统生产的产品，亦分为有形与无形两类。

总体而论，生态产品指那些在生态系统及人类社会两方面作用下生产，以满足人类消费利用需求为目的，与工业品和农产品共同组成人类生活必需品的物品及服务的集合。不论是国内学界还是国外学界，均强调生态产品基于生态系统服务的基础作用，但国内学界并不局限于聚焦生态产品的生态保护属性，而是更加强调在生态保护的基础上衍生出的，能够调和生态环境保护与经济发展之间的矛盾，为人类所获取并加以充分利用的生态价值。生态产品源于自然的特征使其具备外部性和自然产出性，其生态价值往往受到区域资源禀赋及生态要素的约束，具有一定的空间差异性，且作为一类公共物品，其往往具有较强的非排他性。另外，从"生产—消费"视角来看，生态产品能够在市场中流通，因此具备价值性。从本质上看，生态产品应具有经济稀缺性、人类收益性、生物生产性及保护成效性四类特征。根据功能划分，生态产品可分为生态文化产品、生态物质产品、生态服务产品三类；按人类参与程度及是否具备公共物品属性划分，生态产品可分为纯公共生态产品、私人生态产品及经营性生态产品。因此，生态产品绝非"生态"与"产品"的脸谱化叠加，亦不是"自然公共品"与"人类私有物"对立交织的产物，而是自然生态与经济社会相互作用形成的产物，是调和自然保护与经济发展的结晶，是一类能够满足人民美好生活需求的环境友好型产品。

（二）生态产品的供给能力

生态产品无法自行流通，只有依赖一定的供给能力才能满足人类社会的需求。关于提升生态产品的供给能力，国外的研究主要聚焦于提升公共生态产品与生态系统服务供给能力两方面。公共生态产品的供给能力需依托市场化机制进行提升，而生态系统服务的供给能力则可以通过社会手段提升，以人工干预的形式保护区域内自然生态系统。在国内学界，学者往往基于各类视角来探讨提升生态产品供给能力的方式方法。从资源禀赋的视角来看，生态产品的供给存在主体与客体这样一对概念，主体往往富集了大量的生态资源，而客体却通常缺乏生态资源，主体与客体之间通过市场交易行为，实现了生态产品的供需平衡。从主客体的类型来看，生态产品的供给主体往往由各级政府、社区及个人等多样化的社会主体组成，而供给客体则包括需要消耗生态产品的企业和全体公众。除了自然生态系统本身之外，生态产品的供给能力还依赖人类社会或人类社会主导下的市场主体。这些市场主体能够通过投入人力、社会资源等其他各类要素的方式提升生态产品的供给能力。因此，提升生态产品的供给能力不仅要依靠、结合周边自然资源禀赋，更要充分发挥市场和政府的作用。而对于那些具有完全公共属性的生态产品，政府主导能够提升其供给能力。此外，对于具备一定私有属性的生态产品，政府供给不能覆盖所有需求，必须依赖市场化的供给作为补充。

三 相关理论基础

生态产品具备公共产品的属性且包括多元组成要素，这些要素均受到各式各样的前因变量的影响，因此生态产品的供给能力也受到诸多因素影响。如何提升生态产品的供给能力是一个系统、复杂的问题。研究这一问题需要学科交叉式的多元理论视野，须充分结合我国现实，在相关理论的基础上进行辩证分析。特别是在实践应用场景中，架构普适性的规律须以各种理论的核心论点为支撑，透过多元视角挖掘研究的深度、拓宽研究的广度，只有这样才能在实际应用中构建提升生态产品供给能力的关键路径。因此，充分理解对生态产品供给能力有支撑性贡献的理论，能为后续测度生态产品供给能力、解构生态产品供给能力的影响因素奠定坚实基础。

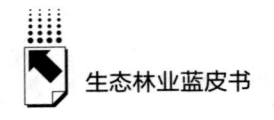

（一）习近平生态文明思想

生态兴则国家兴，生态兴则文明兴。建党百年的征程中，一代又一代中国共产党人对生态文明建设进行了坚持不懈的探索，这既是对马克思主义中国化的伟大实践，也是以人民为中心，推进满足人民日益增长的优美生态环境需要的中国式现代化的努力尝试，将马克思主义的基本原理同中华民族五千年来传承不朽的自然文化相结合。党的十八大以来，以习近平同志为核心的党中央高度重视生态文明建设，推进涵盖政治文明、物质文明、社会文明、精神文明和生态文明的中国式现代化，从而创造人类文明新形态。

习近平生态文明思想是"两山"理念、美丽中国建设的指导思想。习近平生态文明思想基于马克思主义自然辩证法，在将马克思主义中国化的过程中，传承、凝练、吸收、扬弃、创新了中华文明五千年的生态智慧，使之成为人与自然和谐共生的人与自然观，是实现中华民族伟大复兴的中国梦，构建富强民主文明和谐美丽的社会主义现代化强国的卓越思想贡献。党的二十大报告再次明确了我国新时代生态文明建设的战略任务，即推动绿色发展，促进人与自然和谐共生。关于这一点，党的二十大报告指出："我们要推进美丽中国建设，坚持山水林田湖草沙一体化保护和系统治理，统筹产业结构调整、污染治理、生态保护、应对气候变化，协同推进降碳、减污、扩绿、增长，推进生态优先、节约集约、绿色低碳发展。"人与自然和谐共生的生态文明建设不仅关乎国家发展，更是中国共产党带领全体人民孜孜以求的中国式生态文明现代化的憧憬和梦想，也是继党的十八大首次将生态文明建设纳入"五位一体"总体布局之后，一场推动美丽中国建设，从而实现事关中华民族永续发展，涉及经济生产、文化价值构建、制度体系创新，全方位、全地域、全过程的立体化"绿色革命"。此外，党的二十大报告指出："尊重自然、顺应自然、保护自然，是全面建设社会主义现代化国家的内在要求。必须牢固树立和践行绿水青山就是金山银山的理念，站在人与自然和谐共生的高度谋划发展。"

因此，只有统筹把握、辩证阐释党的二十大关于"尊重自然、顺应自然、保护自然"的生态文明精神内核，以"绿水青山就是金山银山"的"两山"理念为指导原则，将追求"人与自然和谐共生"作为目标，才能统筹把握生态产品供给能力的提升方法，从而探寻出一条利国利民、能够为中国式现代化服务的生态产品供给能力提升路径。

（二）公共产品理论

公共产品理论作为新政治经济学的基本理论之一，对于平衡公共财政、有效转变政府职能，以及推进公共服务市场化有重要指导意义。19世纪末期，西方资本主义市场经济正处于高速发展时期，为研究"政府—财政"关系在市场经济中的表现，意大利及奥地利的学者运用了边际效用价值论，后续发展成公共产品理论。萨缪尔森在其撰写的《公共支出的纯理论》一文中指出，公共产品的特点在于，不会由某些人对其的消费行为导致其他个人对该类产品的可消费量减少。由此可知，与私人产品相比，公共产品具备以下三项特征。其一，消费的非竞争性。公共产品的消费群体壮大并不会影响其他人消费该产品，因为公共产品的边际生产成本近乎为零。其二，效用的不可分割性。公共产品是面向全社会、作为一个整体被提供的特殊产品，不能被简单分割为可数单元进行交易。其三，受益的非排他性。某一个人在消费公共产品获益时无法阻止他人消费该产品，这是因为公共产品的受益对象是全社会公众。除此之外，还有一类形态介于公共产品与私人产品之间的准公共产品，这类产品虽然亦作为整体提供给全社会，但具有私人产品的受益排他性和消费竞争性。

公共产品区别于私人产品的另一个方面是其供给方式。从理论意义上来讲，公共产品的供给必须依赖政府等公权力机构。在市场经济条件下，公共产品的属性导致其往往无法实现帕累托最优，甚至会衍生出"搭便车"现象，从而导致部分公众无法自由享受公共产品。因此，政府等公权力机构往往肩负着公共产品供给的任务，而个人、企业和社会团体等其他市场主体却很少参与公共产品供给，这种方式显然存在风险。譬如在政府失灵的时候，公共产品的供给效率、供给数量都会产生异变，并会加剧政府财政负担，使政府提供公共产品的行为越发背离"公众共享"的公共目标。随着对公共产品供给方式的深入研究，不少学者提出采用政府主导、市场和慈善团体补充完善的方式构建多元化的公共产品供给体系，这对于提升公共产品供给能力、提高公共产品供给的韧性和稳健性非常有益。因此，基于公共产品理论构建稳定、高效的生态产品供给路径尤为重要。

（三）可持续发展理论

可持续发展理论聚焦人与自然、环境与经济相互作用及其之间关系的研究及讨论。总体而言，可持续发展的宗旨是使人类社会发展的各项要素协调平衡，取长补短，在共进共促的过程中实现人类全方位发展。可持续发展不仅可以满足当代人的发展需要，也可以为未来世代保存发展空间，能够充分兼顾数代人的发展利益。

可持续发展迄今为止仍是学界关注的焦点，经过多年的研究及理论演化，不同学者基于不同理论视角及研究方法，主要形成以下四种侧重不同的可持续发展论点。其一，侧重社会的可持续发展。这种论点认为可持续发展的首要任务是提高公众的生活质量，这一任务受到自然生态系统的可溶能力约束。其二，侧重自然的可持续发展。这种论点认为可持续发展主要的任务是保护并强化环境系统，完善升级其自我革新能力。其三，侧重经济的可持续发展。这一论点认为可持续发展之所以保护自然环境和生态资源，是为了实现更高层次的经济发展目标。其四，侧重科技的可持续发展。这一论点认为只有创新和技术的蓬勃发展才能最大限度地降低人类对自然资源和生态系统的冲击破坏。综上所述，不论侧重点如何，可持续发展的核心都要求在人类经济社会发展的过程中充分关注环境保护和生态修复，充分促进经济与环境协调发展，并在满足当代人发展利益的前提下，最大限度地为后世子孙留存足够的发展空间。

可持续发展理论是一项涉及自然、经济与社会三大要素，其最终目的是实现协同、公平、多维及高效的发展。其具有以下鲜明特征。一是协同发展。协同发展包括"协调"与"共同"两方面。对于"协调"而言，在发展要素层面，须满足自然、经济与社会三者间的发展协调；在空间层面，须满足地区、国家与世界三者间的发展协调；在时间层面，须满足代内与代际二者之间的发展协调。对于"共同"而言，须处理好局部与整体的关系，不能片面追求某一个地区或国家的发展，而应秉承优化地球生态系统、从人类命运共同体视角出发的普适性发展。二是公平发展。在充分实现可持续发展的过程中，不同群体、地区和国家具有不同的资源禀赋和现实条件，其发展程度必然存在差异，须接受这种差异并将其控制在合理的范围内，以满足代内公平和代际公平。代内公平指某一地区或国家不能通过损害其他地区或国家的发展权益来谋求自身发展权益，而代际公平则指当代人不能通过损害未来世代的发展权益来谋求自身发展权益。只有做好代内与代际"两个公平"，才能将可持续发展的动能充分内化，使之在公平的环境下持续进行。三是多维发展。可持续发展是一个涉及多目标的综合发展模式，比起侧重单一目标的"唯GDP"等传统发展模式，多维是其特征，其涉及自然、社会与经济多方面的目标，要秉持因地制宜的原则，在实际发展过程中充分考虑地域和国别差异，以政策为依托制定相应的发展目标。四是高效发展。可持续发展并非将自然、经济与社会等多方面的发展目标简单并列，而是要在协同、公平、多维的前提下发挥"1+1>2"的功效，即产生共促效应，从而提高各方面的发展效率。因此，若要提升生态产品的供给能力，必须从协同、公平、多维与高效四个可持续发展视角充分考虑。

四 生态产品供给能力测度及影响因素分析

（一）生态产品的供给能力测度

测度生态产品供给能力的基础是构建指标体系。选取测度生态产品供给能力的指标须遵循以下原则。第一，准确性原则。不可臆断指标内

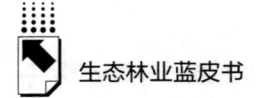

涵，对指标内涵进行解读时要做到没有歧义。第二，完整性原则。测度生态产品供给能力的指标体系应包含各类因素，应避免在指标选取过程中发生遗漏。第三，可操作性原则。由于生态产品供给能力的测度属于宏观研究，范围往往是一个区域或一个国家，因此必须满足可度量性及可获得性，可从各种宏观年鉴中寻找相关数据。第四，独立性原则。应尽可能选择那些能够充分反映生态产品供给能力的主导性指标，减少指标间的关联程度，对于疑似存在关联的指标要进行筛选调整，不能一并纳入指标体系。

指标体系通常是二级或三级指标体系，也可以根据实际情况进行调整。指标体系的构建步骤如下。第一步，参考已有文献资料，秉承指标选取的准确性、完整性、可操作性与独立性原则，遴选出一套初级指标体系。譬如人均水资源量、用水普及率、森林覆盖率、5A级景区数量、环境污染治理投资GDP比重等。第二步，利用德尔菲法进一步甄选指标。可设计相应的专家咨询问卷，问卷主体由个人信息部分及李克特量表组成，问卷的题项针对每一项指标，由"非常不同意"、"不太同意"、"同意"、"比较同意"和"非常同意"构成，分值对应1~5分，将问卷发放给环境经济、环境工程、公共管理领域，在政府机关、企事业单位、高校科研院所、社会团体工作，拥有一定学历和职称（一般为硕士及以上学历，副高级以上职称），具备相应工作年限（一般从业经历10年及以上）的专家学者，对各个指标是否入选进行评分。可采用网络法发放并回收问卷，可采用单轮、双轮或多轮问卷调查。在问卷回收完毕后，可对问卷进行清理，剔除无效问卷，对剩余的有效问卷中的题项进行计分，计算专家意见集中程度（指标平均得分）和专家意见协调程度（指标得分的变异系数），删除部分指标，保留得分较高的指标，形成最终的指标体系。第三步，确定指标权重，可利用熵权法等方法确定各指标权重，然后利用综合指数法进行测度，得到各地区生态产品供给能力的评价值。测度生态产品供给能力，是为了将其作为被解释变量，在后续的研究中对其进行回归分析。

（二）生态产品供给能力的影响因素分析

根据已有文献资料，影响生态产品供给能力的因素主要有产业结构、科技发展、资本投入、能源消费结构及生态空间五个方面。第一，产业结构。对于人类社会而言，产业结构不仅会影响自身的文明形态和日常生活，也会因不同能耗的投入和非期望产出对自然生态系统造成影响。多数研究认为，在第一、二、三产业中，第二产业排放大量污染物，以其作为支柱的产业结构最易对区域生态环境造成破坏。因此，若无法有效协调第二产业与自然生态之间的关系，则生态产品的供给数量和效率都会下降。第二，科技发展。生态产品源自自然生态系统，人为供给虽然不会对整体供给造成太大影响，但科学技术作为人类智慧的结晶可以干预生态产品的供给。譬如对于一些遭到污染的山、林、湖、海等自然生态系统，可以利用大数据生态监测和环境修复技术进行康养，使其恢复供应生态产品的能力，这种干预的重要性不言而喻。因此，若要保证生态产品的供应链稳定，必须以强大的科技能力作为支撑辅助手段，从而保证生态产品在质与量上的充足供应。第三，资本投入。生态产品作为一种公共产品可以依赖自然供给，但要想提升供给效率，物流、分配、后勤等方面依然需要资本的投入。对于准公共产品，譬如已经干涸的"死海"的海泥（据说能治疗皮肤疾病），或被改造为私人产品的生态产品，譬如网络上售卖的"西藏高原地区的新鲜罐装空气"等，则更需要资本的投入以在市场上发展成长为产业体系。因此，资本投入对于生态产品而言至关重要。第四，能源消费结构。当前我国主要的能源消耗为化石能源，虽然国家正在大力落实"双碳"战略，但长期以来依赖化石能源的高能耗生产现象依然存在。化石能源是自然生态系统的产物，但往往附带高排放、高污染的特点，若过度开采及粗放使用化石能源，会导致能源效率长期低下，还会影响自然生态系统的质量，进而影响生态产品的供给能力。因此，若要保证生态产品的合理供应，必须调整不合理的能源消费结构，更多地使用清洁能源。第五，生态空间。生态空间被视作生态产品生产及存储的空间载体，足够广阔的生态空间往往能够孕育、产出更多的生态产品，这对于提升生态产品的供给能力起到了决定性作用。同样,即便生态空间有限,若提高其生态载荷,增加其容量,也能够在一定程度上保障生态产品的供应。因此,提升生态产品的供给能力,须进一步扩大生态空间的范围,提高生态空间的生态载荷及容量。此外,还有学者认为经济增长、农业污染、对外贸易结构等因素也可以影响生态产品的供给能力。事实上,不论是在自然领域、社会领域还是在经济领域,均存在诸多能够影响生态产品供应能力的因素,若想有效识别这些因素的影响,可通过主成分分析、构建回归方程模型、障碍因子分析等方法进行量化分析。

五 我国生态产品供给面临的主要问题

(一)生态空间日益萎缩,生态环境遭到破坏

生态产品,特别是优质生态产品的供给严重不足,无法在数量、质量以及空间分布上形成有效的供给格局,无法满足人民群众日益增长的优美生态环境需要。从数量上来看,由于我国的高强度、大规模城镇化建设以及工业、矿业用地的不断增加,2020年灌木丛、草地、湿地、森林等自然生态空间的面积占比比2010年减少了1.5个百分点,生态空间受到了人类生产活动的挤占;从质量上来看,灌木丛、草地、森林等自然生态系统的服务功能质量不高,被评定为"差"等级的达到总量的34.2%,其中还包括7.8%状态继续变差的自然生态系统;从分布上来看,东、中、西部的生态产品空间分布非常不均衡,优质生态产品往往集中在具有天然资源禀赋的中、西部地区,而东部经济发达地区反而缺少优质的生态产品,这使得我国存在经济资源富集与生态资源富集的"两极"差异状态,自然生态资源的使用权益与环境保护义务在区域分配上的公平性有所欠缺。除此以外,存在生态环境遭到人为破坏的现象。譬如中央环保督察在内蒙古巴彦淖尔、西藏昌都、河北承德等地发现、查处了一批违法违规开采矿山、侵占林草地甚至自然保护区的案件,这

些违法违规行径对当地的自然生态环境造成了较大破坏，也阻碍了生态产品的可持续供给。

（二）生态产品流通保障机制不健全，配套政策碎片化

与一般的工业产品和农产品相同的是，生态产品也必须进入市场才能交易流通，进而实现其产品价值。因此，需要构建一套完备的产品质量评估标准体系，将其作为定价、交易与流通的准则。然而，目前我国缺乏针对生态产品的质量评估标准，各地方政府、行业协会采用的评估标准与技术各不相同，无法形成统一、具备权威认证的评价体系，这导致评估核算结果认可度较低，阻碍了生态产品的流通，进而抑制了生态产品的大规模、大范围供给。另外，若要实现生态产品的价值，必须在生态环境保护、资源开发利用、绿色产业扶持、生态市场搭建等诸多领域给予政策支持，而现有的各级政府部门颁布的政策虽然具备一定效力，但耦合性、实时性和针对性相对不足，部分政策甚至相互矛盾，政策与政策之间"条块化"情况严重，无法形成政策合力，从而有效保障生态产品的供给。

（三）生态补偿机制匮乏，环境权益分配不均

生态产品价值实现的重要方式之一是生态补偿。经过十余年的发展，我国的生态补偿机制已取得了阶段性成就，但某些地区的生态补偿政策在实际执行中存在缺位现象，譬如重点流域上下游跨省横向生态补偿标准就缺乏相应的规范及指导，仍以沟通协商为主要执行方式，因此往往存在协商过程拖沓、交易成本增加、耗时费力、补偿难以达成一致的困境。此外，草原、森林和湿地领域的补偿政策主要以个数或面积作为补偿标准，并未突出自然生态系统的特质，以及生态产品供给能力的差异，补偿金额差异化程度较低，激励不足，难以充分调动地方提升生态产品供给能力的积极性。与此同时，在对重点生态功能区拨付转移支付资金的问题上，地方生态环境部门在资金的分配及使用上缺乏话语权，参与程度较低，仅能够在政策末端采用部分监管手段监督资金的使用情况，难以从源头上保障资金分配公平公正，无法满

足各地对环境保护的切实需求，不利于保障转移支付的公平性、有效性及合理性。

六 提升生态产品供给能力的对策建议

（一）保护修复自然生态系统，推动多方联动监管监督

面对自然生态系统遭到破坏或功能衰退、生态空间萎缩的困境，应通过大规模生态修复、生态系统化治理、可再生资源综合利用等方式，对自然生态系统进行修复。应加大对综合评定良好的自然生态系统的保护力度和生态产业扶持力度，因地制宜发展生态产品品牌，建立面向市场的生态产业，增强生态产品价值实现的内生动力，并将产业的部分收益用于生态环境修复与自然保护。应鼓励企业、行业协会、慈善机构、个人积极参与生态环境修复与保护事业，建立多方联动的生态环境监督保护机制，共同维护自然生态系统和生态空间的稳定。

（二）打造生态产品价值评估核算体系，保障各方环境权益

应基于生态产品的实际产出能力，推动构建科学、合理的生态产品价值评估核算体系。根据已有的生态产品价值评估核算体系及核算试点情况，将湿地、林草地、流域、海洋等不同类型的自然生态系统的产品价值和服务价值评估核算体系进一步规范化，形成完整的技术和法律法规体系，并依法、依规、依时、依例进行动态调整。此外，必须建立权威、公正的第三方绩效评估与社会监督体系，引导多元市场主体共同参与生态产品的价值评估与核算，参与并监督各方环境权益的合理分配，尤其应建立健全乡村振兴生态产业体系，积极响应国家提出的乡村振兴战略，"取之于民，用之于民"，让广大农民共享生态产品交易流通带来的增值收益。

（三）健全生态保护补偿机制，实现生态红利公平分配

应加大生态保护补偿资金的投入，探索"横纵结合"的综合补偿制度，试点实施多类别生态环境要素横向生态保护补偿机制。应通过人才培训、产业迁移、对口支援、共建园区、定向采购生态产品及服务的方式，促进生态保护地区与受益地区实现环境权益共享。应积极借鉴国际上水基金、碳基金、湿地银行等付费生态服务的市场化经验，逐步推进市场化、基于多元主体的生态补偿机制，在严格监督、合理控制、科学使用的前提下，鼓励开展环境权租赁或交易试点，鼓励地方政府将生态环境修复保护与生态产业有机融合，提高公众参与程度，建立起可持续的生态红利分配机制。

（四）强化企业主体地位，加快绿色科技成果转化

绿色技术和工艺是在微观层面上提升生态产品供给能力的关键，广泛使用绿色技术和工艺可以实现低能耗、低污染、低排放的产业绿色升级转型，而企业则是中国特色社会主义市场经济的"排头兵"，肩负着国家生态文明建设的重任。因此，须建立动态绿色企业库，推进产学研三方合作，搭建开源式的绿色技术和工艺数据库，同时大力推进绿色专利市场建设，探索各类绿色专利交易渠道与模式，充分吸引国内国际资本参与，形成多市场主体联合参与的合力，进一步探索绿色债券、绿色信贷、绿色基金等绿色金融产品发售，试点建立面向生态产品的交易中心。另外，须加快推进绿色科技成果转化，利用"互联网+"、"人工智能+"及"大数据+"技术，搭建虚拟化的绿色科技成果转化平台，提高绿色科技成果转化的效率，特别是关乎生态修复技术、环保监测技术、环境评价技术的科技成果，应建立专门的快速审批通道，减少科技成果转化的中间环节，提升绿色科技成果的流动性，为促进绿色科技成果转化提供良好环境。

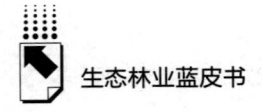

参考文献

[1] R. Costanza et al., "The Value of the World's Ecosystem Services and Natural Capital," *Nature* 6630 (1997).

[2] S. Postel et al., *Nature's Services: Societal Dependence on Natural Ecosystems* (Washington D. C.: Island Press, 2012).

[3] 孙庆刚等:《生态产品供求机理一般性分析——兼论生态涵养区"富绿"同步的路径》,《中国人口·资源与环境》2015年第3期。

[4] 姚震、孙月、王文:《生态产品价值实现的经济关系分析》,《河北地质大学学报》2019年第6期。

[5] 李蔓婷:《省际优质生态产品供给能力评价及调控政策研究》,硕士学位论文,天津大学,2019。

[6] 张林波等:《生态产品概念再定义及其内涵辨析》,《环境科学研究》2021年第3期。

[7] 彭文英、尉迟晓娟:《京津冀生态产品供给能力提升及价值实现路径》,《中国流通经济》2021年第8期。

B.7 发挥市场在资源配置中的决定性作用促进生态产品价值实现

张 倩[*]

摘　要： 发挥市场在资源配置中的决定性作用，建立健全生态产品价值实现机制，对推动中国经济绿色低碳发展具有重要意义。市场主要通过价格机制、竞争机制和供求机制来实现资源配置。建立健全生态产品价值实现机制是深入贯彻习近平生态文明思想的重要举措，是践行"两山"理念的具体体现。本报告结合浙江丽水、江西资溪试点的成功经验，分析了目前生态产品价值实现存在测算标准不科学、制度保障不充分、经济价值转化水平低、认知不足等问题，并提出了生态产品价值转化的具体路径。

关键词： 市场　资源配置　生态产品价值

一　引言

改革开放之初，社会主义制度如何与商品经济结合，一直是值得关注的问题。1992 年，党的十四大明确提出要把建立社会主义市场经济体制作为我国经济体制改革的目标，并发挥市场在社会主义国家宏观调控下对资源配置的基础性作用。党的十八大则提出"更大程度更广范围发挥市场在资源配置中的基础性作用"。紧紧围绕深化经济体制改革，中共十八届三中全会

---

[*] 张倩，林业经济管理博士，南京晓庄学院商学院副教授，主要研究方向为资源与经济发展。

将市场在资源配置中的"基础性作用"修改为"决定性作用"。党的十九大则再次强调市场在资源配置中起着决定性作用,这从广度上和深度上进一步推进了市场化改革,让市场能够发挥最大的效用,并在最大程度上实现资源配置效率最优。2020年11月,习近平总书记提出"要加快建立生态产品价值实现机制"。① 2021年4月,《关于建立健全生态产品价值实现机制的意见》正式发布,生态产品价值实现机制,对贯彻习近平生态文明思想、践行"两山"理念、推动经济社会发展绿色转型具有重要意义。

二 市场在资源配置中起决定性作用的理论依据及现实路径

(一)市场在资源配置中起决定性作用的理论依据

1. 市场在资源配置中起决定性作用是市场经济的本质要求

市场在资源配置中起决定性作用是市场经济的本质要求,是经济规律的直接体现。市场经济是以市场为导向进行社会资源配置,同时实现社会生产和再生产的经济形态。市场经济是以市场进行资源配置的经济运行方式。市场的决定性作用指的是市场在资源配置中占据主导地位,任何力量都无法代替或高于市场的作用。市场最原始的形态是交换双方的中介。市场经济的实践发展进一步推动了对市场经济的全面理解和深入认识。市场经济逐步从原始市场经济、古典市场经济发展到现代市场经济。原始市场经济在资本主义确定之前,以个体私有制的手工业为基础;古典市场经济是伴随着资本主义制度、自由竞争资本主义的兴起而逐步发展起来的,以机器大工业为主,市场经济政策以政府自由放任为主;现代市场经济则同时强调政府的宏观调控,以及市场的资源配置作用。②

---

① 《习近平主持召开全面推动长江经济带发展座谈会并发表重要讲话》,中国政府网,2020年11月15日,https://www.gov.cn/xinwen/2020-11/15/content_5561711.htm。
② 周文、刘少阳:《全面理解和不断深化认识市场经济》,《上海经济研究》2020年第3期。

发挥市场在资源配置中的决定性作用促进生态产品价值实现

经济规律的本质是价值规律。市场是资源配置和调节的手段之一，同时是实现资源有效配置和发展生产力的最优途径。从需求端来看，人们对物质文化产品有持续的需求，但是从供给端来看，物质产品和服务资源的供给是有限的。稀缺的资源要分配到物品和服务的生产上，生产出的物品和服务要分配给各生产要素所有者，即资源配置。市场经济资源配置主要是通过市场这一"无形的手"来实现的。在市场经济中，价格引导着物品和服务的优化配置。参与市场交易的主体如何自由地在市场上支配生产要素和物品，完全是出于自身利益的选择。市场的交易行为遵循价值规律，市场在资源配置中起决定性作用，其实就是价值规律的体现，其本质是价值决定了资源的配置。

2. 市场在资源配置中起决定性作用是深化经济体制改革的内在要求

市场在资源配置中起决定性作用，是党的十八届三中全会提出的又一个重大理论观点，也是对我国社会主义市场经济内涵的重大提升。党的十八届三中全会上指出，全面深化改革的重点是经济体制改革，要紧紧围绕市场在资源配置中的决定性作用来深化经济体制改革，这在广度和深度上全面推进了市场化改革。而经济体制改革的核心问题始终是如何正确处理政府与市场之间的关系。我国社会主义市场经济体制建立初期，存在政府干预过多、政府直接配置资源过多、公平竞争环境不完善等体制性问题，市场机制对社会经济活动的调节作用受到了很大影响。实现市场在资源配置中的支配作用，其本质是发挥经济规律在资源配置中的作用，通过价值规律、供求规律和竞争规律，最终实现对资源的有效配置。实现市场在资源配置中起决定性作用，除了要正确处理好政府和市场的关系，还需要具备其他的基础和条件，如建设统一开放、竞争有序的市场体系，加快构建开放型经济体制，完善产权保护制度，使市场主体能平等参与竞争。这涉及经济体制的方方面面，并成为进一步深化经济体制改革的内在驱动力。[①]

[①] 童晶：《让市场在资源配置中起决定性作用是中国经济体制改革的核心》，《中共成都市委党校学报》2014年第1期；郭占恒：《市场在资源配置中起决定性作用是深化经济体制改革的"牛鼻子"》，《观察与思考》2014年第1期。

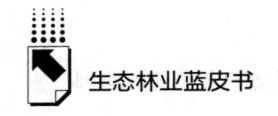

（二）市场在资源配置中起决定性作用的现实路径

1. 价格是市场的指挥棒

市场经济条件下，价格的重要决定因素是供给和需求，同时，价格也会直接影响商品和服务的供给和需求。市场优胜劣汰的竞争，主要受价格和供需的影响。目前，一方面是大部分商品和服务的价格已经放开，另一方面是公共产品尤其是关系国计民生的产品和服务，依旧是政府定价，尚未形成市场化定价机制。价格机制主要包括价格形成机制和价格调节机制。

价格是资源配置的指示器，引导资源的流动。第一，厂商在价格指挥棒的引导下，由于逐利本性，会生产产品抢占有限的市场；第二，生产出的产品只会卖给出价高的人，这是商人作为"理性人"的合理选择，当市场处于买方市场或卖方市场的时候，价格机制的作用产生的结果完全不同；第三，从需求角度来看，价格只认同"有效需求"，即需要有支付能力。资源的价值最终反映在价格上。在价格机制的正确引导下，资源会得到合理、有效的分配。但不合理的价格机制却有可能会带来通货膨胀、贫富差距加大等问题。

2. 竞争是市场的催化剂

竞争机制会倒逼市场上的资源合理配置。竞争是实现优胜劣汰的手段和方法之一。竞争机制分别存在于市场的买卖双方、企业的内部之间和劳动者之间，市场资源配置的动力主要来源于两方面，一是追求自身利益，二是优胜劣汰、适者生存的竞争法则。[1] 竞争能最大限度地刺激各市场利益主体的能动性，并提高市场资源配置的效率。

3. 供求是市场的杠杆

供求机制与价格机制相辅相成，相互联系又相互制约。价格的变化会引起商品和服务的供求变化，而供求变化又会带来价格的变动。脱离了供求机制，价格无法真正发挥应有的作用。只有在竞争性市场上形成的价格，才能

---

[1] 孙洛平：《市场资源配置机制与经济理论的选择》，《南开经济评论》2002年第3期。

真正反映商品和服务的供求关系，最终形成准确的价格体系。供求关系是市场机制的主体，是生产者和消费者关系的具体体现。供求的变化最终会引起价格和竞争的变化。

三 生态产品价值实现的政策背景及理论依据

（一）政策背景

2010年，《全国主体功能区规划》发布，首次提出了生态产品的概念。2016年，《关于健全生态保护补偿机制的意见》提到要完善生态产品价格形成机制，发挥市场促进生态保护的积极作用。2021年4月，中共中央办公厅和国务院办公厅印发了《关于建立健全生态产品价值实现机制的意见》，该意见对建立健全生态产品价值实现机制做了一系列重大部署。建立健全生态产品价值实现机制，是贯彻落实习近平生态文明思想的重要举措。[①] 坚持正确的改革方向，探索完善生态产品价值的实现机制，以政府和市场的双轮驱动，发挥市场的决定性作用和政府正确引导的作用，坚持生态优先、绿色发展，促进经济社会的全面转型。

（二）理论依据

1. 生态产品的概念内涵及特有属性

生态产品是我国独创性概念，是在我国生态文明建设背景下提出的。生态产品指的是能维系生态安全，同时保障生态调节功能、提供良好人居环境的自然要素。生态产品的内涵主要包括两方面，一是生态产品等同于物质文化产品，二是广义上认为生态产品既包括满足人类需求的自然要素也包括生态友好型产品（见表1）。

[①] 刘奇：《积极探索生态产品价值实现路径》，《人民日报》2021年6月3日，第14版。

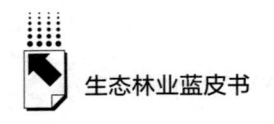

表 1　生态产品的内涵

学者	生态产品的内涵
李宏伟等（2022）	经过人工修复后的自然要素和由产业化形成的经营性产品
刘江宜等（2020）；马晓妍等（2020）	在生态和人类劳动参与下生产的自然要素和产品
刘伯恩（2020）	既包括原生态的自然要素，也包括升级改造的绿色物质文化产品，拓宽了生态产品的范围
张林波等（2020）；廖茂林（2021）	具有供给和消费属性的最终产品
李忠等（2021）	生态标识产品、绿色产品的上位类产品；生态标识产品和绿色产品属于生态产品产业链的下游产品
张兴、姚震（2020）	自然生态产品与人类共同作用，能增加人类福祉的产品和服务
丁艳（2022）	既包括纯粹的自然要素，也包括经人类改造加工的绿色产品

资料来源：谢花林、陈倩茹：《生态产品价值实现的内涵、目标与模式》，《经济地理》2022年第9期。李宏伟、薄凡、崔莉：《生态产品价值实现机制的理论创新与实践探索》，《治理研究》2022年第4期；刘江宜、牟德刚：《生态产品价值及实现机制研究进展》，《生态经济》2020年第10期；马晓妍、何仁伟、洪军：《生态产品价值实现路径探析——基于马克思主义价值论的新时代拓展》，《学习与实践》2020年第3期；张林波等：《生态产品概念再定义及其内涵辨析》，《环境科学研究》2020年第3期；李忠、刘峥延：《推动生态产品价值实现机制落地见效》，《中国经贸导刊》2021年第11期；丁艳：《生态产品价值实现的路径探索》，《新疆社科论坛》2022年第1期。

生态产品根据排他性和竞争程度以及供给主体的差异，主要可以分为三类：私人物品、准公共物品和纯公共物品。不同类别的生态产品，特性、生态产品价值类型、具体表现形式不同。第一，私人物品主要是排他的并具有竞争性，以市场价值为主，其表现形式主要有农产品、林产品、水产品和畜牧产品等。第二，准公共物品又分为俱乐部物品和公共池塘物品。俱乐部物品虽然排他但不具有竞争性，主要表现形式为度假风景区、博物馆、历史文化古迹等；公共池塘物品虽然不排他但是具有竞争性，主要表现为森林公园、国家公园和人居环境等。俱乐部物品和公共池塘物品的价值类型包括市场价值和非市场价值。第三，纯公共物品。纯公共物品既不排他也没有竞争性。价值类型以非市场价值为主。具体表现为气候、空气和水源等。

公共产品一般具有较强的外部性，其中，正外部性表现为生态产品所产生的社会效益超过私人效益，但是如果正外部效益的提供者得不到及时充分的补偿，会导致此类生态产品供给不足。负外部性则指的是生态产品开发利用所带来的环境破坏等问题。如果破坏环境的人得不到及时的处罚，可能会出现市场失灵的问题。市场失灵通常通过两种方式解决，一是政府干预，二是产权明晰。生态产品的稀缺性和公共属性决定了只有政府和市场相结合，才能实现生态产品的价值。生态产品的经济属性是生态产品价值实现的基础和依据。

2. 生态产品价值实现的理论依据

（1）环境价值理论

环境价值理论建立在效用价值理论基础之上，效用决定了价值的内容，稀缺决定了价值的大小。市场经济条件下，价格能否充分反映环境资源的稀缺，引导环境资源进行有效配置，是环境价值理论的核心内容。环境价值理论经历了几个发展阶段，第一阶段是市场供求关系决定了环境资源的价值，第二阶段是根据外部性来估算环境资源的价值，第三阶段是将可持续发展理念用于评估环境资源的价值。人类直接或间接利用环境资源获得的经济效益实际是其使用价值；人类为了保证后人能够利用环境资源而做出的支付和后代人得到的经济效益实际是选择价值；人类并不是为了功利，单纯是因为环境资源的存在而表现出的支付意愿实际是存在价值。[①] 这些价值的存在为生态产品价值实现提供了基础。

（2）产权理论

科斯于1937年在《企业的性质》中提出了交易成本的问题，并在《社会成本问题》中提出了"科斯定理"，即交易成本为零的情况下，可以通过市场交易实现资源的最优配置。这意味着交易成本为零的情况下，产权与资源配置无关，但是，交易只要有成本，产权就会影响资源配置。外部性问题解决的根本方法在于产权的界定与实施。外部性问题可以认为是以外部形式表现的新的产权的设置或界定问题。科斯认为只要外部性设置产权，就可以实现外部性内部化。产权理论主要是描述如何通过界定和安排产权结构，减

---

① J. V. Krutilla, "Conservation Reconsidered," *The American Economic Review* 4 (1967): 777 - 786.

少甚至是消除市场运行的交易成本,从而实现资源的最优配置。

（3）外部性理论

外部性的存在将不可避免地导致资源配置效率低下。从经济学的角度看,外部性其实是一种经济力量通过非市场的手段影响另一种经济力量。正外部性指经济活动在产生私人收益的同时,产生了额外的社会收益。负的外部性效应则是社会边际成本高于私人边际成本的情况。

（4）市场失灵理论

外部性的存在和公共属性带来了市场机制的局限性。外部性的存在导致边际收益和边际成本不再相等。通过市场价值规律已经无法实现资源的最优配置,即市场失灵。市场失灵的四个主要原因是垄断、外部性、公共品及信息不对称。根据市场失灵的原因,实现资源最优配置的路径主要有四条:第一,对负外部性制造者征税,对正外部性制造者给予经济补偿;第二,将外部性内部化;第三,采取适当的政府干预;第四,明晰产权。

3. 生态产品价值实现的可行性

（1）人与自然和谐共生

党的十九大指出,发展新时代中国特色社会主义的基本方略之一是要坚持人与自然和谐共生。这是人与自然发展规律的理论创新,也是对未来发展的责任担当。[①] 人与自然本就是生命共同体,人类应该顺应自然、尊重自然、保护自然,自然也是人类赖以生存的基础和载体。随着经济的快速发展,环境问题等成为经济可持续发展的重要瓶颈。坚持人与自然和谐共生,体现了以人民为中心的发展思想。人们对绿色产品的需求越来越强烈,粗放式的经济发展模式将难以为继,绿色发展、坚持人与自然的协同发展将是高质量发展的使命和必然。

（2）生态效益与经济效益的转化与反哺

良好的生态环境和产品是经济发展的竞争优势,在保护好生态环境的前提下,可以更好地实现生态效益与经济效益的转化与反哺。第一,依托良好

---

① 熊辉、吴晓:《坚持人与自然和谐共生》,《人民日报》2018年2月9日,第7版。

的生态环境和资源优势，可以实现经济效益的转化。依托生态环境和资源优势，产出的各种特色生态产品可以通过市场交易直接转化为经济收益，进而实现生态资产的升值。第二，良好的经济效益可以助力生态产品产业链的延伸，进一步增强生态产品的持续供应能力，促进生态产品价值的实现。第三，"生态+"的产业组合，通过生态友好型产品、生态利用型产品，间接实现生态价值，达到生态资产的优化配置（见图1）。

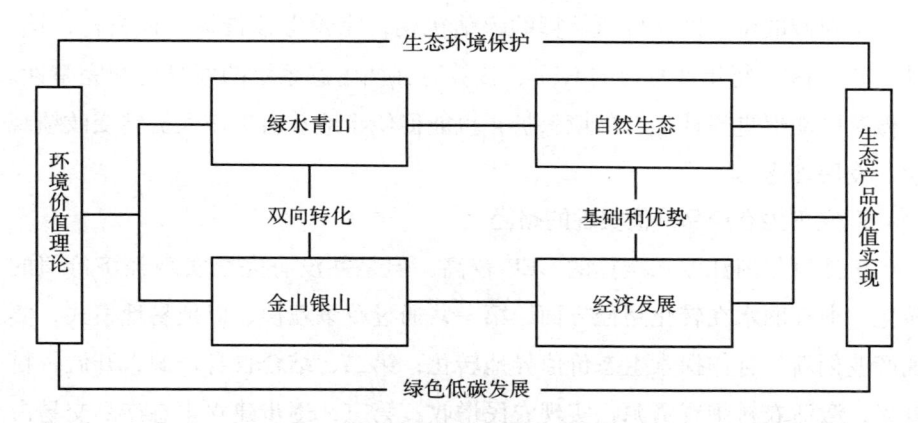

图1 生态产品价值实现的可行性

四 生态产品价值实现机制试点的成功经验

（一）浙江丽水：全国首个生态产品价值实现机制试点市

2019年，浙江丽水正式成为我国首个生态产品价值实现机制的试点城市。试点开展的几年来，浙江丽水充分发挥自身优势，初步建立了一套科学合理的生态产品价值核算评估和应用体系、生态产品价值实现制度体系，以及独具特色的生态产品价值实现路径。

1. 探索生态产品价值核算评估方法

浙江丽水探索了全新的生态产品价值核算评估方法，主要体现在两方面：第一，让生态产品价值清晰量化。充分发挥专家团队的优势，构建了区域生

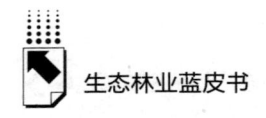

态系统生态总值（GEP）的计算方法。计算方法主要根据"绿水青山"所提供的三类产品核算 GEP，分别是物质类产品、调节服务类产品和文化服务类产品。第二，让生态产品有序定价。构成 GEP 的三类产品中，调节服务类产品占比 55.2%，文化服务类产品占比 41.4%，物质类产品占比较小。

2. 构建生态产品价值实现制度体系

构建生态产品价值实现制度体系是浙江丽水的试点任务之一。浙江丽水组建了权威的生态产品价值核算的评估机构，完善考核指标，根据村、镇、县（市、区）每年计算出的 GEP，核算时强调生态系统的原真性和完整性。该做法既能促进当地生态环境保护，也能促使当地政府工作人员转变政绩观念、发展理念。

3. 完善生态产品价值实现的路径

虽然每年浙江丽水核算的 GEP 较高，但是并没有完全实现经济价值的转化。浙江丽水在转化路径方面，第一，通过政策互换、以地易地模式，实现产业创新，合作探索生态价值异地转化；第二，结合自身资源，开展古村复兴，激活农村闲置资源，实现农民增收；第三，逐步建立生态产品交易市场和金融体系。

（二）江西资溪：生态产品价值实现路径的不断探索

江西资溪县有丰富的森林资源，森林覆盖率高达 87.7%，是国家重点生态功能区和国家生态文明建设示范县，此外，资溪县还是国家生态产品价值实现机制试点的重点承接县。资溪县深入贯彻"两山"理念，坚定不移走"生态立县、旅游强县、绿色发展"的道路，架起了"绿水青山"向"金山银山"转换的桥梁。

1. 探索生态产品价值实现的机制创新

第一，资溪县对已有的生态资源进行整合并核查，在摸清所有数据的基础上，建立了产权及收益权的确权登记制度，明晰产权，为生态产品交易提供基础条件。第二，引入高端智库专家，编制资产负债表、生态资产和生态产品目录，确立 GEP 核算指标体系、规范，建立生态产品价值衡量标准。

第三，多领域协同运营，最大限度地整合资源并进行集约化和规模化管理，形成资源资产包，并通过资本和市场化运作，实现生态产品的变现。第四，生态产品的交易离不开金融的支持，通过绿色金融创新，降低融资成本和交易成本。

2. 实施森林赎买试点，探索生态产品价值实现新途径

森林赎买成为资溪县生态产品价值实现的重要途径。主要通过林木资源集中流转、森林收储机制、林权收益权"两权"抵押贷款，达到森林赎买的目的。森林赎买有利于增加林农的收入，可以加强全县森林的经营管理。森林赎买的本质是运用市场化理念，搭建运作平台，对各类资源进行开发利用，形成资源包，并通过项目最终将资源转化为资金。

五　生态产品价值实现存在的问题

（一）生态产品价值难以精准评估

生态产品价值包括生态资本价值和产品使用价值，通常以 GEP 来进行核算，但是科学测算生态产品价值的技术和核算体系尚未形成，生态服务产品的交易制度、转移支付、补偿制度、环境责任保险等实现生态产品价值的体制机制尚不完善。实践中，尚未形成体系完整的陆地水生态系统、红树林生态系统、高寒草地生态系统的服务价值的科学测算方法。

（二）生态产品交易的制度保障不充分

生态产品交易的制度保障不充分主要体现在三个方面。第一，法律制度不完善。目前现行立法缺乏关于综合性生态环境自然资源保护方面的基本原则和可操作的程序法。第二，产权制度不完善，尤其是产权归属、开发利用责任归属、监督管理责任归属，存在产权边界模糊、资源所有者缺位等问题。第三，生态补偿制度不完善。从市场供求的角度、代际补偿的角度，资源有偿使用和补偿等制度还在逐步完善，导致生态

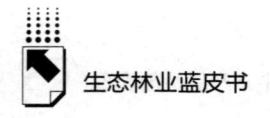

产品价格过低、生产开发的社会成本较高，带来了负的经济外部性，生态保护得不到应有的回报。

（三）政府主导的生态产品价值的实现水平较低

虽然经过测算的生态产品经济价值较高，但是真正实现转化的比例却不高。主要存在以下两点问题。第一，生态产品的价值需要根据产品质量、价格、生态保护成本等准确测算，但是目前的测算水平和技术还缺乏统一的标准。第二，生态产品的交易、抵押、质押等缺乏体制机制的保障。

六　生态产品价值实现的具体路径

（一）生态产品资产权益的实现

1. 加强产品创新和制度创新

我国自然资源禀赋和经济发展都具有很大的区域异质性，进而在生态产品价值实现路径上也具有较大的差异性。但是产品创新和制度创新是生态产品资产权益实现的基本路径。对于森林资源等自然资源丰富的东北地区，采用生态产业化经营，加强产业融合发展，优化产业链体系，以市场为主导，政府协调发展；相比而言，中部地区既没有东北地区丰富的自然资源，又没有东部地区完善的市场交易机制，完善其生态补偿机制是个较好的路径选择；东部地区经济较为发达，市场交易机制相对完善，生态权属交易是生态产品价值实现的现实路径选择；西部地区宜通过生态修复项目，逐步提升生态产品的供给能力，帮助农民增收，进而提高生态产品的转化价值。

2. 建立健全生态信用机制，推动绿色金融发展与创新

实现生态产品价值转化，必须将生态产品和资本市场连接，充分挖掘生态产品的金融功能和属性。随着政策体系的不断完善，生态产品将逐渐成为绿色金融创新的优质标的，金融机构也会引导绿色资产配置不断完善，持续推动绿色金融产品创新，并不断调和金融逐利性与生态产品公益性之间的矛

盾。在金融扶持方面，要完善生态征信、生态银行、生态融资、绿色债券、生态标识等建设；在融资渠道方面，可以通过贷款、生态债券等方式提供直接或间接融资，以提供生态融资支持，解决融资渠道和期限错配的问题。

（二）精准对接生态产品交易供需双方

1. 完善生态产品产权制度

合理的生态产品产权制度能明确生态产品的各种权利归属，是生态产品交易能够顺利实现的必备基础。目前，我国生态产品产权以"公"为主，私人产权还处在萌芽起步阶段。产权的可分离性决定了生态产品产权制度可以通过"非开发性所有权"和"开发性所有权"来实现权利机构的兼容，使生态产品不同形态的价值在不同的市场充分实现。产权明晰，是生态产品得以交易的前提保障，同时是生态产品外部性内部化的优化路径。

2. 完善生态产品价格形成机制

生态产品市场化改革的核心是完善生态产品价格形成机制。价格形成机制主要分为物质类产品、调节服务类产品和文化服务类产品的价格形成机制。物质类产品主要是通过技术升级创新，提高供给产品的质量，提高价格和供给品的数量，来弥补生产过程中产生的成本，通过市场完成供需双方的价格对接。完善调节服务类产品价格形成机制的关键在于构建GEP价格测算体系。文化服务类产品价格形成机制以利益为导向，具体可以理解为以保障机制为基础，以长效激励为动力，以公私合作为手段，以市场运行为主体。同时，还要构建生态信用体系，为文化服务类产品价格形成机制提供保障。

3. 完善生态产品交易机制

完善生态产品交易机制有四个主要着力点。第一，不断提高生态产品的供给能力，包括空间规划能力、生态产品的数量和质量；第二，注重培育生态产品的消费群和消费基础，提升消费能力；第三，建立完善生态产品的交易体系，明晰产权，并对生态产品进行分类，明确可直接交易和不可直接交易的产品；第四，完善利益分配体系，激发参与主体的动力。

（三）生态产品价值实现的差异化转化路径

1. 纯公共物品类型的生态产品价值实现以政府主导为主

政府主导主要是通过政府的行政调控手段实现资金转移和资源的优势互补。生态产品的保护不能只依靠市场的资源配置功能，而应该发挥政府的调节作用。尤其是对一些生态较为脆弱但独具生态价值的地区，进行生态资源保护是首要任务，而不是通过市场机制将其生态价值转化为经济价值。[①] 通过政府调节，生态产品的价值主要通过两条路径实现，一是自上而下的转移支付，二是跨区域的生态补偿。这两种做法其实是收入再分配的模式，是对生态保护或开发带来的经济损失做出的经济补偿，将生态保护的外部价值转化为货币价值。

2. 私人物品类型的生态产品价值实现以市场的资源配置为主

私人物品类型的生态产品价值，主要是通过市场在资源配置中的决定性作用实现。市场主导主要是实现生态产品货币化，适用于产权明晰、可直接交易的生态产品。市场化路径下，只有自然资本、人造资本和人力资本共同发力才能真正改善消费者的福利。毕竟纯天然和原生态的资源带来的福利改善是有限的，而人造资本往往可以以基础设施建设投入的方式与自然资本结合，人力资本则以营销、规划等方式与自然资本结合。生态产品价值的实现，既要依靠原有的资源，也要通过后天的努力改善基础设施，提高服务质量，以质取胜。生态产品价值转化存在较大的地区差异性，主要原因是人造资本和人力资本的地区差异较大。

3. 准公共物品类型的生态产品价值实现以差异化发展为主

准公共物品介于纯公共物品和私人物品之间。实现准公共物品类型的生态产品的价值转化，以差异化发展为主。一方面，采取政府主导和公众共同参与的模式，设立基金，制定奖惩制度等，鼓励社会资本广泛参与；另一方

[①] 《充分发挥市场机制和政府调节两种作用，推动生态产品价值实现》，光明网，2020年12月9日，https：//m.gmw.cn/toutiao/2020-12/09/content_ 34445404.htm。

面，采取政府授权和市场经营的模式，根据不同地区经济发展和资源禀赋差异，在保护生态资源的前提下，由政府授权，市场通过直接经营或者授权经营的方式，开发生态产品，提供生态产品和服务，以经营性收入实现生态价值向经济价值的转化。

（四）正确看待生态系统保护和生态产品价值实现之间的关系

生态系统保护和生态产品价值实现，二者具有辩证统一性。表面上是生态产品的变现，实际上是"绿水青山就是金山银山"，是在可持续发展的前提下，开发利用生态产品。提高认知，转变固有的观念，正确看待生态系统保护和生态产品价值实现之间的关系，是实现经济社会可持续发展的内在要求和动力，也是实现经济发展和生态保护协同共生的新路径。

充分发挥市场在生态产品资源配置中的决定性作用，坚持顶层设计、制度建立、试点推开的原则，加强生态产品价值核算、产品创新、制度创新、运作模式、金融支持、平台搭建和保障措施之间的联系，提高生态产品流转的可行性和顺畅性，持续提高优质生态产品的供给能力，逐步实现生态产品的价值转化。

参考文献

[1] 马晓妍、何仁伟、洪军：《生态产品价值实现路径探析——基于马克思主义价值论的新时代拓展》，《学习与实践》2020年第3期。

[2] 李忠：《践行"两山"理论建设美丽健康中国：生态产品价值实现问题研究》，中国市场出版社，2021。

[3] 张林波、李岱青、李芬：《创新机制开展生态资产核算》，《中国环境报》2017年6月27日。

[4] 张兴、姚震：《新时代自然资源生态产品价值实现机制》，《中国国土资源经济》2020年第1期。

[5] 廖茂林、潘家华、孙博文：《生态产品的内涵辨析及价值实现路径》，《经济体制改革》2021年第1期。

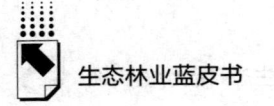

［6］李宏伟、薄凡、崔莉：《生态产品价值实现机制的理论创新与实践探索》，《治理研究》2020年第4期。

［7］刘江宜、牟德刚：《生态产品价值及实现机制研究进展》，《生态经济》2020年第10期。

［8］刘伯恩：《生态产品价值实现机制的内涵、分类与制度框架》，《环境保护》2020年第13期。

［9］丁艳：《生态产品价值实现的路径探索》，《新疆社科论坛》2022年第1期。

［10］张丽佳、周妍：《建立健全生态产品价值实现机制的路径探索》，《生态学报》2021年第19期。

［11］谭慧慧、施少华：《外部性产权界定与资源配置——对科斯定理的深入探讨》，《世界经济文汇》2001年第5期。

［12］金铂皓等：《生态产品价值实现：内涵、路径和现实困境》，《中国国土资源经济》2021年第3期。

［13］刘俊利：《生态产品价值实现助力共同富裕》，《中国社会科学报》2022年7月27日。

［14］王丽：《生态产品价值实现理论探索》，《中国国土资源经济》2022年第11期。

［15］杨世成、吴永常：《乡村生态产品价值实现：定位、困境与路径研究》，《中国国土资源经济》2022年第11期。

［16］张燕、章临婧：《生态产品权益类交易视角下抚州生态产品价值实现研究》，《中国林业经济》2022年第4期。

［17］王宾：《共同富裕视角下乡村生态产品价值实现：基本逻辑与路径选择》，《中国农村经济》2022年第6期。

［18］华启和、王代静：《生态产品价值实现的地域模式——丽水市、抚州市比较》，《南京林业大学学报》（人文社会科学版）2022年第3期。

［19］黄宇驰等：《生态产品价值实现的理论研究与实践进展》，《中国环境管理》2022年第3期。

［20］詹琉璐、杨建州：《生态产品价值及实现路径的经济学思考》，《经济问题》2022年第7期。

［21］李梓雯等：《自然资源生态产品价值实现的模式研究——以六安市林业产业发展规划为例》，《林产工业》2022年第6期。

［22］高晓龙等：《生态产品价值实现关键问题解决路径研究》，《生态学报》2022年第20期。

［23］赵云皓等：《生态产品价值实现市场化路径研究——基于国家EOD模式试点实践》，《生态经济》2022年第7期。

［24］张黎黎：《生态产品价值实现的金融介入与支持》，《中国金融》2022年第

11 期。
［25］赵晓迪、赵一如、窦亚权：《生态产品价值实现：国内实践》，《世界林业研究》2022 年第 3 期。
［26］窦亚权、李娅、赵晓迪：《生态产品价值实现：概念辨析》，《世界林业研究》2022 年第 3 期。
［27］刘浩、余琦殷：《我国森林生态产品价值实现：路径思考》，《世界林业研究》2022 年第 3 期。
［28］蒋凡、秦涛：《"生态产品"概念的界定、价值形成的机制与价值实现的逻辑研究》，《环境科学与管理》2022 年第 1 期。
［29］石敏俊：《生态产品价值的实现路径与机制设计》，《环境经济研究》2021 年第 2 期。
［30］周子波：《生态产品价格实现机制研究》，《价格月刊》2022 年第 5 期。
［31］苏伟忠等：《长江三角洲跨界流域生态产品交易机制——以天目湖流域为例》，《自然资源学报》2022 年第 6 期。

生态林草篇
Ecological Forest and Grass

B.8 系统动力学视角下的林草生态价值实现路径

冯 鑫*

摘 要： 本报告首先剖析了林草生态价值的内涵特征与结构状态，在此基础上，把林草生态价值划分为林草生态系统供应价值、支持价值、文化价值和调节价值。采用系统动力学方法构建林草生态价值实现系统动力学模型。分析促进和制约林草生态价值实现的影响因素，以及对应的作用机制。研究结果表明，林草生态价值主要通过经济、科技、人才资源在林草产业上的直接投入实现，社会公众对环境质量的关注程度同样对林草生态价值实现起到促进作用。

关键词： 林草生态系统　生态价值实现　系统动力学

---

* 冯鑫，管理科学与工程博士，南京林业大学经济管理学院教授、博士研究生导师，主要研究方向为生态系统工程、绿色供应链。

一 引言

由森林和草原组成的林草生态系统是陆地生态系统中功能最完善、结构最复杂的自然生态系统，不仅能够为人类社会提供大量的木材、食品、纤维、燃料等林牧副业产品，还是世界上公认的基于自然的最为有效和经济的生物固碳方式。① 林草生态系统对保护生态环境、促进可持续发展、建设生态文明具有重要意义。国家林业和草原局公布的《2021中国林草资源及生态状况》显示，我国森林、草原、湿地生态空间生态产品总价值量为每年28.58万亿元，全国林草生态系统呈现健康状况向好、质量逐步提升、功能稳步增强的发展态势。

然而，我国林草生态系统仍面临后备资源不足、生态系统稳定性差、产业发展缓慢等问题。② 林草生态价值实现路径中的阻碍仍有待进一步清除。党的二十大报告指出，我国生态环境保护任务依然艰巨，建立生态产品价值实现机制是推动绿色发展、促进人与自然和谐共生的重要内容。2021年4月，中共中央办公厅、国务院办公厅印发《关于建立健全生态产品价值实现机制的意见》，明确提出：到2025年，生态产品价值实现的制度框架初步形成，生态优势转化为经济优势的能力明显增强；到2035年，完善的生态产品价值实现机制全面建立，具有中国特色的生态文明建设新模式全面形成。这对我国林草生态价值实现提出了更为紧迫的要求。

理论界和业界针对林草生态价值实现路径与机制展开了广泛深入的研究和探讨。林草生态价值实现的关键在于引入多元化可持续的生态价值实现市场机制。众多学者从生态价值评估、生态补偿机制、生态价值认知、生态价

---

① 刘世荣：《提升林草碳汇潜力，助力碳达峰碳中和目标实现》，《经济管理文摘》2021年第22期。
② 王枫、陈幸良：《黄河"几"字湾（榆林）林草生态保护修复主要问题及对策》，《林草政策研究》2021年第1期。

值实现效率等角度进行相关理论的探讨。在实践层面，相关学者分别针对福建森林生态银行、甘肃甘南草原、内蒙古草原等地的林草生态产品和生态价值实现机制展开案例研究。基于当前研究现状，进一步打通林草生态价值转化通道，建立自我适应自我完善的林草生态价值实现动力机制，是未来发展林草产业重要的研究方向。

然而，目前的研究虽然能够为林草生态价值实现机制提供理论基础和相关成功经验借鉴，但研究成果主要侧重于理论和政策引导，未能充分说明林草生态价值实现机制与路径随时间演化的逻辑与动力机制，生态价值实现具体路径中不同因素之间的影响作用机制仍有待进一步深入挖掘，林草生态价值实现路径中各因素的互动过程仍有待进一步梳理。因此，关于林草生态价值实现路径的系统动力机制，仍需进一步挖掘和梳理。本报告将采用系统动力学方法，通过剖析林草生态价值的内涵特征和内部结构，挖掘林草生态价值实现的影响因素和对应的作用机制，从而揭示林草生态价值实现路径的动力机制。

二 林草生态价值的内涵特征与结构分析

关于林草生态价值定义的探索早在20世纪70年代就开始了。1970年，《人类对全球环境的影响》一书中首次提及生态服务一词，并列举了生态系统可能对人类产生的有益的生态服务内容。此后，相关学者对生态系统服务展开了系统性的阐释。Daily指出，生态价值是生态系统和生态过程所形成以及所维持的人类赖以生存的自然环境条件和效用。[1] 因此，林草生态价值可以理解为林草生态系统与生态过程中所形成以及所维持的人类赖以生存的自然环境条件和效用。林草生态价值主要包含供应价值、支持价值、文化价

---

[1] Gretchen C. Daily eds., *Nature's Service: Societal Dependence on Natural Ecosystems* (Washington D. C.: Island Press, 1997).

值和调节价值四个方面的内容。①

林草生态供应价值是指林草资源提供的食物、纤维、毛皮、燃料、水源等物质资源，能够为人类生产活动提供巨大的经济效益；林草生态支持价值是指林草生态系统在土壤养成、氧气生产等方面的价值；林草生态文化价值是指林草资源提供的娱乐与生态旅游、美学价值、教育功能、精神与宗教价值等；林草生态调节价值是指林草生态系统实现的调节气候、调节空气质量、控制疾病、净化水资源、控制侵蚀等功能。

林草生态价值具有明显的公共物品属性和正外部属性。其中林草生态价值的公共物品属性是指林草生态系统是全社会共同拥有的可以无限消费的产品。进一步而言，林草生态价值的公共物品属性又可细分为纯公共物品属性和准公共物品属性，其中准公共物品属性是指在一定程度上不满足公共物品可以无限消费的属性，在消费数量达到一定阈值后则产生竞用性。林草生态支持价值、调节价值和文化价值具有纯公共物品属性，而供应价值则具有准公共物品属性。林草生态价值的正外部属性则体现在，林草产业经济主体在生产或消费过程中能够对其他主体产生非市场机制运作的附加影响。具体而言，林草生态系统能够为社会产生正向收益，社会大众作为受益者，可以无偿享用包括调节价值、文化价值、支持价值在内的林草生态价值，且不用为此付出相应的报酬。

林草生态系统中包含相互作用和依赖的行为主体集合，其中林、草地面积，森林蓄积量，草地植被覆盖度为整个林草生态系统提供产业基础，是林草生态价值实现的前提保障；林草从业人员是林草生态系统的核心主体，对林草生态价值实现起到直接作用。外部宏观经济环境围绕在林草生态系统核心种群外，为林草生态价值的实现过程提供必要的资金、政策等；社会关注是林草生态系统的另一个重要影响因素，是林草生态价值得以实现的催化剂。林草生态系统主体构成如图1所示。

---

① 卢廷艳、罗华伟：《森林资源资产价值生态化实现的典型路径研究》，《甘肃科技》2022年第1期。

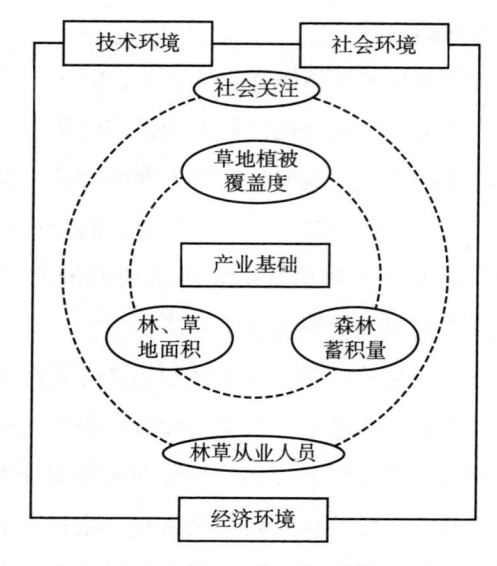

图1 林草生态系统主体构成

三 林草生态价值实现系统动力学模型构建

(一)系统动力学适用性分析

系统动力学(System Dynamics,SD)是1958年由Jay W. Forrestrer提出的用于解剖复杂系统的科学方法。系统动力学方法的核心在于通过厘清复杂系统各影响因素之间的信息传递过程和反馈机制,运用微分方程揭示复杂系统运行的动力机制。林草生态价值实现过程涉及多元主体、变量间的非线性多层反馈,并随着时间动态演化,属于系统动力学的研究范畴。运用系统动力学方法,通过把和林草生态价值相关联的人口、经济、社会、环境、产业发展等因素统一纳入系统,构建对应的系统动力学模型,从而清晰地揭示林草生态系统各要素间的信息传递机制,找出影响林草生态价值实现的促进和制约因素,预测不同发展模式与发展策略可能产生的结果,为完善林草生态价值实现路径和管理决策提供参考。因此,本报告采用系统动力学方法剖析林草生态价值实现路径具有一定的科学性和适用性。

（二）系统边界与假设条件

系统动力学建模的基础是确定系统边界。根据前文所述，林草生态价值实现系统包含林草生态供应价值实现、支持价值实现、文化价值实现、调节价值实现子系统，系统边界包括四个子系统内部主要影响要素的集合。在建立林草生态价值实现系统动力学模型时，重点分析系统内部的状态变化。

为了更好地分析林草生态价值实现的动力系统，本报告假设林草生态价值实现是一个连续、稳定的演进过程。同时，在建立林草生态价值实现系统动力学模型时，不考虑不可抗力造成的系统扰动。

（三）系统动力学因果关系模型构建

基于前文对林草生态价值的内涵特征、结构与影响因素分析，把林草生态价值实现系统分为供应价值实现、支持价值实现、文化价值实现和调节价值实现四个子系统，分别构建对应的因果关系图。

1. 林草生态供应价值实现子系统

在林草生态供应价值实现子系统中，供应价值主要通过森林蓄积量和牲畜存栏量实现，各影响要素之间的因果关系如图2所示。

根据图2，林草生态供应价值实现子系统包含如下主要因果反馈回路：

（1）林草生态供应价值→GDP→科技→投入产出比→造林率→造林面积→森林蓄积量→林草生态供应价值（正反馈）；

（2）林草生态供应价值→GDP→科技→投入产出比→采伐强度→采伐面积→森林蓄积量→林草生态供应价值（负反馈）；

（3）林草生态供应价值→GDP→科技→投入产出比→林、草地面积→牲畜存栏量→林草生态供应价值（正反馈）；

（4）林草生态供应价值→GDP→人口→林草从业人员→林、草地面

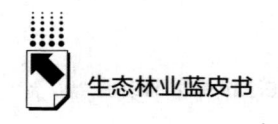

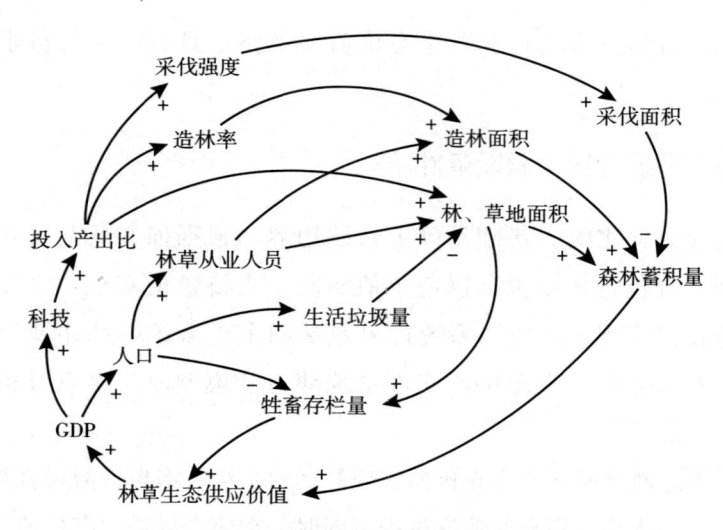

图2 林草生态供应价值实现子系统因果关系

积→森林蓄积量、牲畜存栏量→林草生态供应价值（正反馈）；

（5）林草生态供应价值→GDP→人口→生活垃圾量→林、草地面积→森林蓄积量、牲畜存栏量→林草生态供应价值（负反馈）；

（6）林草生态供应价值→GDP→人口→牲畜存栏量→林草生态供应价值（负反馈）。

这一因果关系过程揭示，一方面，GDP的增加能够增加科技投入和林草从业人口，提升林草产业投入产出比，从而带动林草生态供应价值的提升，并进一步提升GDP水平，从而实现林草生态供应价值正向提升动力机制；另一方面，GDP的增加可能会导致采伐强度的提升。同时，GDP增长带来的非林草从业人口的增加也会导致生活垃圾量的增加和牲畜存栏量的减少。这些都会对林草生态供应价值产生负面影响，从而抵消了一部分GDP对林草生态供应价值的正向影响。因此，在经济发展的过程中，应该注重控制经济活动对森林的采伐和草地的破坏。这种控制不是严格地消除，而是把经济活动对林草生态供应价值的抑制控制在合理的水平。有效的控制应该保障造林面积不小于采伐面积，同时尽可能提高林草从业人口占总人口的比重。

2. 林草生态支持价值实现子系统

在林草生态支持价值实现子系统中，支持价值主要通过生物多样性维护、保育土壤量和水源涵养量实现，且受到经济、科技、人口等外部因素的影响。其中各影响要素之间的因果关系如图3所示。

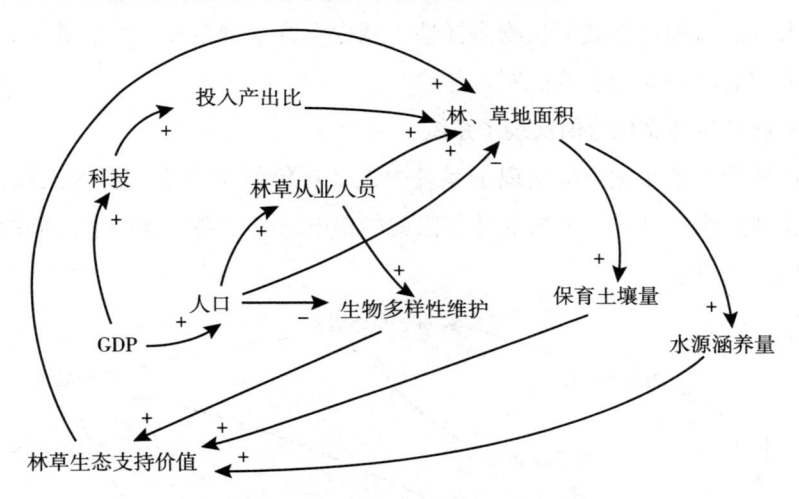

图3 林草生态支持价值实现子系统因果关系

根据图3，林草生态支持价值实现子系统包含如下主要因果反馈回路：

（1）GDP→科技→投入产出比→林、草地面积→保育土壤量、水源涵养量→林草生态支持价值→林、草地面积（正反馈）；

（2）GDP→人口→林草从业人员→林、草地面积→保育土壤量、水源涵养量→林草生态支持价值→林、草地面积（正反馈）；

（3）GDP→人口→林草从业人员→生物多样性维护→林草生态支持价值→林、草地面积→保育土壤量、水源涵养量→林草生态支持价值（正反馈）；

（4）GDP→人口→林、草地面积→保育土壤量、水源涵养量→林草生态支持价值→林、草地面积（负反馈）；

（5）GDP→人口→生物多样性维护→林草生态支持价值→林、草地面积→保育土壤量、水源涵养量→林草生态支持价值（负反馈）。

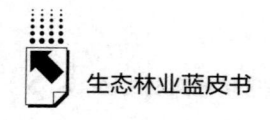

这一因果关系过程揭示，一方面，GDP 增加带来的投入产出比的提升和林草从业人员的增加，能够通过增加林、草地面积，进而带动生物多样性维护、保育土壤量和水源涵养量的提升，从而提升林草生态支持价值，实现林草生态支持价值正向提升动力机制；另一方面，GDP 增加带动的非林草从业人口的增加也会破坏生物多样性、减少保育土壤量和水源涵养量，从而形成一定的负向动力影响机制。

3. 林草生态文化价值实现子系统

在林草生态文化价值实现子系统中，文化价值主要通过游客人数实现，同时受到经济、科技、人口等外部因素的影响。其中各影响要素之间的因果关系如图 4 所示。

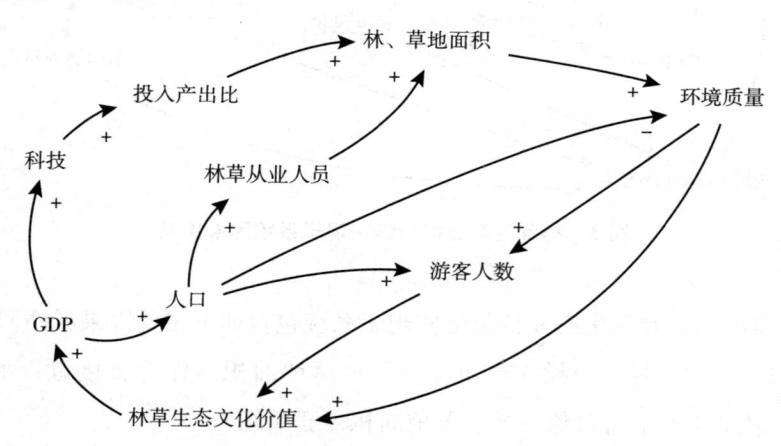

图 4 林草生态文化价值实现子系统因果关系

根据图 4，林草生态文化价值实现子系统包含如下主要因果反馈回路：

（1）林草生态文化价值→GDP→科技→投入产出比→林、草地面积→环境质量→游客人数→林草生态文化价值（正反馈）；

（2）林草生态文化价值→GDP→人口→林草从业人员→林、草地面积→环境质量→游客人数→林草生态文化价值（正反馈）；

（3）林草生态文化价值→GDP→人口→环境质量→游客人数→林草生态文化价值（负反馈）。

这一因果关系过程揭示，GDP 的增长一方面破坏了环境，但是另一方面可以通过提升科技和林草从业人口带动投入产出比的方式提升环境质量。同时，人口的增加也能够带来游客人数的增加。因此，GDP 的增长能够从供给和需求两条路径上推动林草生态文化价值的提升。然而，仍需注意的是，GDP 增长仍然会导致环境质量下降，从而对林草生态文化价值形成负向动力机制。

4. 林草生态调节价值实现子系统

在林草生态调节价值实现子系统中，调节价值主要通过固碳量、释氧量、滞尘量和吸收 SO_2 量实现，且受到经济、科技、社会等外部因素的影响。其中各影响要素之间的因果关系如图 5 所示。

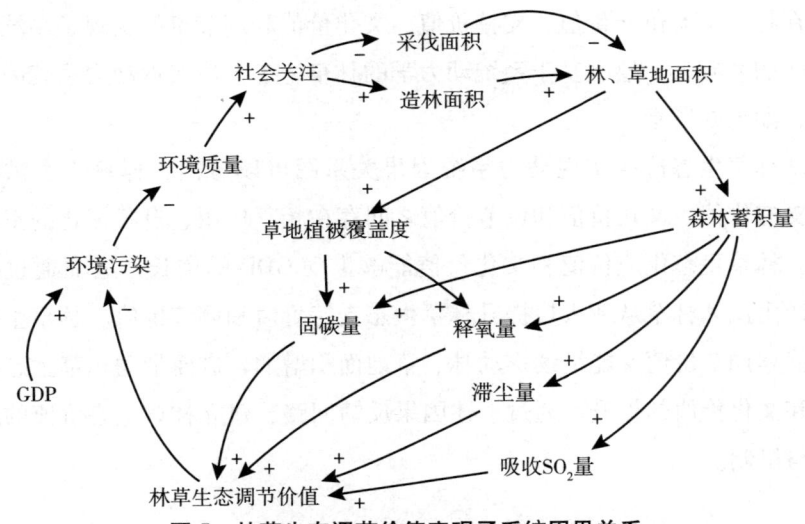

图 5　林草生态调节价值实现子系统因果关系

根据图 5，林草生态调节价值实现子系统包含如下主要因果反馈回路：

（1）林草生态调节价值→环境污染→环境质量→社会关注→草地植被覆盖度→固碳量、释氧量→林草生态调节价值（正反馈）；

（2）林草生态调节价值→环境污染→环境质量→社会关注→森林蓄积量→固碳量、释氧量、滞尘量、吸收 SO_2 量→林草生态调节价值（正反馈）；

（3）GDP→环境污染→环境质量→社会关注→草地植被覆盖度→固碳

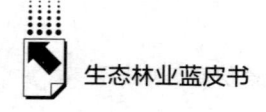

量、释氧量→林草生态调节价值（正反馈）。

这一因果关系过程揭示，社会关注是林草生态调节价值实现子系统动力机制的关键要素，在林草生态调节价值实现过程中发挥着重要的作用。尽管GDP的增长会产生环境污染，从而造成环境质量的下降，但是当环境质量下降程度明显时，社会关注会推动政府落实林草保护政策，以提高森林蓄积量和草地植被覆盖度，从而带动固碳量、释氧量、滞尘量和吸收SO_2量的提升，形成林草生态调节价值的自我提升动力机制。这种动力机制的自适应程度取决于社会对环境质量的关注程度。可以预见，随着气候变化对人类社会的影响日益加重，社会对环境质量的关注程度也会日益增加。

5. 林草生态价值总系统

在林草生态供给价值、支持价值、文化价值和调节价值实现子系统因果关系图的基础上，绘制基于系统动力学的林草生态价值实现动力系统因果关系图，如图6所示。

从林草生态价值实现动力系统因果关系图可以看出，林草生态供应价值、支持价值、文化价值和调节价值之间存在相互作用、自我强化的正反馈机制。林草生态供应价值和文化价值能够推动GDP的增长，进而通过提升投入产出比和林草从业人口提升林草生态支持价值和调节价值。林草生态支持价值和调节价值又能继续推动林、草地面积增加，进而带动林草生态供应价值和文化价值的提升。通过上述因果反馈回路，建立林草生态价值的实现路径与机制。

四 结论与展望

本报告在剖析林草生态价值的内涵特征与结构的基础上，运用系统动力学中的因果关系图对林草生态价值实现路径展开了定性研究，构建了林草生态价值实现系统动力学模型，并对模型中存在的主要因果反馈回路进行分析。由本报告所构建的林草生态价值实现系统动力学模型可知，影响林草生态价值实现的因素主要包括GDP、人口、林草从业人员、投入产出比、环

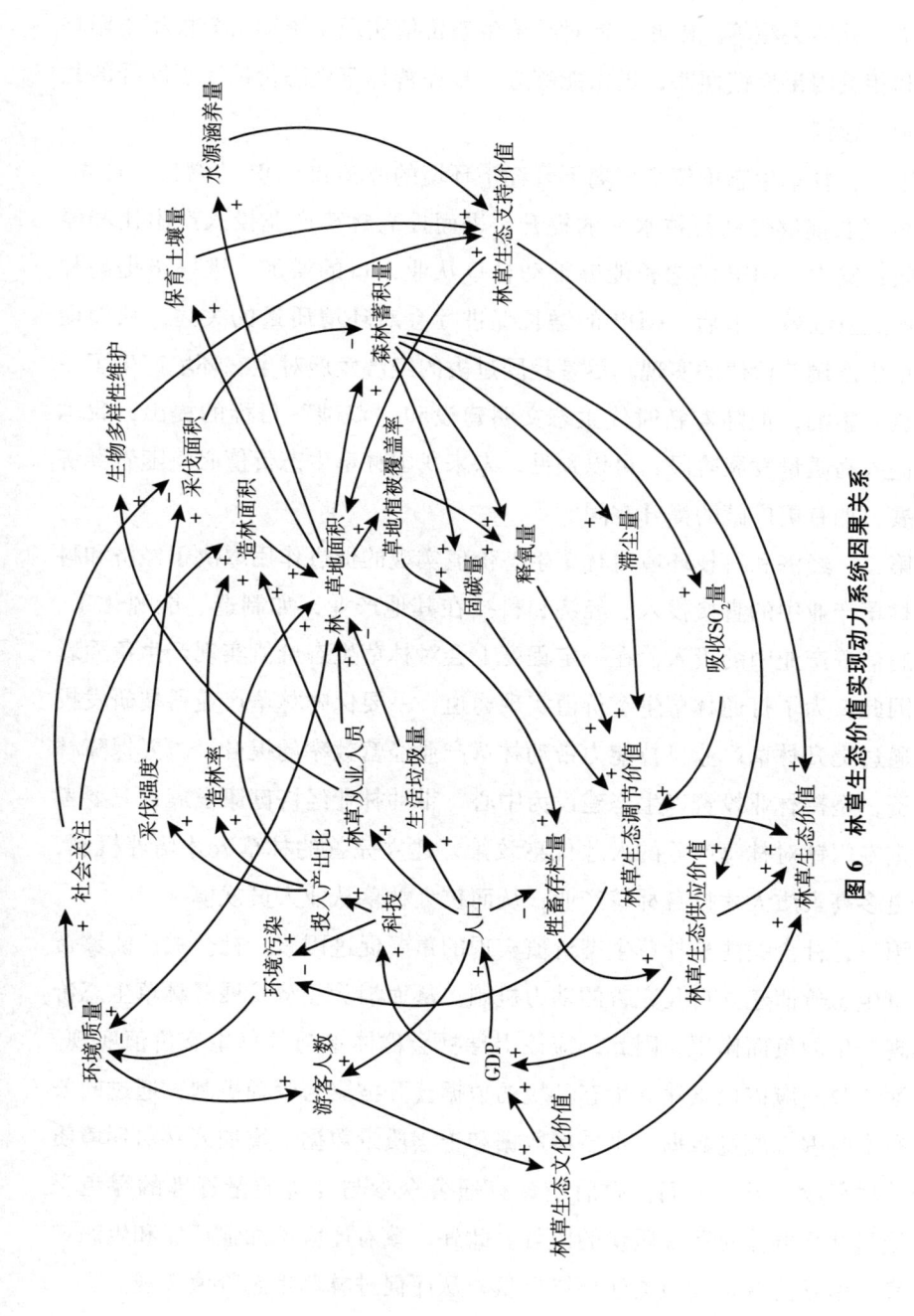

系统动力学视角下的林草生态价值实现路径

图 6 林草生态价值实现动力系统因果关系

161

境质量、社会关注等。因此,针对林草生态价值实现系统动力学模型中影响因素和相关因果反馈回路,提出能够进一步完善林草生态价值实现路径的几点启示与建议。

第一,林草生态价值实现离不开经济环境的改善和 GDP 的增长。首先,GDP 的增长能够带动科技水平的提升,进而提高林草产业投入产出比和经营绩效;其次,GDP 的增长能够带动林草从业人口的增加,进一步提高林草产业经营绩效;最后,GDP 的增长促进社会对环境质量的关注,从而促进林草生态调节价值的实现。尽管我国过去的经济发展对生态环境产生了一定的负面影响,但随着新时代生态文明建设和"双碳"目标的提出,我国经济进入高质量发展阶段,可以预见,未来我国林草生态价值必将随着经济的发展,拥有更广阔的提升空间。

第二,经济和科技环境对林草生态价值实现的促进作用取决于经济和科技在林草产业中的直接投入。经济和科技在其他产业,如制造、能源化工、电子通信等产业中的投入,在一定程度上会对林草生态价值实现产生负面影响。因此,为了打通林草生态价值实现通道,一要保障林草产业科技研发投入,通过提升林草产业科技能力带动林草产业经营效率的提升;二要保障林业投资,坚持林业投资以生态建设为中心,带动林业经济健康发展;三要考虑制定专门针对林草产业的人才优惠政策,建立完善的林草人才培养机制,吸引更多高素质人才投身林草产业,从而扩大林草从业人员规模。

第三,社会关注是林草生态价值实现的重要促进因素。社会关注能够帮助林草生态价值建立自我完善的动力机制,从而消除经济发展对林草生态价值实现产生的负面作用。因此,应该引导社会群体参与林草生态价值实现。一方面,政府应该探索建立生态环境的数据公开披露与管理机制,通过向公众发布实时空气质量数据、水质量数据和土壤质量数据,增加公众对环境质量的关注程度。另一方面,政府应该打通公众参与环境质量管理的绿色渠道,接受社会群体对环境质量的监督。此外,政府还应该加强环保和生态宣传教育,引导公众自发地关注环境质量,从而促进林草生态价值实现。

尽管本报告在林草生态价值实现系统动力学模型的构建过程中尽可能地

拟合林草生态系统实际情况，但是，林草生态系统内外部影响要素众多，存在非线性的复杂作用机制。为了更好地体现林草生态价值实现的动力机制和逻辑，本报告对部分影响要素进行了简化，后续研究可以考虑结合更多的数据与情形，对林草生态系统内外部要素的复杂关系展开进一步的梳理与研究。此外，本报告提出了林草生态价值实现系统动力学模型，未来还有必要开展进一步的实证研究，通过数据验证该模型的有效性，检验模型中各个因果反馈回路的正确性，通过仿真模拟，得到定量分析结果。

参考文献

[1] 于丽瑶、石田、郭静静：《森林生态产品价值实现机制构建》，《林业资源管理》2019年第6期。

[2] 池永宽等：《我国天然草地生态系统服务价值评估》，《生态经济》2015年第10期。

[3] 国常宁、杨建州：《基于双边界二分式CVM法的森林生物多样性生态价值评估》，《统计与决策》2019年第24期。

[4] 潘鹤思、李英、陈振环：《森林生态系统服务价值评估方法研究综述及展望》，《干旱区资源与环境》2018年第6期。

[5] 赵正、韩锋、侯一蕾：《基于Meta回归方法的中国城市森林生态系统服务功能价值再评估》，《长江流域资源与环境》2021年第1期。

[6] 曹先磊等：《碳交易视角下森林碳汇生态补偿优化管理研究进展》，《资源开发与市场》2017年第4期。

[7] 叶晗等：《我国牧区草原生态补偿机制构建研究》，《中国农业资源与区划》2020年第12期。

[8] 张瑞萍、曾雨：《国家公园生态补偿机制的实现——以利益相关者均衡为视角》，《广西社会科学》2021年第9期。

[9] 周维、但维宇：《基于价值认知的林地保护探讨》，《林业资源管理》2012年第6期。

[10] 蔡万波：《森林旅游是实现森林生态产品的最佳途径》，《河北林业科技》2018年第4期。

[11] 陈勇：《森林生态产品价值实现机制构建》，《乡村科技》2020年第23期。

[12] 孔凡斌、王宁、徐彩瑶：《"两山"理念发源地森林生态产品价值实现效率》，

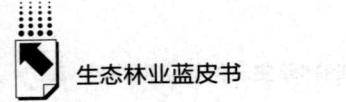

《林业科学》2022年第7期。
［13］张文明：《完善生态产品价值实现机制——基于福建森林生态银行的调研》，《宏观经济管理》2020年第3期。
［14］黄颖等：《规模经济、多重激励与生态产品价值实现——福建省南平市"森林生态银行"经验总结》，《林业经济问题》2020年第5期。
［15］周一虹、郭建超：《基于甘肃甘南草原旅游服务的生态产品价值实现研究》，《会计之友》2020年第11期。
［16］巩芳、郭宇超、李梦圆：《基于拓展能值模型的草原生态外溢价值补偿研究——以内蒙古草原生态补奖为例》，《黑龙江畜牧兽医》2020年第2期。

B.9 以科技创新促进林草生态产品价值实现与转化

董洁 刁华杰*

摘　要： 林业草原是推动经济社会发展、全面绿色转型的关键产业。近年来，林业草原以科技创新引领高质量发展，聚焦林草重点领域和前沿需求，优化产业体系布局。本报告以科技赋能林业草原为切入点，从微观、中观、宏观三个场景，阐述科技在林业草原中的应用现状。通过加强林草科技支撑体系建设、重大科技战略研究、生态系统碳汇活动等，以科技为手段打通林草产业上下游的链条，促进生态产品价值实现，推动我国生态环境治理能力的现代化，走出一条生态优先、科技先行、绿色发展的新路径。

关键词： 科技创新　林草产业　生态产品　生态环境治理

一　引言

为全面贯彻习近平生态文明思想，努力践行"绿水青山就是金山银山"的理念，我国陆续出台了《关于加快推进农业科技创新持续增强农产品供给保障能力的若干意见》《关于建立健全生态产品价值实现机制的意见》等相关指导文件。同时，林业草原的科技创新也被提到了更加重要的

---

* 董洁，农学博士，北京市科学技术情报研究所副研究员，主要研究方向为科技政策、新兴产业竞争情报研究；刁华杰，草业科学博士，山西农业大学草业学院讲师，主要研究方向为生态系统养分循环与碳汇。

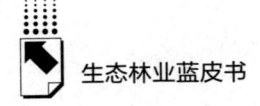

位置，对林业草原科技应用和科技成果的转化提出了更大的挑战。众所周知，科技创新是科技成果转化的重要环节之一，也是促进科技和经济相结合的重要纽带。建立健全完善的生态产品价值实现机制是推动我国生态环境领域治理体系和治理能力现代化的必然要求，其对推动我国经济社会发展、全面实现绿色生态转型具有十分重要的意义。2021年8月，《"十四五"林业草原保护发展规划纲要》明确指出我国要加强林草支撑体系的建设，夯实林业草原发展的基础。建立生态产品价值实现机制，推进林草碳汇活动，提高森林生态系统碳汇增量，加强生物质能源的开发利用，减少碳排放；建立生态产品价值核算与应用机制，明确生态产品目录清单，探索绿化增量责任指标交易，合法合规开展森林覆盖率等生态资源权益指标交易。同时，强化林业草原科技创新体系，优化科技资源配置，加强林木遗传育种国家重点实验室建设，优化中长期科研基地、工程技术研究中心、科技园区等科技创新平台。加强林草重大战略研究，推动生物育种、林草培育、湿地修复、防沙治沙等前沿引领技术基础研究，推动科技成果推广应用以及成果转移转化工作。加快林草大数据管理应用基础平台建设，以及林草资源"图、库、数"建设，扎实走出一条生态优先、科技先行、绿色发展的创新之路。

二 以科技创新促进林草生态价值实现的总体现状

林业草原是国民经济的基础产业，具有产业链条全、产业门类多、带动作用大等特点，做好做优林草传统产业，做大做强林草新兴产业，有助于实现国民经济的良性循环，构建林草科技创新发展新格局。

当前，林草经济朝着集约化和规模化的方向发展，以产业园区和有限公司为主的经营单位逐年增加，社会服务对象也由农民个体向现代企业群体转化。随着科技的发展进步以及现代林草经济的发展，林草科技逐渐迈入高产、高效、低耗的高新技术发展阶段，包括先进的栽培技术、育种技术等。社会服务方面，传统的依靠现场推广的服务模式已经完全不能满足当前社会发展的需求，网络科技服务、人工智能计算、航天数据监测、科技培育品种等多元化科技融合创新模式的发展，逐步推动林草现代化科技的发展。

目前，我国林草产业依旧保持稳步增长，伴随着产业结构的完善优化，产业规模不断扩大。2020年，我国林木良种使用率达到了75%，林业机械化率达到55%，林业信息化率达到80%，林业科技进步贡献率达到55%，其科技创新发展取得了阶段性进步。2021年我国林草产业总产值突破8万亿元，相关产品进出口贸易额达1600亿美元。为了构建创新发展格局，下一步需要充分发挥林草产业链条全、门类多、带动作用大等特点，从完善供给侧改革入手，以市场配置资源为基础，加强政府引导扶持工作，真正实现做好做优林草传统产业，做大做强林草新兴产业。

三 科技在多元场景下推动林草价值实现

（一）微观场景

1. 生物科技创新对林草种质资源的保护

（1）基因组图谱的完善加速了种质资源遗传进化的研究

决定生物性状的基因成千上万，基因组图谱分析技术能够清晰展示各物种全基因组结构，为进一步深入探索和揭示林草种质资源的适应性进化机制与遗传结构提供了可能。Du等以杨树为材料，精细定位了参与木材形成的关键基因，构建了包含19个连锁群、1274个标记的高析度遗传图谱。在逆境胁迫下，物种的适应性与其遗传多样性的高低密切相关。[①] Niu等发现植物物种能够通过转座子的大量扩增，快速产生遗传变异，进而调控开花时间

---

① Q. Z. Du, C. R. Gong, Q. S. Wang, "Genetic Architecture of Growth Traits in Populus Revealed by Integrated Quantitative Trait Locus (QTL) Analysis and Association Studies," *New Phytologist* 3 (2015).

等植物适应性状，调控其适应能力。① 有研究提出基因存在变异的特定区域，并且该基因容易发生突变进而调控适应性状。2022年第二十四届中国科学技术年会"森林生态价值实现与绿色发展高层论坛"指出"十三五"期间我国在林木全基因组与功能基因研究中取得了突破性进展，绘制出了榕树、油松等10余种林木基因组图谱，有利于进一步分析其适应性进化与遗传结构。因此，加强科技创新，发展现代生物技术，深入探究林草适应性机制，能促进林草产品价值实现与转化。

（2）建立具有重要育种价值的功能基因数据库

种质资源是我国的重要战略资源之一，积极开展林草种质资源基因组研究，充分挖掘利用有利的等位基因，建立健全具有重要育种价值的功能基因数据库对后期指导相关分子育种、新品种的选育、生物多样性保护，以及实现经济社会可持续发展具有十分重要的意义。同时，建立具有重要育种价值的功能基因数据库也是林草生态产品价值实现的重要基础。近年来，全国各级林草主管部门逐步加强和规范林草种质资源库的建立和管理，在发挥我国种质资源优势的基础上，积极开发利用具有重要育种价值的功能基因数据库。林草植物对生物和非生物胁迫适应性较强，依托生物技术创新，充分挖掘林草抗逆基因，分析抗逆机制，可为下一步优良植物品种的选育提供重要的数据支撑。当前，随着转录组测序技术的开发应用，许多植物的抗逆基因及调控机制研究已取得了重大突破。利用分子生物学方法挖掘抗逆基因并导入其他植物也获得了较好的改良效果。乌日娜以直立型扁蓿豆为研究对象初步探索了低水势环境下扁蓿豆的响应机理及适应机制，挖掘出扁蓿豆抗旱基因，并通过遗传转化验证其抗旱功能，为其分子育种及创新利用奠定了基础。② 叶蕴灵等分析并筛选了多个在非生物因子胁迫下响应的关键银杏

---

① X. M. Niu, Y. C. Xu, Z. W. Li, "Transposable Elements Drive Rapid Phenotypic Variation in Capsella Rubella," *Proceedings of the National Academy of Sciences of the United States of America* 14（2019）.

② 乌日娜：《干旱胁迫及复水条件下扁蓿豆抗逆基因筛选及功能验证》，硕士学位论文，内蒙古农业大学，2021。

WRKY基因。[1] 刘新亮等采用荧光定量RT-PCR技术,分析了高盐和不同外源激素处理下 GbSAD 基因的表达模式。[2] 目前,研究已经阐明了植物性状产生机理,挖掘了大量具有重要育种价值的功能基因。基于科技创新,建立具有重要育种价值的功能基因数据库,对于科学认识林木与环境的关系、建立精准高效分子育种技术体系具有重要意义。

2. 科技推动特殊林草品种的高效培育

(1) 速生用材及珍贵用材树种的高效培育

近年来,木材用量急剧增加,对林木品质的要求提高,迫切需要加速速生用材和珍贵用材树种的培育及高效栽培技术的研究。特别是国家速生丰产林基地工程等项目在我国南方地区发展十分迅速,但是良种使用率低、产能不高、栽培技术落后等弊端也随之显现。中国林业科学研究院热带林业研究所主持研究的"南方主要速生阔叶树种新品种选育及培育技术"项目,成功培育了7个桉树优良树种、4个相思优良树种,并发现了桦木1个新品系,通过积极推广应用,极大地提高了林木产能。此外,我国的珍贵用材树种需求量也较大,但资源匮乏,当前主要依赖进口。因此,推进珍贵用材树种的高效培育,是实现我国珍贵用材资源自给自足、实现我国森林"双增"发展目标的重大举措。铁学江等总结了速生珍贵用材树种西南桦的天然分布、适应性气候条件、人工栽培技术和造林技术,指出其具有较高的投资经济效益。[3] 当前,国家对珍贵用材树种的快速繁育十分重视,这也极大地推进了珍贵用材新品种的研发和培育。推进对新品种的选育及对林木高效栽培技术的研究,有利于促进人工速生林及珍贵用材树种的发展及国家生态环境建设。然而由于目前国家需求急剧增加,对进口的依赖仍然很大,因此在科技创新的背景下,仍需加快速生用材和珍贵用材树种高效培育,促进林草生

---

[1] 叶蕴灵:《银杏WRKY家族分析及响应非生物胁迫研究》,硕士学位论文,扬州大学,2020年。

[2] 刘新亮等:《银杏 GbSAD 基因对非生物胁迫的响应及原核表达》,《东北林业大学学报》2015年第12期。

[3] 铁学江:《速生珍贵用材树种西南桦的培育技术及其人工林的经济效益分析》,《四川林业科技》2014年第4期。

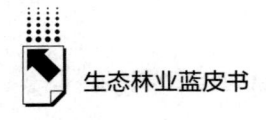

态产品价值的转化。

(2) 高产、优质林草新品种的培育

加快高产、优质林草新品种的培育,是解决目前需求与供应矛盾的有效方式之一。我国在优质林草新品种培育方面进行了一系列研究。兰州大学"高产优质饲草新品种选育及高效生产技术研究应用"建立了表型与基因型相结合的饲草种质资源综合评价技术体系,发掘了106个高产、优质性状分子,建立了种质资源圃,推进了优质种质创新与新品种培育。另外,在国家"863"计划支持下,在优质高抗专用林草新产品选育前沿技术、组培快繁技术创新等方面取得了重要进展,促进了我国林草育种技术发展。由中国林业科学研究院林业研究所主持的"主要用材树种优质高抗良种选育研究"项目在主要用材树种育种策略和无性系育种等方面取得重大进展,审认定良种44个,审定新品种12个,推动了我国主要用材树种良种选育进程。四川省农业科学院土壤肥料研究所"优质高产饲草新品种选育及绿色增效生产技术应用"鉴定了大量的饲草种质资源,培育抗逆性强的目标性状材料59份,挖掘抗逆高产基因47个,选育高产抗逆品种2个。这些新品种的选育及推广应用,为我国畜牧业发展提供了重要的基础保障。可见,科技的创新正在加速我国高产、优质林草新品种的培育。

(二)中观场景

1. 促进林草管理体系的现代化发展

(1) 实现林草资源保护智能化

保护林草种质资源即对其生物多样性和遗传多样性进行保护,对生态系统的良性循环具有重要的意义。我国林草种质资源调查和保护发展滞后,发展林草资源智能化监测与保护,有利于推动林草产业及国家经济社会高质量发展。近年来,随着各级林草部门大规模绿化行动的开展,国土绿化面积持续扩大。经过十年探索完善,林长制的推行、颁布永久性生态公益林保护条例、禁止野外用火、加强护林员队伍和防火队伍建设等资源保护体系不断健全,大幅提升了林草治理和草地资源保护的智能化水平。持续强化林草资源保护管理，依靠科技创新，推进草地资源保护的智能化发展。《全国林地保护利用规划纲要（2010—2020年）》的实施，基本实现了以规划管地、以图管地，推动了林草资源的智能化管理。充分利用视频监控技术、移动GIS技术、智能移动通信技术等，实现了天然林资源的全面监控和管理。通过严格监管，林地资源依法保护得到加强，资源调查监测有所创新。同时，科技创新加快了林草生态网络感知系统建设，实现了沙尘暴灾害应急处置、森林草原防火、森林资源监督管理的智能化。建立资源动态管理、数据实时跟踪监测的智能化管理平台，推进林草资源智能化管理，进一步加强林草资源保护。

（2）实现林草生态建设规范化

中共中央、国务院印发的《国家标准化发展纲要》是我国首次以中央名义发布的标准化文件，使我国林草生态建设逐步规范化。积极推进林草标准化理论、制度、组织、技术等各方面建设，建立起高质量的新型林草标准，有利于进一步健全林草资源保护管理体系。《全国林地保护利用规划纲要（2010—2020年）》的实施，构建了国家、省、县三级林地保护体系，基本实现了林地保护管理的规范化。同时，全面推行林长制，建立了林长制组织管理体系和林地保护体系，建立了湿地分级分类保护和管理制度，建立了沙化土地植被保护与修复体系，建立了防沙治沙综合示范区等，全面推进了我国林草生态建设的智能化、规范化。在林草生态建设中，以建立林长制为契机，依托科技创新，加强林草项目资金规范管理，提升作业设计质量，提高项目管理水平。充分利用多种媒介，强化标准贯彻宣传，有效推进了标准化工作，使标准化工作迈上了新台阶。

（3）实现林草工作高效化

林草工作高效化的实现，同时深入推进和优化了林草科技管理体制及林草科研评价机制。首先，全面推行和落实的林长制，实现了组织体系的完善，提高了林草工作效率。其次，监督体制的完善，各项规章制度的落实，实现了林草工作的高效化。依托科技创新，应用卫星遥感、互联网、云平台等高新技术，建立现代化林业管理体系，提高林草工作效率。另外，加强科

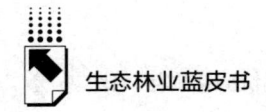

学宣传，营造良好的舆论氛围，也有利于林草工作的高效化。尽管林草科技工作取得了一批重大成果和进展，但我国林草科技发展仍存在高端人才匮乏、产学研结合不紧等问题。坚持科技创新发展，提高林草科技工作者的专业技术水平，有利于实现林草工作的高效化，加快推进林草事业的高质量发展和现代化建设。

2. 重大林草病虫害防控技术重要突破

（1）病虫害监测和生态调控技术

林草病虫害危害林草正常生长，破坏森林生态，制约森林减排增汇，影响林草经济发展，是林草经济健康发展面临的重大挑战之一，严重制约我国林草产业的可持续发展。目前，有关林草病虫害的研究主要集中在基础理论和相关技术方面。揭示病虫害机理是推动林草病虫害科学控制理论发展的关键，也是构建病虫害生态调控理论体系的基础。生态调控技术是病虫害防治技术的重要措施，是主要利用物理和生物的方式对林草害虫进行诱杀、阻隔或利用天敌进行灭杀的综合防治技术。病虫灾害的生态调控主要以生物多样性为基础，利用生态系统自我组织功能实现生态系统健康可持续发展。天然林生态系统具有自身调控病虫害的能力，但人工林的生物多样性较低、林分结构简单，病虫害极易发生，且易形成灾害。因此，从个体层面到生态系统层面立体解析病虫害形成与流行的生态过程，探究森林生态系统自我调控病虫害驱动机制，解析人工林控制病虫害的生态机理，具有十分重要的理论和现实意义。加强科技创新，进行病虫害长期野外监测，探究病虫害分布格局及灾害形成的遗传机制，并创新研发病虫害生态调控技术，可有效提高病虫害的防控效果，同时降低对环境的危害。

（2）精准施药技术

病虫害的环境适应性增强，人工林的快速增长，也使得病虫害频繁发生，增加了防治难度。农药使用不当很容易对环境造成污染，同时不利于植物的生长，对林草资源造成巨大损失。精准施药技术即在保障施药效果的基础上，合理降低农药的用量，达到保护生态环境的目的。随着国家对生态环境保护重视程度的加深，依托信息技术的发展，通过分析病虫害特点，针对病害部位，利用药物进行重点防治，在短时间内快速消灭病虫害，逐步实现了精准施药。树木枝干注射技术、喷雾防治技术等精准施药技术的快速发展，提高了病虫害防治效果，并在一定程度上降低了对环境的污染。精准施药技术强调结合病虫害特点以及环境气候因素选择适宜的施药方法，实现病虫害的彻底防治。精准施药技术极大地提高了施药的准确度，不仅提高了病虫害的综合防治效果，同时减少了过量农药对林草和生态环境的副作用。提高精准施药技术的应用水平，实现森林病虫害的高效防治，为林木健康生长提供保障，促进林草产品转化，实现森林可持续发展。

（3）施药装备的产业化

林草精准施药大多利用高速气流将药液输送至冠层，需要匹配农药需要量、风量与靶标特征，在保证其有效沉积的情况下提高农药的使用效率，进而降低农药的残留，而这主要依赖施药装备研发及产业化。人工智能的高速发展有效促进了农业精准施药的相关研究。靶标探测是精准施药的基础，主要包括红外技术、机器视觉、超声波、激光雷达等传感器，是获取树木靶标位置、枝叶稠密度、冠层体积、病虫害程度等喷雾决策信息的关键技术。随着科技创新发展，人工智能在精准施药中发挥着越来越重要的作用，多传感器协同及施药程度在线探测是病虫害施药装备研发的主要方向。施药装备研发主要包括施药器械和施药技术两个关键领域。施药器械是精准施药的载体和手段，而施药技术需要依赖施药器械实现。精准施药技术包括作物信息获取、精准配药技术、喷头控制技术、雾滴飘移控制技术和雾滴沉淀控制技术等。人工智能技术在施药器械中的自动喷雾、自动导航和避障等技术中发挥着重要的作用。近年来，航空施药技术迅速发展，其效率高，使用范围广，在林草保护中应用广泛。尤其是航空精准施药机载雾化系统的开发，大大提高了精准施药的效率。依托科技创新，发展特种施药装备以及开发多机协同的立体智能植保系统，开发新的高效的施药装备，可有效提高农林机械化水平，促进优良施药装备产业化发展，进一步加速精准施药，实现林草病虫害的科学防控。

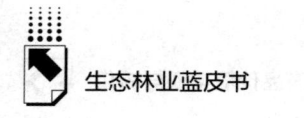

（三）宏观场景

1. 智慧产业技术提升林草资源监管水平

（1）多尺度资源信息智能获取技术

信息化和科技化是当下社会发展的基调，森林资源监管与保护应朝着更加科学、更加高效的方向发展。智慧林草整合了大数据、云计算、物联网等现代科技，自动化较强，智能化水平高，可极大地促进林草产业的发展，提高农户经济收入，实现林草资源与生态环境保护的目标。林草生态网络感知系统的不断发展，在森林草原防火、沙尘暴灾害应急处置、森林资源监督管理等方面也发挥着积极的作用。同时，随着森林资源数据实时监测管理体系的不断成熟，"天上看、地面查、网络传"的闭环监管体系已基本建立。在林业信息化建设背景下，依托科技创新，通过智能化手段，结合科技强国发展战略，发展森林资源监测技术、可视化模拟技术与经营管理技术，可逐步实现林草资源高时效、高精度的监测，通过直观模拟与预测，为林草产业的科研及生产提供技术支撑，有利于我国从宏观、全局的高度了解和掌握林草生长演替的变化动态，进而实现国民经济与生态环境的和谐发展。近年来，科研人员采用遥感影像开展大尺度林草覆盖信息快速提取技术研究，实现了区域尺度的林草分布和覆盖信息的准确提取；利用时间序列数据开展林草类型识别与提取技术研究，通过大尺度林草物理参数反演方法，开发相应的软件模块，综合分析了全国及区域性林草资源的时空变化状况。通过电子标签、智能传感器等设备，摆脱传统人为监测较难的状况，实现多尺度林草资源的监测，比如监测林木的高度和年龄、林地的温度和湿度等。通过在多尺度范围内设置智能化设备，实时监测，实现了多尺度林草资源的数据收集、精细化管理，为林草的健康生长提供了技术和数据支持。在数字化林草资源监测技术不断发展的背景下，下一步将继续发展林草资源信息的智能获取技术，进而推动林草产品价值实现与转化，实现林草产业的可持续健康发展。

（2）基于多源遥感数据的复杂林分智能识别技术

识别林分类型是森林资源监测的关键，可为森林资源普查、人工造林、林木高效管理等提供重要依据。遥感技术在森林资源利用与保护中发挥着重要作用，在植被分类、森林类型精细识别以及林地信息提取方面应用广泛。随着科技的进步，遥感技术得到了迅速发展，遥感影像空间分辨率逐步提高，利用遥感技术能够高效地获取森林类型、结构、空间范围等信息。目前，已经形成了多平台、多时相、多光谱、多分辨率的多源遥感数据智能监测系统，遥感影像的清晰度、精度、可靠性以及数据的利用率等均得到提高。同时，多源遥感数据的丰富性，使得遥感监测的数据更加精确，进一步实现了林地类型的精准监测。宋洁等研究了基于多源遥感数据的低成本、高时效、操作方便的提高山地森林识别的方法。① 周振超利用多种光学和雷达遥感数据，研究了广东省湛江红树林生态系统，对红树林遥感信息识别的有效方法进行了探讨。② 因此，依托科技创新，通过多源遥感数据，发展复杂林分树种智能识别技术，对林分类型的精准识别具有重要意义。

（3）单木分割与森林结构参数遥感精准估测技术

单木是森林资源的基本构成单位，准确、高效地获取森林中单木的位置及相关参数信息是森林资源调查中最基本的任务，同时是开展各项林业生态研究的重要前提。遥感技术的迅速发展实现了高精度、高效率、大范围地获取点云数据，并能够有效地表达森林结构信息，在林草产业调查中发挥着十分重要的作用。目前，基于点云数据的单木分割和胸径参数提取已成为该领域的研究热点。目前研究主要集中在发挥单木分割算法的应用潜力、实现单木位置的精准定位和树冠的精确划分、针对不同林种选取单木分割方法和参数。现有单木分割方法单一，且主要应用于温带和亚寒带森林。而自然生长的亚热带针叶林冠幅直径较小，群落高度落差大，单木分割难度较大。因此，仍需加强科技创新，利用遥感技术进行单木分割，发展森林结构参数遥感精准估测技术。

---

① 宋洁、刘学录：《基于多源遥感数据提高山地森林识别精度——以祁连山国家公园肃南县段为例》，《草业学报》2021年第10期。
② 周振超：《基于多源遥感数据的红树林遥感信息识别研究——以湛江自然保护区为例》，硕士学位论文，吉林大学，2019。

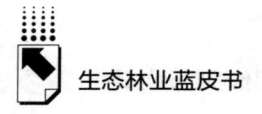

（4）探索森林、草原碳汇功能开发技术

在全球气候变暖的大背景下，应如何面对气候变化对陆地生态系统结构与功能的影响成为当前科研工作者共同关注的重大课题。我国政府提出了2030年"碳达峰"和2060年"碳中和"的"双碳"目标，各种应对气候变化的增汇和减排技术应运而生。陆地生态系统发挥着重要的碳汇功能，从生态学角度增加陆地及海洋等生态系统的碳汇吸收潜力，被认为是实现"双碳"目标经济可行的措施。在"碳中和"和"碳达峰"背景下，提高森林和草原的碳汇是国家的战略需求。陆地生态系统净碳固持的大小取决于碳的固持量和释放量之间的差异。由于生态系统碳通量各组分关键控制因素不同，碳的"源"和"汇"对不同林草的利用方式及全球气候变化有不同的响应，也为人为管理增汇提供了可能。森林的碳储量最高，在"碳中和"背景下，森林生态系统发挥着重要的碳汇功能。科学合理地管理利用，可发挥森林生态系统的碳汇潜力。利用植树造林、再造林或保护森林等措施有效增加森林生态系统的碳汇潜力，抵消人为碳排放的增加，将是应对全球气候变暖，增加森林生态系统碳汇潜力的主要方式。此外，草地生态系统也发挥着重要的碳汇功能。草地生态系统中的土壤就是一个巨大的碳库，生态资源环境的改变极易使草地碳"源"和"汇"之间发生转变。因此，依托科技创新，提高森林和草地生态系统碳汇功能，加强林草生态系统碳通量的研究，系统分析林草生态系统在全球气候变化中的生态经济价值，对实现"双碳"目标及加快林草生态产品价值转化具有重要意义。

2. 林草生态系统功能提升技术

（1）典型森林、湿地生态系统功能提升技术

典型森林和湿地两大生态系统调控着全球物质循环及生物多样性，影响国家生态环境与社会可持续发展。森林在陆地生态系统中发挥着重要的碳汇功能，并能生产大量木材、森林食品，具有明显的经济效益和社会效益。此外，湿地生态系统的生态服务功能同样蕴含着巨大的经济效益和社会效益，为人类提供了大量的动植物食品资源。湿地生态系统存在大量的未被分解的有机物质，是全球最大的碳库之一，在全球碳循环及气候变化中发挥着举足

轻重的作用。通过生态环境修复、空间结构优化、文化产业导入等措施，恢复重建相对完整的湿地生态系统，将会给区域带来巨大的碳汇效益。郎赟超等以恢复生态学的理论和方法为基础对滨海湿地生态系统的保护与修复进行分析，探讨了在不同程度人类活动的干扰下退化的湿地生态系统特征与演变规律，发现了自然规律与经济社会发展之间的密切关系。[①] 湿地生态系统的保护还可以提升生物多样性，改变湿地土壤和水文环境、优化植被和微生物配置可以有效地提升湿地生态系统碳汇功能，实现碳汇效益的最大化。此外，湿地生态系统还可以重点开发水源涵养和水质净化功能提升技术、生态旅游休闲区景观价值提升技术、湿地植被建设技术等。国家重点专项"红树林等典型滨海湿地生态恢复和生态功能提升技术研究与示范"对湿地生态恢复与生态系统功能提升技术及湿地综合管理模式进行了深入探讨。加强科技创新，深入研究全球气候变化下典型森林和湿地生态系统碳汇潜力对于实现碳达峰碳中和战略具有重要现实意义。

（2）典型草地生态系统功能提升技术

草地在经济发展和生态环境建设中具有非常重要的作用，其生态服务功能主要包括调节气候、涵养水源、生物多样性保育、防风固沙以及土壤碳固持等。草地生态系统维持着30%的净初级生产力，但由于过度放牧及开垦，大部分天然草地发生了不同程度的退化，植物多样性及生产力逐年下降，其生态系统服务功能受到了巨大的影响。近些年来，我国政府高度重视草地生态系统的建设与保护，实施了大量的生态系统修复工程。大量研究发现，在维护全球生态平衡中，我们应该充分认识草地生态系统的稳定性与草地生物多样性保护之间的密切关系，提出进一步评估北方生态脆弱区生态服务功能，并因地制宜地制定和落实生态保护政策，将是充分发挥草地的生态功能、推进生态文明建设、统筹山水林田湖草一体化保护和修复以及建设"美丽中国"的重要手段。因此，依托科技创新，进而降低气候变化和人为

---

① 郎赟超等：《地球系统科学观下的滨海湿地生态系统保护和恢复科学》，《中国科学基金》2022年第3期。

干扰对草地生物多样性的影响，探索科学合理的草地利用方式，维持草地生物多样性，发挥草地生态服务功能，可有效地加快推进林草生态产品价值的实现与转化。

四 林草科技成果重大事件

（一）发挥科技创新引领作用，促进林草产业发展

以江西省林草产业为例，江西省是南方集体林区的重要生态屏障之一，林地面积达到 1.61 亿亩，占江西省总面积的 64.2%。江西通过多年的探索和实践，加快森林资源培育、林业草原生态保护，加快生态产业发展，初步建立了较为完备的林业草原科技推广机制和模式。取得的主要成果可总结为以下几点。第一，构建了以省、市、县三级为主体的林业科技推广体系，共涵盖 100 个推广站或中心。第二，围绕良种良法关键技术集成应用，以生态环境建设、种质资源培育、林下经济发展、林草装备应用等为核心，在中央财政和省级财政资金的支持下形成了大批成熟实用的林业技术成果，同时建设 268 个示范基地，合计面积达 6500 公顷，包括良种良法、森林"四化"、森林药材等各种不同的类型。第三，着力打造了省级林业科技服务云平台，仅用半年时间即完成了多个平台的开发，例如江西林技通 App、江西林技网、江西林技微信公众号等，帮助林农和林企解决油茶、杉木、毛竹等种植中遇到的科技难题。通过对云平台的升级改造，目前已经构建完善了多个数据库，包括良种库、科技成果库、林业标准库、病虫害数据库等，同时发挥在线服务的优势，打造了林业云游示范基地、科技服务在线、科技空中课堂等活动，以满足不同群体的多层次需求。第四，通过良种良法集成应用的推广及示范，积极带动林草产业快速发展。江西省林业局大力推广太秋甜柿的种植，多次远程指导太秋甜柿的培土扶正、开沟排水、抚育管理和病虫害防治等工作。科技成果的转化以及生态产品价值的实现，为助力乡村振兴和林草产业高质量发展打下了坚实的基础。

（二）科学技术辅助育种进化，促进植物环境适应性研究

针叶松是当前全球种植较为广泛的树种之一，在整个森林生态系统中占据重要地位。其基因组存在70%~80%的高度重复序列，属于大型基因组，因此，组装难度相对较高。2021年，*Cell*期刊发表的题为"The Chinese Pine Genome and Methylome Unveil Key Features of Conifer Evolution"的文章对油松进行了染色体水平的基因组组装，并对其进行注释，同时绘制出其染色体甲基化图谱，为油松独特适应性发育研究、基因组辅助育种进化以及基因组学研究提供了重要参考。科研人员利用Hi-C辅助组装、PacBio测序等技术，组装获得了油松全基因组，染色体水平达25.4 Gb，并且利用来自760个样本的RNA-seq数据进行基因结构注释，从而揭示油松基因组扩展、生殖过程，以及适应性进化的多重基因组特征，为下一步针叶松的进化研究提供了新的方案，为针叶松的适应性发育研究提供了数据支撑。同时，通过研究发现，针叶松的基因组较大主要是因为基因转座子的扩张以及清除缓慢，形成超长内含子的大基因，其表达水平相对较高。

（三）基于北斗卫星导航系统的应用，实现林草资源的综合监管

北斗卫星导航系统是国家重要的空间信息基础设施之一，其中BDS-3的服务能力得到了大幅提升，尤其是PPP和RSMC的中国服务成为推动林业草原行业高质量发展的重要工具。国家林业和草原局于2020年出台了《关于在林业草原行业推广北斗卫星导航系统应用的意见》，提出2022年在林业草原行业推广北斗卫星导航系统的应用，并推动林业草原行业北斗卫星导航系统应用规模和管理水平大幅提升。2020年，我国拥有170多万名乡村护林员，其中约110万人担任生态护林员，已在10多个省（自治区）配备了北斗导航终端，达到10多万台。在北斗卫星导航系统的应用方面，实现了路线规划和导航、人员和车辆定位、林草巡护、轨迹追踪和回放、数据采集上报、位置和事件上报、指挥通信、灾害监测、人员安全管理等应用，并实现了数据的统一规划、统一标准、统一平台、统一管理。未来，我国将

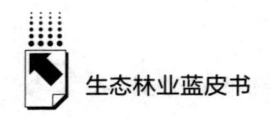

继续完善应用标准规范，统一国家、省、市、县级平台和业务应用，以确保整个行业北斗卫星导航系统应用信息畅通。国家将继续努力，建立一个完整且高效的数据交换和信息服务体系，以满足各级需求。

五 科技创新促进林草生态产品价值实现与转化的未来前景

（一）科技打通上下游链条，打造优质林草产业

1. 构建智能化林草生态产品储备库

植物种质资源是遗传多样性的重要载体，是植物遗传育种的基础，是国家重要的战略资源。根据《中华人民共和国种子法》《林木种质资源管理办法》《草种管理办法》等相关文件，以及科研、生产、育种、遗传多样性保护等实际需求，对林草种质资源应予以重点保存和保护，通过建立智能化林草信息、资源、产品储备库，确定国家林草种质资源库目录名单。具体包括：具有特殊遗传代表性的野生林草群体、遗传改良和种质创新的林草育种品种、地方名优品种的代表性群体等。开展林草种质资源库建设工作，对于培育优质、高产、抗逆性强的新品种，促进产业提质增效发展，推进生态文明建设具有非常重要的意义。

2. 搭建林草产业碳交易数据平台

实现碳达峰碳中和是我国的重大战略决策，已纳入我国生态文明建设的整体布局。碳交易是按照相关规则进行温室气体排放权和碳排放空间的交易活动，是应对气候变化的重要市场机制。碳交易成为我国林业草原转型的新切入点，有利于促进以林业草原碳汇为主的生态产品实现价值转化。我国应加紧完善碳汇计量监测体系，提升科技支撑能力。同时，应持续开展全国范围的林业草原碳汇计量监测，并加强国家林草生态综合监测评价，健全我国林草碳汇数据库。通过市场机制的调节，林业草原碳交易可以吸引更多的社会资金、技术、人员等参与开发和建设，同时丰富碳交易产品，提高碳市场的交易活跃度。与工业减排相比，林业草原碳汇更具有成本优势，可以满足

社会效益最大化的需求，充分发挥林业草原碳汇的多重效应和应对全球气候变化的作用。

（二）开展服务林草系统现代化治理工程

1. 建设以国家公园为主体的自然保护地工程体系

自然保护地是我国生态系统建设的核心载体之一，在维护国家生态安全中占据重要地位。2020年，我国已经在10个区域开展了国家公园体制试点，建立国家级自然保护区474个，自然保护地的面积已占国土面积的18%，且成效显著，大概90%的陆地生态系统类型以及70%以上的野生动植物得到有效保护，部分珍稀濒危物种的野外种群也逐步恢复。可见，我国建立以国家公园为主体的自然保护地工程体系，不仅可以满足广大人民群众对优美生态环境、优质生态服务、优良生态产品的需求，而且可以提供更多丰富的生态产品以满足不同的社会需求，使社会一同共享生态保护的成果。因此，我们应该积极探索开发林草生态产品体系，在自然保护地区域内科学合理地进行规划开发，适当开展生态教育、自然体验、生态旅游等各项活动，逐步形成高品质、多样化的林草生态产品体系。此外，应该逐步完善自然保护地生态环境监测制度，科学合理地制定各项技术标准，利用科技创新开发建设一体化监控网络体系，科学开展林草生态环境实时监测。同时，依托大数据、云计算、物联网等各种信息化手段，增强各项监测数据的集成分析与综合应用，并定期公开发布相关监测信息或评估报告等，实现信息的公开透明化。

2. 开发生物质能源技术服务"双碳"目标

在"双碳"目标下，生物质能源作为最具潜力的可再生能源，已经成为仅次于煤炭、石油、天然气的第四大能源，具有十分巨大的开发潜力。农林生物质能发电时，碳排放强度分别相当于燃煤、燃油、燃气的1.8%、2.1%、3.8%，可见合理利用生物质能源，可以有效降低化石能源的消耗，优化能源利用结构，助力我国"双碳"目标的实现。2021年，扬州大学吴多利博士团队针对水蒸气含量对镍铝涂层生物质高温腐蚀性能的影响进行了系统性研究，深入探讨了不同水蒸气含量下的涂层高温腐蚀机理，取得了关键性技术突破，为后续生物质高温腐蚀的防护措施提供了全面的科学理论依据，有利于未来生物质发电的大规模推广。此外，生物质燃烧设备的研发热点集中在生物质燃烧机和热风炉在工业锅炉及民用供暖领域的应用，助力生物质成型燃料的燃烧，包括生物质颗粒、生物质压块等，在燃煤锅炉改造、燃气锅炉改造、燃煤热风炉改造、生物质热风炉烘干供暖等领域实现技术突破和推广应用，使企业节约能源运行成本、提升能效、降低碳排放。但是，目前我国生物质能发电比例还不到3%，未来具有很大的发展潜力。另外，生物质能源在我国制浆造纸行业中也具有显著的功能，当前该行业自产生物质能源占其总能耗的20%左右，到2030年，其占比能达到50%以上，将进一步减少制浆造纸行业对煤电能源的依赖，同时大幅减少温室气体的排放量。因此，提高生物质能源的占比也可作为助力"双碳"目标实现的有力措施。

参考文献

［1］高华：《新形势下林业科技推广面临的问题及其对策》，《南方农业》2016年第6期。

［2］丁先松：《新形势下林业科技推广面临的问题与对策》，《中国林业产业》2016年第9期。

［3］张海英、许勇、王永健：《基因组图谱综述》，《分子植物育种》2003年第5期。

［4］高慧娟等：《转录组测序在林草植物抗逆性研究中的应用》，《草业学报》2019年第12期。

［5］金国庆、张蕊、周志春：《4种特色珍贵用材树种现代育林技术示范》，中国林业科学研究院亚热带林业研究所项目，2012。

［6］华朝晖、郑伟成、罗修宝：《九龙山地区珍贵用材树种高效培育关键技术研究与应用》，浙江省遂昌县林业技术推广总站项目，2018。

［7］周志春、何贵平、黄华宏：《优质珍贵用材树种新品种创新及高效培育关键技术研究与示范》，中国林业科学研究院亚热带林业研究所项目，2012。

[8] 李毅、肖中琪、金隆：《新疆天然林资源保护工程智能化监控平台建设研究》，《林业调查规划》2015年第1期。

[9] 内蒙古自治区林业和草原局改革发展和科技处：《强化林草科技工作 提升科技支撑能力》，《内蒙古林业》2021年第1期。

[10] 许冰峰：《提高林草科技实效性的思考》，《中国林业经济》2020年第3期。

[11] 刘郁玲：《森林病虫害防治浅析》，《新农业》2022年第15期。

[12] 张星耀等：《中国森林保护亟待解决的若干科学问题》，《中国森林病虫》2012年第5期。

[13] 罗祖邦：《林业森林病虫害精准施药术防治技术》，《农家参谋》2021年第16期。

[14] 都勤知等：《林业森林病虫害精准施药术防治技术》，《新农业》2021年第11期。

[15] 周宏平等：《树木精准施药技术研究进展》，《林业工程学报》2022年第5期。

[16] 周长建、宋佳、向文胜：《人工智能在农药精准施药应用中的研究进展》，《农药学学报》2022年第5期。

[17] 柴舒帆：《航空精准施药机载雾化系统的设计与研发》，硕士学位论文，西北农林科技大学，2020。

[18] 周学猛：《实施智慧林业管理模式 提升森林资源管护水平》，《智慧农业导刊》2022年第10期。

[19] 王伟超、邹维宝：《高分辨率遥感影像信息提取方法综述》，《北京测绘》2013年第4期。

[20] 王荣等：《高分辨率遥感影像天然林与人工林植被覆盖信息提取》，《资源科学》2013年第4期。

[21] 张兆鹏：《基于多源遥感数据的林地类型精细识别与变化监测研究》，硕士学位论文，西安科技大学，2018。

[22] 胡迎香等：《机载雷达点云亚热带针叶林单木分割探究》，《应用激光》2021年第6期。

[23] 于海洋等：《无人机载激光雷达人工林单木分割算法研究》，《激光与红外》2022年第5期。

[24] 白少博：《基于点云数据的单木分割及胸径参数提取算法研究》，硕士学位论文，北京建筑大学，2020。

[25] 李平昊等：《机载激光雷达人工林单木分割方法比较和精度分析》，《林业科学》2018年第12期。

[26] 方精云：《碳中和的生态学透视》，《植物生态学报》2021年第11期。

[27] 张颖、李晓格、温亚利：《碳达峰碳中和背景下中国森林碳汇潜力分析研究》，《北京林业大学学报》2022年第1期。

［28］陈克林：《加强湿地保护呵护地球之肾——走近湿地生态系统》，《国土资源科普与文化》2021年第1期。

［29］白甲林、刘军省、杨博宇：《碳中和背景下湿地生态系统恢复重建及碳汇效益评价》，《化工矿产地质》2022年第3期。

［30］么秀颖等：《中国湿地生态系统碳库对环境变化的响应分析》，《环境科学学报》2022年第1期。

［31］白永飞等：《草地和荒漠生态系统服务功能的形成与调控机制》，《植物生态学报》2014年第2期。

［32］白永飞等：《中国北方草地生态系统服务评估和功能区划助力生态安全屏障建设》，《中国科学院院刊》2020年第6期。

［33］徐柱等：《中国草原生物多样性、生态系统保护与资源可持续利用》，《中国草地学报》2011年第3期。

［34］钟东洋、陈银霞：《新时期江西林业科技推广工作的实践与创新》，《南方林业科学》2021年第6期。

B.10 推进林权制度改革实现林草生态产品价值

董一鸣 董思琪 周玉洁 王静 元园 邓陈超*

摘　要： 中国林权制度改革历史悠久，颇具成效，而实现生态产品价值也是党的十八大以来我国一直强调的生态文明建设重点工作和现实目标。中国自身和域外的林权制度改革实践为中国下一步推进林权制度改革、实现林草生态产品价值提供了宝贵经验。林权制度改革将为实现林草生态产品价值提供必要的制度保障和丰富的可行路径，而其中规范林权流转交易市场运行、完善林草生态产品权属交易机制、创新生态效益补偿机制、建立科学的林草资源价值评估认证机制、优化林草经济产业模式将成为有效的举措。

关键词： 林权制度改革　集体林权制度　林草生态产品　林权流转

党的二十大提出要推动绿色发展，促进人与自然和谐共生，"和谐"这一关键词体现了中国特色生态文明建设的核心是正确认识并实现社会经济发

---

* 董一鸣，博士，中国社会科学院生态文明智库研究员、中国国际经济贸易仲裁委员会仲裁员、中华全国律师协会知识产权委员会委员、众成清泰（北京）律师事务所主任，主要研究方向为生态文明法律服务、国际业务、高端制造法律及商务服务、知识产权等；董思琪，对外经济贸易大学在读本科生，主要研究方向为生态文明法律服务、法学；周玉洁，众成清泰（北京）律师事务所律师，主要研究方向为生态文明法律服务、海商海事等；王静，众成清泰（北京）律师事务所律师，主要研究方向为生态文明法律服务、公司法等；元园，北京炜衡律师事务所律师，主要研究方向为生态文明法律服务等；邓陈超，众成清泰（北京）律师事务所律师，主要研究方向为生态文明法律服务、经济法等。

展和生态环境保护相协调的可持续发展。在生态文明建设中,生态产品的概念体现了生态资源、生态环境在兼具生态价值的同时,还具备重要的经济价值,是"绿水青山就是金山银山"理念内涵的具体表现,为国家协调经济发展和环境保护提供了创新思路和有效途径,而通过推进林权制度改革实现林草生态产品价值则成为中国生态文明建设的题中应有之义。

一 中国林权制度改革取得的成效与存在的问题

(一)中国林权制度改革取得的成效

增加群众收入,促进共同富裕。减贫脱贫是我国长期坚持的战略重点,自新中国成立以来,脱贫攻坚就一直被放在国家治理中一个极为重要的位置。我国集体林地在林地总面积中的占比达到60%,集体林地所在地区大多地形复杂、贫困落后,是脱贫攻坚的重点、难点地区。集体林地承包到户之后,极大地调动了林农的生产积极性,各种经营主体不断涌现,全国各地都在创新林业经营模式,发展以药材林、康养旅游为代表的特色林业经济,集体林业发展蒸蒸日上。根据国家林草局数据,2021年我国林业产业总产值超过8亿元,在全国范围内创造了110.2万个就业岗位,带动了2000多万人口致富。

维护国家生态安全,保护生物多样性。我国是世界上生物种类最为丰富的国家之一,高等植物有3万余种,它们大多分布在林地中。又由于我国林地面积占比较大,如何将林地更好地利用起来,让经济与生态协同发展是一个值得深入思考并长期钻研的问题。改革开放以来,我国国民经济的突飞猛进备受瞩目,但随之而来的环境污染和生态破坏问题也不断困扰着各个部门,尤其是生态环境保护方面,动植物生存环境遭到破坏,物种数量急剧减少,有的物种已经灭绝。我国多年来进行林权制度改革不仅仅是为了将林地利用起来、创造收益,更深层次、更长远的目标是维护生态安全,保护、恢复生物多样性,实现可持续发展。林权制度改革将庞大的林地"切割成块""分割到户",有利于细化生态环境保护,群众对林地的合理利用加上林草部门的努力，极大地促进了野生动植物种群恢复性增长，濒危物种的抢救工作也取得明显成效。

（二）中国林权制度的现存问题

我国林权制度改革虽取得了一定成效，但仍有待进一步完善。例如林权法律制度不完善、评估体系不规范等。这些问题不解决，林权制度改革的目的就始终无法实现，不仅影响林农收入提高、生活水平提高，更重要的是不利于"绿水青山就是金山银山"理念的践行，不利于生态环境的保护。

林权流转秩序不规范，缺乏相关法律法规约束。目前我国没有专门针对林权流转的现行法律，也没有固定的流转程序，林权流转中出现的许多问题没有配套的法律制度解决，只能根据其他法律条文推定适用，导致产生了众多疑难纠纷。很多林地承包者只知道如何承包，了解承包之后他们能够做什么，但不知道不能做什么，流转需要什么程序，这就为后续的纠纷埋下了隐患。现阶段林权私下流转的现象屡禁不止，甚至承包人与次承包人之间没有合规合法的流转合同，次承包人也常常私自更改甚至根本不知道原定林地使用用途，最后导致林地开发停滞，使用违法，纠纷不断。

林地监管体系存在漏洞，缺乏合理的监管制度。很多林地的承包人私自变更林地使用用途，药材林改成果树林，果树林改成农家乐、旅游景区，等等，甚至有一些人违法占用林地、肆意开垦，林地资源遭到极大破坏。现存监管制度不完善，监管力度不足，违法、违约成本较低，导致林业资源管理部门工作效率低下，违法、违规行为屡禁不止。

森林资源价值评估不科学，市场机制难以发挥作用。森林资源价值评估极其复杂，其中不仅涉及林权的问题，还涉及产品服务价值评估和土地附着物价值评估。首先是森林所提供的包括碳汇服务、保护物种多样性服务、涵养水源服务等生态服务价值评估困难，其次是森林中的各种木材、药材甚至是动物等资源并不是标准物，形态、品质各异，评估困难。虽然有与森林资源价值评估相关的法律规范，但难以落实，法律规范仅是划定了大致评估范围、规定了程序性问题，缺少相关落地规定。森林资源以成熟林木资产为主，树木不一样，价格难以统一划定，其出售、流转主要是针对特定客户群体，在公开市场中流转较少，因此市场机制很难起到有效的调节作用，市场价格对森林资源价值评估能够起到的作用很小，仅能作为参考。因此，我国想要将"绿水青山"转变为"合理、等价"的"金山银山"还有很长的路要走，需要付出更多的努力。

二 林草生态产品的价值及实现路径

（一）生态产品价值概论

自党的十八大报告提出"要增强生态产品的生产能力"以来，生态产品价值实现理念逐渐走进大众视野。党的十九大明确要求"提供更多优质生态产品以满足人民日益增长的优美生态环境需要"。《中共中央 国务院关于全面加强生态环境保护 坚决打好污染防治攻坚战的意见》指出，我国已进入提供更多优质生态产品以满足人民日益增长的优美生态环境需要的攻坚期。党的二十大报告中强调："坚持绿水青山就是金山银山的理念，坚持山水林田湖草沙一体化保护和系统治理。"[1]

我国学者最早在20世纪90年代提出生态产品的概念。30多年来，尽管国内学者对生态产品的解释和概括各有不一，但究其本质而言，生态产品应是人类社会从自然资源和自然环境中直接获得的物质产品和间接演化的服务产品，兼具"生态"和"经济"两个属性，继而可细分为物质供给类产品、生态功能服务类产品、生态文化产品等。而生态产品价值实现是指蕴藏在生态产品中的价值释放，这一价值释放于社会经济体系中，通过生产、流通、交易等环节实现。[2]

---

[1] 《中共中央 国务院关于全面加强生态环境保护 坚决打好污染防治攻坚战的意见》，中国政府网，2018年6月24日，http://www.gov.cn/zhengce/2018-06/24/content_5300953.htm。

[2] 任耀武、袁国宝：《初论"生态产品"》，《生态学杂志》1992年第6期；刘瀚斌：《把握需求特性 有效实现生态产品价值》，《中国环境报》2021年第3期。

（二）生态产品价值实现的域外经验

从域外实现生态产品价值的实践来看，美国、哥斯达黎加等美洲国家提供了"生态资源交易""生态服务付费"等经验，澳大利亚实行特定水域水权交易。具体到林草生态产品价值的实现，亦有大量国家通过各种森林权属制度改革举措，提高林草利用效率，实现林草产品的生态和经济价值。例如俄罗斯实行森林租赁经营制度，政府和法人或自然人签订林地租赁合同，由私人经营管理公有林地，发挥森林的生产功能和经济潜力。又如巴西实行森林特许经营模式，即政府依据《公共森林管理法》通过设立保护区、划定区域将公有林地委托给当地社区管理，通过与企业签订特许合同等方式促进公有森林的可持续管理和发展，从而达到保护森林生态，实现社会和经济价值的目的。①

（三）中国林草生态产品价值实现路径

生态产业化经营和生态产品交易是林草生态产品价值实现的重要经济路径。目前，中国林草体制机制改革不断深化，森林资源产权通过集体林权制度改革逐渐明晰，为林草资源进入市场成为交易标的提供了条件。林草生态产品的市场交易可以分为两个板块，一为权属交易，二为产品交易，如林草物质产品和服务产品交易。中国东北地区是开展林草生态产业化经营和生态产品交易的典型地区，其中吉林省依靠丰富的森林资源和水资源发展森林食品产业，开发矿泉水、人参等森林食品产品，为林业和医药健康行业、食品行业搭建桥梁，打通了森林生态产品价值的实现渠道。②

生态修复和生态补偿是林草生态产品价值实现的必要生态路径。林草生

---

① 袁伟彦、周小柯：《生态补偿问题国外研究进展综述》，《中国人口·资源与环境》2014年第11期；联合国粮食及农业组织：《林权制度改革——问题、原则和过程》，徐猛、刘翔洲译，中国农业出版社，2014。
② 刘江宜、牟德刚：《生态产品价值及实现机制研究进展》，《生态经济》2020年第10期。

态修复工程在中国西部进行得如火如荼。2017年,云南玉溪抚仙湖地区被纳入全国山水林田湖草生态保护修复工程试点,政府通过退耕还林、石漠化植被恢复等方式促进森林水土保持、水源涵养等生态功能的恢复,在提升生态环境质量的同时促使区域经济稳定发展。

生态补偿可以分为生态保护补偿和生态损失补偿,其中生态保护补偿是指政府从保障社会公共利益的角度出发,对生态保护工作中的贡献者或利益牺牲者以其劳动价值和机会成本作为依据进行补偿的行为,补偿方式包括生态建设投资、财政补贴补助、财政转移支付等。而生态损失补偿是指在开发和利用自然资源的过程中,开发者和利用者有偿使用和消耗生态环境资源,以资金等方式对由开发利用自然资源造成的生物资源和生态系统服务价值损失进行补偿。

当前,林草产品生产经营者的生产积极性因森林资源开发利用未得到有效补偿而受挫,这是我国优质林草生态产品供给不足的重要原因之一。而我国中部地区为林草生态补偿提供了宝贵经验,具体体现在湖北鄂州对生态价值补偿投入财政资金,用于发展森林旅游、森林康养等林草服务产业,实现了生态环境保护和农民增收致富同步进行。①

三 林权制度改革成就林草生态产品价值的实现

(一)林权制度改革为林草生态产品价值实现提供制度保障

可交易的产权制度是经济活动的基石。我国林权制度改革过程中确实存在产权不明晰的情况,也因此产生过诸多纠纷,如很多地方存在一山多证、山证不符等情况。随着山中林木价值不断攀升,承包者与承包者之间、承包者与经营者之间,甚至是承包者与村集体或者国家机关之间矛盾频发,这些

---

① 聂宾汗、靳利飞:《关于我国生态产品价值实现路径的思考》,《中国国土资源经济》2019年第7期。

产权纠纷从根本上遏制了生态产品价值的实现。有关机关、工作人员、学者早已认识到此问题的严重性,社会各方都在想办法解决,明晰产权也成为未来一段时间改革的目标之一,为生态产品的价值实现提供坚实基础。[1]

目前,实现生态产品价值已成为发展绿色经济的重点工作之一,一项经济项目要想发展得好,不仅需要群众的积极参与,更需要有配套的制度为其保驾护航。要想实现林草生态产品的价值,经营者拥有其产权是基础。虽然目前集体林权制度下仍存在产权不明晰的弊端,但从根本上说,该制度还是将林区的产权赋予了经营者,创造性地给予了经营者利用公益性生态产品如涵养水源、防风固沙等获取收益的机会。林权制度改革有助于确定生态产品的产权归属,随着改革的不断推进,制度不断完善,特色经济林、林下经济等产业健康发展,林草生态产品价值实现的方式不断丰富,产品交易模式愈加成熟。[2]

(二)林权制度改革有助于促进生态产品溢价,提高产品品质

物质供给类生态产品包括农产品、工业品等形式,通过打造生态品牌,让品牌提效,实现物质供给类生态产品的溢价。林权制度改革下的林业生产能够更好地"因地制宜""量体裁衣"。全国范围内多地已经在生态产品的价值实现上做出了品牌效益,如江苏苏州的枇杷、碧螺春种植,安徽六安的药材种植,浙江丽水的"丽水山耕"等。以上成功案例极具参考价值,将小规模、高质量的林农产品集合起来,打造绿色品牌,实现效益最大化。[3]

同样的种子,在不同条件下结的果子各不相同,要想使物质供给类生态产品的价值得到最大化的实现,就必须保障产品的品质,打造品牌效益,拥有市场竞争力,从而获得产品溢价。相较于政府等公权力机关,农户作为林

---

[1] 黎元生:《生态产业化经营与生态产品价值实现》,《中国特色社会主义研究》2018年第4期。
[2] 苏杨、魏钰:《"两山论"的实践关键是生态产品的价值实现——浙江开化的率先探索历程》,《中国发展观察》2018年第21期。
[3] 陈清、张文明:《生态产品价值实现路径与对策研究》,《宏观经济研究》2020年第12期。

地的承包经营者，大多对承包地的特点有充足的了解，他们有更多的精力对林区进行规划，为了提高收益，开发、利用林区的积极性也更高。因此，林权制度改革将林地分包到户，不仅缓解了政府机关的工作压力，也为承包者提供了"创业"的机会，有助于生态产品价值的实现。

（三）林权制度改革有利于丰富林草生态产品价值的实现路径

目前，我国实现生态产品价值的路径分为四种，分别是生态效益补偿、生态产品交易、生态溢价和生态产业，与世界其他发达国家生态产品价值实现路径大体一致，但更多的是为适应我国国情而做出的创新。欧美国家在生态产品价值实现方面已经发展得较为完善，体系相对健全。而我国林区面积大，地形复杂，国家政权组织形式也与欧美国家有很大差别，因此对于其经验我们只可借鉴、参考，不可复制、照搬。目前我国很多生态产品价值实现路径尚在试点中，有的效果显著，已经准备扩大试点范围，进行下一步测试；有的只适合小部分地区，不适合大范围推广；有的试点效果一般。不论成效如何，总体来说，林权制度改革下我国的生态产品价值实现路径得以丰富，各种经营方式不断涌现，林区经济活跃发展。[1]

林权制度改革以实现生态产品价值为目标，不断丰富、创新价值实现路径，生态产品价值实现推进改革深入进行，两者相辅相成，互相成就。2022年国家林草局发布的集体林权制度改革目标主要包括五项，其中一项就是创新林权价值增值实现途径，培育和发展特色林业产业。2021年中共中央办公厅、国务院办公厅印发了《关于建立健全生态产品价值实现机制的意见》，目的在于合理推动生态产品价值实现，通过分析该意见可以看出，现阶段还是要从制度层面入手，优化产业结构，建立监督、评价、开发、保障、补偿、推进机制，以更好地实现产品价值。

---

[1] 刘浩、余琦殷：《我国森林生态产品价值实现：路径思考》，《世界林业研究》2022年第3期。

四 关于推进林权制度改革实现林草生态产品价值的建议

（一）规范林权流转交易市场运行，完善林草生态产品权属交易机制

2019年3月19日，中央全面深化改革委员会第七次会议顺利召开，会议提出了"深化公共资源交易平台整合共享"的目标，其中包括"加快推进平台交易全覆盖，完善分类统一的交易制度规则、技术标准、数据规范，创新交易监管体制，推动公共资源阳光交易，着力提高公共资源配置效率和公平性"等要求，但由于各地缺乏统一的林权流转交易规则，林权流转交易市场存在经营僵化、流转不规范等问题，难以保障林权流转交易的公平性。

在推进林权制度改革后，市场上仍存在一些问题。有一些林地在流转中没有明确的权利依据，林地产权交易缺少法律上的依据，签订合同也没有严格的手续，林业部门林权流转手续烦琐等。所以，要想林权流转有序进行，必须营造一个公平、良好的市场环境。首先，从法律法规层面，依据《中华人民共和国物权法》《中华人民共和国森林法》《中华人民共和国农村土地承包法》等有关法律法规和政策规定，结合各地区林权流转市场的实际情况，制定相关规定，如建立林权流转合同的订立、登记制度，将林权流转纳入法制化、规范化的体系，确保林权流转交易依法有序进行。其次，从政府管控层面，政府应加强对林权管理工作的领导，培育林业市场主体，明晰产权，规范流转，公平公正地调处林权争议，建立健全林权市场服务体系。最后，从市场运营的角度，加强林权流转营运服务，建立和完善林权流转运营机制及相应的管理监督体系和制度。

另外，目前林权流转市场交易机制还不规范，林草生态价值实现还存在困难。因此，完善林草生态产品权属交易机制，有效利用市场机制整合转化各种资源，有助于实现林草生态产品价值。第一，建立完善林草生态产品目

录清单，了解各类林草生态产品分布、质量、等级、权属，及时掌握各类林草生态产品的动态变化情况，实现信息数据实时监控和共享。第二，根据不同类型林草生态产品的属性，建立和完善相应的价值评价体系，进一步满足不同主体对林草生态产品的需求。第三，健全林草生态产品交易平台管理体系，发挥多渠道优势，提高交易效率，充分发挥产品的经济价值。第四，完善林草生态产品配套管理制度，如优化确权、登记等环节，鼓励各地建立综合性林草生态产品交易中心。

总之，应有效地规范林权流转交易规则，促进林权制度改革后的林草生态健康发展，使林草生态资源通过市场实现"绿水青山就是金山银山"的效果，从而为人民群众提供更多优质生态产品，推动我国生态文明建设事业不断进步。

（二）创新生态补偿机制，提高生态效益

随着我国林业的发展，在推进林权制度改革过程中所产生的新问题也凸显出来，包括生态补偿机制过于单一、不灵活，生态效益不显著等问题。

目前，中国国内生态补偿的资金来源和渠道较为单一，仍然以财政转移支付和专项基金为主，资本市场融资、生态补偿专项税费等其他融资渠道明显匮乏。从补偿标准看，政策僵化、不灵活、不科学。目前中国实施的生态补偿项目标准，没有结合当地经济发展的实际情况，缺乏科学合理的补偿标准机制和专门的反馈渠道。从法律法规层面看，我国还没有专门的生态补偿法律法规。中国涉及生态补偿的现行相关法律法规主要有《中华人民共和国环境保护法》《中华人民共和国森林法》《中华人民共和国水土保持法》等，且这些法律法规关于生态补偿的相关规定只是概念性说明，缺乏一系列有严格约束力的制度来保障生态补偿的实施，这就导致没有行之有效的法律规范在生态补偿的实施过程中发挥作用，存在监管缺位的问题。[1]

---

[1] 谢晓曼：《浅析我国建立市场化生态补偿机制存在的问题及发展对策》，《今日财富》2021年第24期。

因此，应积极推动生态产品面向社会，实现市场化和生态补偿资金来源渠道的多元化，通过生态补偿为生态效益的实现提供利益激励和动力。当下，我国坚持全面推进林权制度改革，是为生态产品市场化营造有利环境的前提，应在此前提下积极创新生态产品市场化的交易方式。另外，发达国家在生态补偿的实践过程中采用了诸多市场化手段，包括绿色投资基金、生态投标、生态保护企业股权融资、生态旅游等。中国应结合具体国情，辩证借鉴域外有效经验，鼓励利益关联主体参与生态补偿，为生态补偿注入社会资本，形成多元化的生态补偿机制。同时在生态补偿的实践中，充分考虑社会、经济、生态等各方面的因素，建立严格的指标体系，制定科学合理的补偿标准和付费形式，从而保障生态补偿实施的持续性和有效性，提升生态效益。①

（三）建立科学的林草资源价值评估认证机制

我国未建立公认、规范的林草资源价值评估认证机制，阻碍了林草生态产品价值的实现。未建立林草资源价值评估认证机制的主要原因首先是核算评估生态产品价值比较困难，"生态产品市场交易管理办法"及配套细则也未完善。其次是生态补偿预算口径不一。补偿价值核算的精准性、规范性等有待提高。再次是生态产品价值核算存在技术困境，生态产品价值认证技术、价值度量技术等尚待完善。最后是GEP核算体系应用范围仍较有限，一些地区未实际应用GEP核算体系。②

当前要紧的是加快完善统筹性的生态产品价值评估和核算体系，明确不同区域的生态产品价值评估核算方法、标准，构建明确可操作的生态产品价值评估与核算方法及体系，其中需体现生态产品保护和开发成本，同时尝试将生态产品价值核算基础数据纳入国民经济核算体系，将生态产品价值实现

---

① 谢晓曼：《浅析我国建立市场化生态补偿机制存在的问题及发展对策》，《今日财富》2021年第24期。
② 樊轶侠、王正早：《"双碳"目标下生态产品价值实现机理及路径优化》，《甘肃社会科学》2022年第4期。

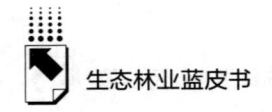

融入社会经济整体发展体系。

各地方政府应根据现实情况和地方条件制定生态产品价值核算的相关规范，先开展以生态产品体量为重点的价值核算，再通过市场交易、经济补偿等机制，探索不同种类的生态产品经济价值核算，逐步调整完善核算办法，明确生态产品价值核算指标体系、具体算法、数据来源和统计口径等，为生态产品价值核算标准化提供实践基础。同时，应建立生态产品价值核算结果发布制度，适时评估各地生态保护效果和生态产品价值。①

此外，应重视发挥生态产品价值核算结果的实用价值，即将客观数据转化为有效信息，促使生态产品价值核算结果在政府决策和年度绩效考核评价中发挥应有作用，进而运用于各类规划的制定和实施中。同时，结合生态产品体量采取必要的补偿措施，确保生态产品保值和增值，为生态保护补偿、生态环境损害赔偿、生态功能恢复、生态融资、林草资源权益交易等方面做出贡献。

（四）引导经济林产业结构调整，优化林下经济产业模式

就目前而言，我国林业产业出现的问题首先是市场销售的产品为初级产品，其消费附加值较低，且生产者在品牌建设方面能力不足，市场主体的品牌意识较弱。其次是缺乏对市场的深入调查，林木品种种养没有科学指导。另外，由于缺乏专业的科学养殖技术，产品的经济效益无法提高。再次是由于资金不足，林业产业无法规模化发展，产业相对松散。同时，科技发展水平不足，林业基础建设条件不好，导致林下经济发展面临一定的困境。②

因此，首先，应该在调查市场需求的基础上科学规划与种植，在种植前一定要进行可行性研究，并将经济林产业区域化、专业化和集约化，使其形

---

① 中共中央办公厅、国务院办公厅2021年4月联合印发《关于建立健全生态产品价值实现机制的意见》。
② 曾凡顺等：《辽宁省经济林产业发展现状、存在问题及对策》，《辽宁林业科技》2015年第2期。

成一定的规模。其次，因地制宜，发挥区域地理优势种植。再次，用先进的科学技术经营管理，提高产品的加工率，不断推出各种深加工产品，并注重综合利用经济林粗加工后的废弃物。最后，要增强品牌意识，用专业的营销人员去营销产品，开拓市场。用专业的管理人员去管理林业基地以及林业企业，并积极开展原产地认证工作等，提高经济林产品的竞争力。

五 结语

林权制度是林草产品价值实现的制度前提，涉及林草产品权属、交易体制机制、利益分配、林草产业结构等各方面的问题。因此，从价值导向出发，发挥中国林权制度现有优势，发现和解决中国林权制度存在的问题尤为关键。目前，中国对林权制度改革和林草生态产品具有正确且宏观的政策指导，但仍需科学的技术引领和法律规范予以配套，以充分发挥林草产品的生态和经济效能，促进社会经济高质量发展和生态文明建设兼顾协调。

B.11
林草业生态价值转化实践与路径

王 璟[*]

摘　要： 林草业生态价值，除了向经济价值转化外，还包括向社会价值转化。国内外对林草业生态价值转化进行了积极探索，为中国深入推进林草业生态价值转化提供了可借鉴、可参考的经验模式。林草业生态价值转化，需要处理好生态保护和经济发展之间的矛盾，需要坚持系统思维，优化空间布局，坚守生态红线，保持生态系统稳定、安全。

关键词： 林草业　生态价值　经济价值　市场化改革

在习近平生态文明思想指引下，中国植树造林种草已经取得显著成绩，绿色发展基底基本得以夯实，推动生态价值转化的基础已经具备。在绿色发展理念指导下，积极学习国内外已有案例、模式，优化林草业空间布局和结构布局，持续加力国土绿化、美化、财化，大力发展生态产业，促进生态产业化，实现生态资源优势向产业发展优势和竞争优势转化，实现"绿水青山"向"金山银山"转化。

一　林草业生态价值转化研究综述

（一）习近平总书记相关重要论述

习近平总书记创造性提出绿色发展理念。2005年8月15日，时任浙

---

[*] 王璟，山西省宏观经济研究院办公室副主任、助理研究员，主要研究方向为产业经济、生态文明。

江省委书记习近平来到安吉县考察，他高度肯定当地关停污染环境的矿山转而发展生态经济的做法，提出了"绿水青山就是金山银山"的科学论断。2014年，习近平总书记在参加十二届全国人大二次会议贵州代表团审议时指出："绿水青山和金山银山决不是对立的，关键在人，关键在思路。"习近平总书记指出："要积极探索推广绿水青山转化为金山银山的路径，选择具备条件的地区开展生态产品价值实现机制试点，探索政府主导、企业和社会各界参与、市场化运作、可持续的生态产品价值实现路径。"[1] 习近平总书记指出："生态环境保护和经济发展是辩证统一、相辅相成的，建设生态文明、推动绿色低碳循环发展，不仅可以满足人民日益增长的优美生态环境需要，而且可以推动实现更高质量、更有效率、更加公平、更可持续、更为安全的发展，走出一条生产发展、生活富裕、生态良好的文明发展道路。"[2] 习近平总书记强调："要坚持不懈推动绿色低碳发展，建立健全绿色低碳循环发展经济体系，促进经济社会发展全面绿色转型。"[3]

习近平总书记高度重视生态产品价值转化。他强调："要建立健全生态产品价值实现机制，让保护修复生态环境获得合理回报，让破坏生态环境付出相应代价。"[4] 在2018年召开的深入推动长江经济带发展座谈会上，习近平总书记强调，"要积极探索推广绿水青山转化为金山银山的路径，选择具备条件的地区开展生态产品价值实现机制试点，探索政府主导、企业和社会各界参与、市场化运作、可持续的生态产品价值实现路径"[5]。2020年11月，在全面推动长江经济带发展座谈会上习近平总书记提出，"要加快建立生态产品价值实现机制"。他还要求，完善生态保护补偿制度。[6]

---

[1] 习近平：《在深入推动长江经济带发展座谈会上的讲话》，《求是》2019年第17期。
[2] 《习近平参加贵州代表团审议》，新华网，2014年3月8日，http://www.npc.gov.cn/zgrdw/npc/xinwen/2014-03/08/content_ 1843517_ 3.htm。
[3] 习近平：《努力建设人与自然和谐共生的现代化》，《求是》2022年第11期。
[4] 习近平：《在深入推动长江经济带发展座谈会上的讲话》，《求是》2019年第17期。
[5] 《习近平主持召开全面推动长江经济带发展座谈会并发表重要讲话》，新华社，2020年11月5日，http://www.gov.cn/xinwen/2020-11/15/content_ 5561711.htm。
[6] 《（二十大受权发布）习近平提出，推动绿色发展，促进人与自然和谐共生》，新华网，2022年10月16日，http://www.xinhuanet.com/politics/2022-10/16/c_ 1129066870.htm。

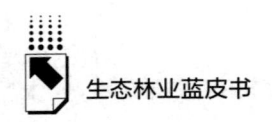

（二）相关基础理论

环境经济学一般理论认为，克服外部性可以通过赋予其资源稀缺性，将外部问题内部化，也可以通过污染者付费的办法，解决污染者私人成本与社会成本之间的差距问题。产权理论认为，生态产品具有普遍性、排他性、可转让性等。生态系统与生物多样性经济学，通过经济学理论和方法，为生物多样性保护和可持续发展提供了新的思路和研究范式，实现了经济学与生态学的融合。通常认为，生物多样性总价值包括使用价值和非使用价值。据测算，以2011年为基准，2020年我国生物多样性与生态系统服务价值高达78万亿元。① 包容性绿色增长理论认为，人民美好生活需要对环境、生态可持续发展提出更高要求，实现包容性绿色增长，需要建立约束和激励机制，要处理好政府和市场的关系，需要建立开放机制、竞争机制、流动机制、长效机制。②

（三）学术界相关研究成果

关于碳汇经济。刘世荣认为，森林、草原因排放更加高效、经济，提升林草碳汇潜力成为很多国家实现碳中和目标的重要途径。③ 刘强、唐学君、王伟峰认为，我国发展林草碳汇经济面临碳汇市场和交易机制不完善、林草碳汇计量与监测体系不完善、低碳价影响林草碳汇项目开发积极性、专业人才缺乏等问题，需要提升林草碳汇能力、建立健全林草碳汇技术支撑体系、推进林草碳汇经济空间与功能布局、开展林草碳汇交易和资产质押，并提出实现路径。④

---

① 《生物多样性有何经济价值？》，"人民资讯"百家号，2021年11月26日，https：//baijiahao.baidu.com/s？id=1717492869452920573&wfr=spider&for=pc。
② 李钢：《加快建立更加开放的包容性绿色增长机制》，《中国社会科学报》2019年9月18日。
③ 刘世荣：《提升林草碳汇潜力，助力碳达峰碳中和目标实现》，《经济管理文摘》2021年第22期。
④ 刘强、唐学君、王伟峰：《"双碳"目标下我国林草碳汇经济的实现路径分析》，《江西科学》2022年第3期。

关于公园城市。李瑶、马丽从成都建设公园城市的实践，得出应推进生态资源守护、天然林地防护、自然动植物保护，为公园城市建设提供优质后备生态资源，为公园城市生态价值转化准备高质量的自然基地。① 钟婷、张垒、阮晨分析了成都环城生态区生态价值转化路径，认为应通过与周边城市城绿融合一体化发展，以绿色网络增强生态效益的辐射能力。② 游添茸、吴桐嘉、高菲通过对龙泉山森林公园总体规划的分析，得出重要生态区域多方式并举开展生态价值转换的结论。③ 汪小琦等认为，在对生态绿隔区进行管控时要突破单一的限制发展思维，转为实现生态价值转化的倡导发展思维，强调绿色开敞空间的"景观化、景区化、可进入、可参与"，实现农商文旅体融合发展，将自然资源的价值充分发挥出来。④ 杨婷婷、何林娟分析了成都生态产品价值实现特色实践，提出塑造典型区域生态品牌、突出生态产业特色性开发、推进EOD网络化布局等政策建议。⑤

其他相关研究。秦伟等根据吴起县退耕还林实际情况，分析了退耕还林带来的经济价值，并基于退耕还林工程对吴起县绿色GDP进行核算。⑥ 李伟等分析了山东东营城市湿地生态价值转化存在的问题，提出城市湿地生态价值转化新模式，认为城市湿地生态价值转化需要流域综合管理方法。⑦ 李鹏远、李梅英根据七里海湿地生态价值转化为经济价值的调研结果，提出依托生态资源发展医养康养产业、依托蓝天绿水发展新兴产业等建议。⑧ 秦云

---

① 李瑶、马丽：《成都公园城市建设的现状调查及其发展路径》，《资源与人居环境》2021年第4期。
② 钟婷、张垒、阮晨：《成都环城生态区生态价值转化路径研究》，《规划师》2020年第19期。
③ 游添茸、吴桐嘉、高菲：《成都市生态保护的探索与实践研究》，《环境科学与管理》2020年第5期。
④ 汪小琦等：《成都市生态绿隔区管控探索》，《规划师》2020年第2期。
⑤ 杨婷婷、何林娟：《推动成都生态产品价值实现的建议》，《决策咨询》2022年第3期。
⑥ 秦伟等：《吴起县2015年水资源承载力评价》，《干旱区研究》2007年第1期。
⑦ 李伟等：《城市湿地生态价值转化新模式研究——以山东省东营市为例》，《现代园艺》2022年第13期。
⑧ 李鹏远、李梅英：《发挥七里海生态湿地优势助推宁河经济社会高质量发展——关于推动七里海生态价值转化为经济效益的调研报告》，《求知》2022年第3期。

龙分析了浙江丽水景宁畲族自治县充分利用150多万亩山林资源,通过发展香榧核心示范基地等途径,推动GEP(生态系统生产总值)向GDP转化。[①]李伟红分析了景宁畲族自治县大均乡建立以GEP核算评估为依据、政府购买生态产品的机制。[②]卢志鹏、洪舒迪通过分析丽水生态价值向经济价值转化的路径,得出完善体制机制、强化要素保障、加强绿色基础设施建设、密切农民利益联结机制、建立以科技为导向的经营模式等启示。[③]

从国内外研究成果看,在确保生态保护的前提下,合理设计政策体系,利用林草生态资源,有步骤地发展生态产业,坚持市场化改革方向,发展新型农业经营主体,积极引进社会资本参与林草业建设,充分释放市场主体活力,可以推动生态优势向产业优势转化,最终向经济竞争优势转化。

二 林草业生态价值转化实践分析

(一)国外案例分析

1. 美国湿地缓解银行

美国通过设立湿地缓解银行,使湿地占有者的法定补偿义务通过第三方新建或修复湿地实现,消除占有行为对生态系统的影响,实现湿地面积动态平衡。

具体做法如下。建立健全法律制度体系,构建以《清洁水法》、《清洁水法第404条(b)(1)款——环境导则的补偿决定》备忘录、《建立、使用和运行补偿银行的联邦指导意见》、《水域资源损害补偿最终规则》和相关实施细则等为基础的法律体系,为湿地缓解银行快速发展奠定制度基础。

[①] 秦云龙:《从GEP到GDP,看畲乡如何采掘"绿金"——浙江景宁畲族自治县"两山"转化调查》,《经济》2021年第11期。

[②] 李伟红:《大花园建设视野下的乡村价值再发现典型案例的调研与启示》,《浙江农业科学》2020年第12期。

[③] 卢志鹏、洪舒迪:《生态价值向经济价值转化的内在逻辑及实现机制》,《社会治理》2021年第2期。

完善运行机制，采取市场化第三方机制，协调湿地开发者（当事者）、湿地建设者（湿地补偿银行）与银行监管者（主要为陆军工程兵团或美国环保局）三者的关系。永久性保护湿地缓解银行生态功能，合理确定银行"信用"额度和补偿比例，为长期管护提供永久性保护资金。

2. 法国国家公园绿色发展体系

法国国家公园多数位于山区，这些地区经济较为落后，建立国家公园的主要目的除了保护生态资源外，还有促进山区经济绿色发展。比如，蔚蓝海岸国家公园，涵盖天然岩石峡湾群、森林和海洋，游客在政府限定的范围内可以进行攀岩、潜水、皮划艇等运动。①

具体做法如下。法国将国家公园分为自然区域、公园游览区和外围地带三个区域，自然区域禁止公众进入，公园游览区和外围地带允许在限定条件下开展休闲活动、建设辅助设施。为了更好保护和合理利用，法国对国家公园管理体制进行改革，重点是国家公园与周边区域共同管理，带动地方绿色发展。从宪章、法规、规划、技术标准等角度完善规则体系，由国家公园管理局、地方政府和专家组成国家公园董事会，负责国家公园日常管理，吸纳环境部、社会团体、相关部门等组建委员会，共同参与管理。建立国家公园产品品牌增值体系，国家公园周边一定范围内的区域成为加盟区，加盟区范围内的地方政府、社区和民众可以通过该体系下相关产业的发展，获得一定收益。建立特许经营制度，在国家公园范围内，国家公园联盟制定特许经营市场准入清单，从申请人资质和经营行为等角度做出规范。

3. 瑞典森林经理计划

瑞典通过森林经理计划，实现森林蓄积量稳定增加，在保证生态服务功能实现的同时，大力发展造纸业，成为世界木浆、纸张主要出口国。

具体做法如下。坚持可持续发展理念，长期稳定供应木材，促进林业发展和森林管理稳定运行，确保经济利益，充分保障居民、林业工人合理权

---

① 《法国国家公园面面观：严格限定人类活动干扰》，央广网，2017年7月26日，http://travel.cnr.cn/list/20170726/t20170726_523868131.shtml。

益，实现社会稳定，保护自然生态系统，保持生物多样性，实现生物可持续发展。进行森林经理时，按照地形、河流、道路等自然线划分林管区。坚持科学采伐，严格保护母树和林下幼树，采取定株采伐、小面积皆伐的做法，优化幼龄林、中龄林、近熟林、成熟林结构，实现林业资源科学更新代谢。采伐后立即补种，有效保护森林资源，稳定提升森林蓄积量。引入FSC（森林管理委员会）和PEFC（森林认证体系认可计划）等第三方国际认证体系。

4. 哥斯达黎加市场化交易碳汇

哥斯达黎加充分运用市场化手段，实现森林生态产品价值转化。具体做法如下。开展碳市场交易，政府通过协议方式，从碳汇林经营者处获得碳汇产权，在国际市场上寻找买家。创新绿色金融产品，哥斯达黎加向外国投资厂商发行碳债券及贸易抵消证明，有效保证期为20年，国外投资者可凭此抵免其在本国减少的二氧化碳排放量。推行生态产业化，推行"生态旅游+环境教育"，通过开展丛林探险、热带音乐等活动，吸引全球游客，实现生态产品价值。

（二）国内案例分析

1. 福建南平森林生态银行

福建南平构建森林生态银行，集中收储森林资源，引入社会资本和专业运营商管理经营，创新集体林权制度，实现了资源变资产、资产变资本，将生态资源优势变为经济发展优势。

具体做法如下。政府主导建立运行机制，按照"政府主导、农户参与、市场运作、企业主体"的原则，组建股份制林业资源运营有限公司，作为市场化运营主体，整合基层林业部门，开展经营活动。清查林业资源，开展确权登记，采取"一张网、一张图、一个库"数据库管理方式，实现全生命周期动态监管。鼓励林权流转，依托森林生态银行，集中收储、优化整合林业资源，灵活采取入股、托管、租赁、赎买等方式，保障林农利益，成立林业融资担保公司，提供林权抵押担保服务。开展规模化、专业化、产业化运营，实施国家储备林质量精准提升工程，优化林分结构，增加林木蓄积，引进实施 FSC 国际森林认证，规范传统林区经营管理，积极发展"林业+"产业，推动林业产业多元化发展，采取"管理与运营相分离"的模式，运营权整体出租给专业化运营公司，开发林业碳汇产品，实现生态产品价值。

2. 福建武夷山五夫镇生态银行

五夫镇借鉴商业银行理念，以文化为统领，依托林草等生态资源优势，开发朱子文化和生态观光旅游，深度挖掘自然生态价值，建设综合型资源生态银行试点，将文化和生态资源优势转化为经济发展优势。

具体做法如下。武夷山市组建生态银行运营公司作为主平台，五夫镇各村集体成立村办公司，形成开发平台体系，建立"专委会+政府+平台公司+市场主体+村集体+农户"运作体系，创新"村民—村集体经济组织—平台公司""两级流转"机制，建立"精细化摸底调查、专业化规划策划、多元化评估定价、定向化流转整合、精准化治理提升、市场化开发运营"六化六步操作模式。摸清资源权属，对山、水、林等自然资源和文化文物资源进行确权登记，探索资源"一张图"。成立生态资源营业部，建立生态资源登记卡，村集体和农户将土地森林等资源存入银行。政府采取托管、合作、购买、租赁等方式，将土地、林地等资源集中收储。生态银行将资源整合为可开发资产包，完成资产整理。积极引入资本，吸引政府资金建设基础设施，降低外部资本投资风险。吸引中小企业项目资金、村集体经济项目资金、国有企业项目资金参与资本形成，由专业化运营公司策划，形成旅游产品，资源由此变为资产。

3. 重庆森林覆盖率指标交易

重庆设置森林覆盖率约束性考核指标，明确各方权责和相应的管控措施，形成了森林覆盖率达标地区和不达标地区之间的交易需求，搭建了生态产品直接交易的平台。

具体做法：重庆在全国率先建立提高森林覆盖率横向生态补偿机制，允许完成森林覆盖率目标确有困难的地区，购买森林面积指标，用于本地区森林覆盖率目标值计算。①重庆根据自然条件和主体功能定位，将38个区县分成三类，分类下达森林覆盖率目标任务，各区县根据基准确定计算指标。基于森林覆盖率指标，构建交易平台，按照自愿原则进行交易。重庆林业局对价格和交易方式进行总体把关调节，监督交易资金使用，监督指导区县签订履行协议，促进交易双方共同参与植树造林。在此机制指引下，江北区与酉阳县签订森林覆盖率指标交易协议，江北区向酉阳县购买7.5万亩森林面积指标，交易金额1.875亿元，专项用于酉阳县森林资源保护发展。

4. 山东威海华夏城矿坑生态修复

山东威海对龙山开采建筑石材出现的矿坑，进行植树种草，使其恢复生态，逐步增加生态产品，将其建成风景优美的5A级景区，实现生态修复、产业发展和生态产品价值同步规划、同步实施、同步见效。

具体做法如下。优化顶层设计，在"生态威海"战略指引下，将采矿区调整为文化旅游区。明确产权，引入社会资本承接生态修复治理工程，稳定企业投资预期。因地制宜开展生态修复，根据地质、降水等情况，采取不同工艺和思路，开展分类治理。采用"拉土回填"方式填埋矿坑，恢复被毁山体，降低地质灾害风险。将开采最严重的矿坑改造为水源，合理种植各类树木，大幅提升森林覆盖率，大量吸引野生动物觅食栖息，逐步恢复生态。依托修复后的生态系统，打造室外演艺、生态文明展馆等文化旅游产品。依托景区建设，带动周边土地升值，搞活房地产市场，实现生态产品价值外溢。旅游业和房地产业快速发展，带动周边消费持续提升，城乡居民就业和收入问题相应得到解决。

三 林草业生态价值转化的基本路径

（一）强化顶层设计

坚持系统思维。准确把握生态价值转化概念的内涵，确保生态系统稳

---

① 《晒亮点丨打通绿水青山向金山银山的转化通道 重庆两个案例获国家部委点赞》，"上游新闻"百家号，2020年5月6日，https：//baijiahao.baidu.com/s？id = 1665904598961192423&wfr = spider&for = pc。

定,将"金山银山"转化保持在合理范围及比例,不盲目追求量的增加和速度的提升。准确把握生态价值转化概念的外延,积极探索生态产品价值实现领域、模式和路径。用系统论的思想方法看待林草业生态价值转化,按照林草生态系统内在规律,将林草置于山水林田湖草沙一体化保护治理整体工作中,坚持绿色发展理念,寻找林草生态系统保护和林草业经济效益实现路径。坚持因地制宜、实事求是的原则,做好分类治理。林草业发展基础较好的地区,鼓励发展生态经济,预留经济发展空间。林草业已经具备一定基础但需要持续开展生态保护修复的地区,按照保护优先的原则,合理安排生态修复、资源开发、产业发展等,优化规模、结构、时序安排,为林草业生态价值实现创造条件。

优化生产、生活、生态空间布局。允许生态环境良好的地区,适度预留发展生态产业的空间。适宜发展生态产业的地区,根据生态保护与修复、产业发展等要求,优化国土空间布局,合理确定开发时序。合理划定生态保护红线、永久基本农田、城镇开发边界,稳定提高林草覆盖率,重点在三北、黄河流域、长江流域、东南沿海、西南等流域、区域,加大原始森林和公益林保护力度,促进营造人工林,推动草原、草场保护、修复,提高林草业生产力和承载力。围绕以人为核心的新型城镇化,提高城镇绿化率,将中心城市建设成为公园城市,建设公园群落和中央绿谷,合理布局游憩绿地、城市公园等生态休闲系统,建设城郊森林公园,打造近自然森林斑块,深化美丽乡村建设,支持生态廊道与农田防护林网有效衔接,将林草生态优势转化为乡村振兴发展基础和产业优势。

保持林草生态系统原真性和完整性。依托国家公园建设,采取重要生态区域整体保护方案,完整保护区域内自然生态系统,提高系统保护能力。深化国家公园体制试点,在管理体制、运行机制、资源保护、政策保障、科研监测、社区共管、多方参与、科普宣教等方面持续深化改革创新,持续开展第三方监测、评估,完善国家公园管理体系,依托重点工程、重大项目,建立国家公园建设储备库机制,完善资金、技术、人才等要素保障,健全国家公园法律法规政策体系,稳步推进国家公园建设。

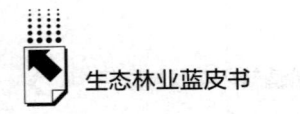

（二）夯实生态基底

坚实的生态基底是林草业生态价值转化的基本前提。提高优质林草生态产品供给能力，依托重点国有林区、草原，实施生态系统服务功能提升工程，着力提高森林蓄积量和产草量。优化林草业优质生态产品布局，着力提升西部地区、边疆地区、沿海地区林草覆盖率，坚决遏制肆意侵占林地、草地等现象。依托林草业生态系统保护和修复工程，重点整治森林草原退化、湿地萎缩、水土流失、土地沙化等问题，以精准提升林草质量为核心，沿重要河流、山脉、农业主产区、城市群建设绿色生态走廊。着力收集、保护优质林草种质资源，在林草种质资源富集区开展种质资源原生环境保护，保存濒危、珍稀、乡土林草种质资源，保护遗传多样性。

加大生态公益林保护力度。强化森林防火、防盗、病虫害防治工作，定期开展林业有害生物检疫监测，完善管护制度，加强生态公益林护林员队伍建设，严格管控公益林调整，确需变更调整的，确保占补平衡。促进人工用材林培育，围绕可持续经营，提高木材供给能力，依托国家储备林，强化珍贵用材林建设，推进中幼林抚育和低质低效林改造，突出特色，完善市场化改革措施，积极引入社会资本，大力发展经济林，建设经济林基地。

加大基本草原保护力度。科学划定基本草原，完善保护制度体系，持续推动退耕还草、退牧还草，分类推进禁牧轮牧休牧，实现草原休养生息。运用飞播、喷播等技术，修复退化、风化草原。坚持宜林则林、宜草则草，在林区和林草交错地带，保留林缘草地，维持林地、草地镶嵌分布的复合生态系统稳定。生态脆弱的草原，加大生态修复力度，优先选择乡土草种开展生态修复，严禁种植树木。积极利用农闲田、退耕还草地、饲草料地等建设人工草地。坚持以水定绿，采取灌草结合方式恢复植被，大力发展旱作型多年生人工草地。

（三）推动GDP向GEP转变

GEP核算，是评估一定区域生态系统为人类生存与福祉提供的产品与服务功能量和价值量。[①] GDP向GEP转变，是践行习近平生态文明思想的重要举措，是推动绿色发展的核心要义。近年来，地方GEP核算与应用试点工作积累了丰富的实践经验，为在全国范围内推广GEP考核制度奠定了实践基础。推动实现GEP核算，需要统一GEP评价管理、建立GEP与GDP双考核制度、完善地方领导政绩考核评估、完善GEP核算政策体系。

统一GEP评价管理。建立GEP核算制度体系，明确主管部门，可以考虑建立由统计部门牵头，发展改革、自然资源、生态环境、市场监管等部门参加的GEP核算工作委员会，将该委员会作为GEP核算主管部门。整合GEP核算所需数据，建立健全生态统计分析监测体系，明确核算范围和方法，建设GEP核算数据库、工作平台、标准体系、技术规范、统计报表体系等。拓展GEP管理体系应用，将GEP核算成果应用至工作考核、城乡规划、重大项目管理、城乡生态环境监测等领域。完善GEP核算人才、技术、资金等要素支持，积极引入第三方参与GEP核算，提高科学性、准确性、专业性。

（四）创新体制机制

创新投入机制，逐步建立政府引导，企业、专业合作组织和农民为主体的林草业多元化投入机制。发展新型经营主体，依托林草专业大户、家庭林场、农民专业合作社、龙头企业和专业化服务组织，培育新型林草经营体系，打造以林草产品生产加工企业为龙头、专业合作组织为纽带、农户为基础的"企业+合作组织+农户"经营模式。依托城市公园、生态廊道，发展"绿道+"模式。创新管理体制，建立健全林长制度，采取清单化管理方式，

[①] 《建立健全GEP与GDP双考核制度》，光明网，2022年8月9日，https://www.gmw.cn/xueshu/2022-08/09/content_35941952.htm。

制定发展清单、准入清单、负面清单，推动林草生态资源总量和质量增加、林草业产值增长纳入各级林长重点工作任务。完善林草生态资源资产产权交易机制、约束性有偿使用机制、价格形成机制、生态资源储备与交易的生态金融机制等，实现生态资源总量持续增加、质量稳步提升。完善林草业生态产品质量监管机制、定价机制、认证机制、价值核算机制、生态市场交易机制等，①着力化解"两山"转化体制性、机制性矛盾，充分释放市场活力，有效发挥政府作用。

（五）构建产业体系

发展林草业碳汇经济。查明林草生态系统地下生物量、地上生物量、土壤有机碳与可计量碳汇量，建立健全碳汇监测系统，完善碳汇计量检测指标体系和碳汇核算方法，加强与国际碳汇计量检测、统计核算的衔接。优化林草空间布局，重点建设碳汇功能区，合理设置碳汇经济服务区、碳汇产业示范区等，着力促进生态功能实现，有序推进林草产业发展。加快推进碳排放权交易，强化碳汇项目咨询服务，完善碳汇交易类型，拓展碳汇交易模式业态，打造全产业链林草业碳汇经济。提升公共服务能力，推进林地草原确权登记，明晰产权，确定交易主体，合理确定开发时序，建立监测平台，实施动态监测，提升监管能力，开展评估等中介服务，完善交易平台，扩大交易规模，拓展交易范围。

推动与新技术、新业态融合发展。发展智慧林草，着力实现科技赋能，运用新一代信息技术，通过大数据、云平台等手段，为林草业生态价值转化提供技术支持，促进林草业产业链与创新链耦合。创新发展模式，运用线上服务方式，延伸、拓展林草业产业链、价值链，促进林草业向服务型经济转型，支持开展森林马拉松、骑行等体育活动。促进林草业与乡村振兴融合发展，将发展林草业作为乡村产业振兴的重要路径，大力发展林草加工业，延

---

① 《"两山"转化：生态产品价值实现的内在逻辑——来自全国首批试点地区的经验观察》，中国社会科学杂志网站，2020年6月30日，http://sscp.cssn.cn/xkpd/xszx/gn/202006/t20200630_5149433.html。

伸产业链，发展林下经济，培育壮大种植养殖业，发展生态旅游业，打造"村在景中、景在村里"的美丽、富饶的新农村，发展林草业循环产业，提高林草业废弃物综合利用水平。

（六）完善政策体系

建立林草业生态产品分类体系和价值内涵体系，明确林草业生态产品内涵，编制林草业生态产品清单，建立林草资源账户、资产账户、资本账户，做到林草业生态产品底清数明。建立林草业生态产品统计调查监测分析机制，开展林草业生态产品调查和林草业生态产品动态监测，完整、准确、及时掌握存量和增量变化。建立第三方评价机制，针对林草业生态产品价值转化路径，构建指标评价体系及评价技术、方法。推动林草业生态产品经营开发，拓展林草业生态价值实现模式，开发自然教育、生态体验等，提升生态价值链高级化水平。健全林草业生态保护补偿机制，完善生态保护补偿制度，建立健全生态环境损害赔偿制度。强化生态环境分区管控，保证林草生态资源总量和质量稳步提升，促进碳汇资源有偿使用，完善碳汇资源分级分类管理制度，建立健全前期课题研究机制，完善林草业碳汇人才培养制度。支持开展试点示范，选择东北、西南、长江中上游、华南等林草生态资源较为富集的区域，先行建设林草业生态价值转化示范区，为全国积累经验、探索路径。

（七）培育交易市场

交易市场是促进生态价值转化的关键。建立交易市场，要以提升生态环境质量为目标，依托生态环境监测数据，构建科学的生态容量评价体系，科学估价林草业生态容量产品，建立健全林草生态产品交易制度，打造交易平台，打通从植树种草到生态受益购买之间的交易环节，完成大气污染治理、生态容量购买及上游退耕还林还草补偿。交易市场可以分为林草产品交易所、林草产权交易所、林草碳汇交易所等，其中，林草产品交易所主要交易林草产品，特别是生态林草产品，除此之外该市场还肩负着获得林草市场定价权的重任，为林草产品获得国内国外两个市场、两种资源夯实基础。林草产权交易所主要交易的是经营权，在保证所有权不变的前提下，促进经营权合理流动，实现所有权、经营权"两权分离"，在前期国有林区、国有林场改革基础上，继续为林草业产权制度改革试水探路。林草碳汇交易所主要交易林草碳汇产品，这可能是林草业生态价值转化为经济价值最为现实、最为主要、最为直接的渠道。

（八）推动融合发展

推动林草业与金融业融合发展。着力破解利息高、担保难、还款时序等问题，政策性银行加大无息、低息贷款投放力度，对商业银行主动降低贷款利率的，给予政策性支持和补偿。创新担保形式，围绕林权、未来收益、碳汇收益等探索开展新型担保模式。将还款时序和林草生产规律结合，延长还款时限，尝试采用过程还息、末期还本、还款额度逐年递增等方式。[1] 创新林草业生态价值转化金融产品，建立以财政资金为引导、社会资本广泛参与、市场化运作的林草业生态价值转化基金，支持林草业发展壮大、生态产品价值转化，支持对林草业自然资源集中收储，创新生态银行等模式，引导社会资本对林草生态资源进行开发。创新金融产品，支持林草业碳汇与储蓄、期货、期权、债券、保险等产品融合发展。

推动林草业与城市建设融合发展。大力建设公园城市，依托城市公园、植物园、森林公园、湿地公园、公共绿地、小游园等绿色资源，发展林木种植业、花卉业、特色农产品加工业等，完善城市生态系统，提升城市品质和绿色发展水平，提升城市居民幸福感、获得感，围绕高技术产业和高层次人才，提升招商引资引智效果。在废旧矿场、采空塌陷地、交通建设损害地、油气管线建设用地、地质灾害高发区域等，依托土地综合整治与生态修复重点项目，选择合适的草种、树种，开展国土空间绿化，促进水资源节约集约

---

[1] 《20年来，中国林业创造了这样两大世界奇迹》，"人民政协网"百家号，2022年8月19日，https://baijiahao.baidu.com/s?id=1741520033863265379&wfr=spider&for=pc。

利用，适度建设公园、游园、植物园等，带动周边土地增值，助推房地产业发展。对自然生态系统受到严重损失、破坏的林场、草场，采取仿造重建原有生态系统、新建符合当地自然条件的人工生态系统等方式，坚持以生态修复为导向，待生态系统逐步形成、稳定发展后，建设森林公园、草原公园，按照"保护区、生态保育区、科教游憩区、管理服务区"功能分区原则，突出林草生态资源保护，开展林草科学研究，推进灾害预防，保护生态系统完整性和原真性，适度建设康养、游学、文旅等项目。

B.12 林草资源资产清查核算方法与体系建设

张 颖 李晓格*

摘 要： 本报告在归纳林草资源资产清查的国内外研究方法的基础上，总结了森林和草原资源资产清查的实物量核算方法与价值量核算方法，并对林草资源资产清查核算方法、体系建设提出了政策引导性建设、学理规范性建设、基础数据保障和法律法规建设、清查核算的反馈机制和核查制度建设等建议。

关键词： 林草资源 资源资产清查核算 价值量核算方法 实物量核算方法

一 林草资源资产清查与生态林业建设

（一）林草资源资产清查

自然资源资产清查是指利用各类自然资源调查（清查）中全民所有自然资源的权属、数量、质量、用途、分布等资源信息，统一精度与底图，核对各类自然资源资产实物量，并补充全民所有自然资源资产的价格、使用权、收益等资产信息，估算自然资源资产经济价值量。2020年我国发布《森林资源连续清查技术规程》（GB/T 38590—2020），对森林资源连续清查

---

* 张颖，北京林业大学经济管理学院教授，博士研究生导师，主要研究方向为资源环境统计与核算、区域经济学；李晓格，北京林业大学经济管理学院博士研究生，主要研究方向为资源环境统计与核算。

的定义为：以宏观掌握林草资源现状及其动态变化，客观反映森林的数量、质量、结构和功能为目的，以省（自治区、直辖市）或重点国有林区林管理局为单位，设置以固定样地为主进行定期复查的森林资源调查。农业部办公厅2017年印发的《全国草地资源清查总体工作方案》提出全国草地资源清查的目的是掌握草地资源状况、生态状况和利用状况等方面的本底资料，提高草原精细化管理水平。因此，草地资源清查主要是对草原的类型、等级、生物量、生长状况以及变化情况进行调查，获取草原植被盖度、生产力等数据，掌握草原植被生长、利用、退化、鼠害病虫害、生态修复状况等信息。

（二）林草资源资产清查在生态林业建设中的作用、价值

林草资源资产清查的目的是对林草资源的数量和质量进行排查，以便为林草生产管理工作提供依据与指导。林草资源资产清查是林草业发展的基础性工作，能够精准掌握林草业发展趋势，对制定和调整林草业方针政策，编制国民经济和社会发展规划等战略具有重要意义。[1] 通过林草资源资产清查，可以有效解决林草资源数量质量台账不清、数据不全、无法定量评价的问题，持续推进林草生态文明体制改革。[2]

从经济学的角度来看，生态林业就是充分利用区域自然资源促进林业产业发展，并为人类生存和发展创造最佳环境的林业。它是一个多目标、多功能、多成分，具有动态平衡功能的森林生态系统。作为一个有机整体，生态林业建设能够充分发挥各组成部分的功能，保持生态平衡。在结构复杂的生态系统中，林草业的可持续发展不仅可以涵养水源、保持土壤、避免水土流失，还可以减少空气污染，保护湿地资源，确保生态系统的多样性和物种多样性，促使生态系统更具完整性。[3] 林草资源资产清查作为基础性的摸底工作，为生态林业建设规划提供可靠的数据资料。基于数据资料，生态林业建

---

[1] 蒲莹等：《森林资源清查向森林生态系统监测转型技术》，《科技创新与品牌》2021年第5期。
[2] 方立华：《关于草地资源清查外业调查工作的思考》，《畜牧兽医科技信息》2019年第7期。
[3] 臧玉玲：《新形势下森林资源管理和生态林业的发展方向探讨》，《现代农业研究》2022年第5期。

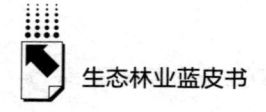

设部门可以对林草项目开展实施效果分析，统筹林业生态建设经济效益和社会效益，提高林草资源的利用效率，实现林草业的可持续发展。将林草资源资产清查应用于生态林业建设当中，可以更好地服务生态建设。

二 林草资源资产清查核算的国内外研究进展

（一）森林资源资产清查核算的国内外研究

森林资源资产清查在各个国家森林资源监测及管理中发挥着无可替代的作用。森林资源清查随着技术的发展经历了目测法、每木检尺、抽样技术等实测森林调查方法，以及系统抽样法与统计法等方法。[1] 近年来，随着3S（遥感技术 RS、全球定位系统 GPS、地理信息系统 GIS）技术、数据库和模型技术等的广泛应用，森林资源清查体系快速发展，在调查精度、质量、效益等方面都取得较大进展。目前，我国森林资源清查体系主要有3类，即一类调查——全国森林资源连续清查，二类调查——森林资源规划设计调查，三类调查——作业设计调查，三类调查可满足不同管理者的需求。[2]

森林资源清查核算是一项复杂的系统工程，按核算单位可分为实物量核算和价值量核算；按核算内容可分为森林资源存量核算、流量核算和投入产出核算，前两者合并又称为平衡核算。关于森林资源价值量核算，国际上比较有指导意义的核算体系主要有三种：联合国统计署等单位编写的《环境经济核算体系》（简称SEEA）、欧盟统计局编写的《欧洲森林环境与经济核算框架》（简称IEEF-2002），以及联合国粮食及农业组织（FAO）编写的《林业环境与经济核算指南》。《环境经济核算体系》经过20年的研究与发展，已发布4部，分别是SEEA-1993、SEEA-2000、SEEA-2003、SEEA-2012，每个版本中对森林资源核算都有不同的阐述与分析。SEEA-2012吸

---

[1] 史京京、雷渊才、赵天忠：《森林资源抽样调查技术方法研究进展》，《林业科学研究》2009年第1期。

[2] 刘金成等：《实时动态多功能双目立体摄影测树仪设计》，《农业工程学报》2018年第22期。

收了联合国粮食及农业组织编写的《全球森林资源评估》《林业环境与经济核算指南》关于森林资源核算的概念、分类和方法，成为推动各国开展环境经济核算的重要参考工具。[①]

我国从20世纪80年代开始森林资源资产清查核算研究，经过森林木材价值计算、森林生态价值评估、森林资源总体价值核算3个阶段的发展，基本形成了包括森林实物资源价值、环境资源价值和社会效益价值的核算框架。[②] 森林实物资源价值主要包括林地、林木、林产品，以及其他森林动植物的价值。森林环境资源价值主要包括森林涵养水源、保持土壤、净化空气、固碳释氧、防护农田、维持生物多样性，以及改善生存生活环境等。森林社会效益价值受区域自然禀赋以及社会经济特点的影响，其内涵有所差异，但主要包括提供就业、促进当地产业（如生态旅游业）发展、改善生产生活环境、发展生态文化等。很多学者主张将森林资源资产核算纳入国民经济核算体系，[③] 合理化森林所提供的多种服务对经济社会的贡献，完善国民经济核算体系。

（二）草原资源资产清查核算的国内外研究

草原资源资产清查是草原资源研究的基础工作，美国先后在1939年、1947年、1959年对国有公共天然草地进行普查，通过普查摸清了草地的基本类型、植被组成、生产力高低、牧草质量等，进行草地评比分级，为草地利用和管理提供科学依据。澳大利亚改革对草地进行路线调查的方法，采用航空照片和卫星照片等技术手段对草地资源进行调查。从20世纪80年代开始，许多国家开始将卫星资源用于草地植被的遥感监测。我国从新中国成立后开始进行区域性草地及其植物资源的调查研究工作，至今主要开展了三次全国性的草原调查，明确了中国草地资源面积与分布，提出《草地分类》

---

① 蒋立、张志涛：《森林资源核算理论研究国际进展综述》，《林业经济》2017年第7期。
② 李忠魁等：《对我国森林资源价值核算的评述与建议》，《林业资源管理》2016年第1期。
③ 李金昌：《资源核算及其纳入国民经济核算体系初步研究》，《中国人口·资源与环境》1992年第2期；孔繁文、何乃蕙主编《森林资源核算与国民经济核算体系》，人民中国出版社，1993；岳泽军：《森林资产核算问题研究》，东北林业大学出版社，2004；张颖编著《森林资源核算及纳入国民经济核算体系的理论、方法、实证研究》，中国环境科学出版社，2001。

《草地资源调查技术规程》两套标准,形成了《全国草原资源综合植被盖度调查技术方案》,为草原资源统一监管、自然资产核算提供数据支撑。

草原资源资产清查核算首先要解决两个关键性的问题,一是对其进行准确具体的分类,二是根据具体分类有针对性地选择计量方法。因此,关于草原资源资产清查核算的国内外研究主要集中在草原资源资产核算和国家资产负债表两个方向。草原资源资产核算方向主要为核算方法的改进与创新。1956年,Tinbergen最早提出影子价格法,从资源稀缺性角度核算草原资源的边际效益。但影子价格是虚拟的,只能反映静态的草原资源价格,不能反映草原资源的真实价值。1963年,Davis提出条件价值法,通过个人对森林资源的偏好不同,对森林资源涵养水源、保持土壤、娱乐游憩价值等功能价值进行估算,从而得到反映森林资源的价值,该方法为草原资源核算提供了重要计量依据。1993年,W. S. Prudham第一次提到反映草原资源期初、期末及增减变动情况,通过期初和期末两个不同阶段来反映草原资源的增减变动情况,为保护和管理草原资源提供了重要的信息依据。1997年,Constanza进一步提出了生态服务定价模型,并拓展了市场估价法,用来核算草原资源的不同功能价值。C. J. Esfahani从能源市场角度,对资源进行定价,核算资源的功能性消耗性资产价值,该方法对资源资产的核算和定价有较大影响,为后来草原资源资产负债表的研究和编制提供了一定的思路。后来不同的学者,又把资源会计、经济学等理论结合起来,开创了新的研究方法,如享乐价格法、网络分析法等,推动草原资源核算进一步发展。关于国家资产负债表的研究中,M. Harris最先提议将对草原的核算纳入国家资产负债中,强调重视草原资源。目前,我国草原资源资产核算研究也进入了实际应用阶段,颉茂华等对草原资产的相关概念以及计量、披露等内容进行阐述,提出了编制草原资源资产损益表的设想。[①] 还有不同学者针对不同区域的草原资源的生态价值、生态服务效益等进行评

[①] 颉茂华、干胜道、吴倩:《草原资产核算探究》,《中国草地学报》2012年第5期;颉茂华等:《草原资源资产负债表的编制方法及应用》,《资源科学》2022年第8期;张颖:《资源资产价值评估研究最新进展》,《环境保护》2017年第11期。

估，进一步量化草原生态服务价值，推动草原资源资产负债表的编制和应用，进一步加强草原资源的科学管理和统一监管。

三 林草资源资产清查的实物量核算方法

（一）森林资源资产清查的实物量核算方法

森林资源资产清查的实物量核算是指以相应的实物量核算单位对报告期内的森林资源的数量进行计量，森林资源资产清查的实物量核算单位有面积、株数、蓄积量等。[①] 具体的核算方法如下。

1. 林地实物量核算

林地实物量核算是反映林地从期初存量到期末存量的动态平衡关系。在林地实物量核算中，引起林地实物量变化的原因主要分为三类。

一是经济活动引起的变化。主要是造林，人为活动使林地面积增加；毁林，人为活动使林地面积减少，如毁林开垦、建筑占地等都会使林地面积减少。

二是其他变化。主要是由森林的自然扩展、自然更替、自然衰退和其他不确定的原因造成林地面积的变化。

三是分类变化。主要是由林地分类的原因引起的变化。例如，根据是否提供木材对森林重新进行分类；或是由于灾难，如火灾、风暴等对林地进行分类。前者主要是由经济原因引起的变化，后者则属于由非经济原因引起的变化。

2. 林木实物量核算

林木实物量核算基本内容是记录核算期内林木存量及其变动的过程。SEEA-2012 对林木实物量核算的界定，包括立木蓄积量、生长量、枯损量、净增量、采伐量和采伐运输量等。

---

① 徐为环：《森林资源核算及其纳入国民经济核算体系的研究》，《林业经济》1991 年第 5 期。

生长量。在核算期内，由林木的自然生长引起的变化量。

采伐量。核算期内由于木材生产等引起的变化量。

枯损量。包括所有自然枯损的立木数量，但它们仍留在林中。

其他减少量。包括已经被采伐但并未及时运出去的立木数量和由自然灾害如病虫害、火灾、风暴等引起的变化量。

分类变化。主要是由各种林地类型、立木分类变化引起的变化量。可分为由经济原因引起的变化量和由非经济原因引起的变化量。

3. 木质林产品、非木质林产品和森林服务的实物量核算

木质林产品、非木质林产品和森林服务的实物量核算主要包括锯材、薪材、纸浆、纸等木质林产品。非木质林产品主要指野生蘑菇、浆果、橡胶、软木等林产品。森林服务主要指家畜饲养、饲料提供等。它们的核算单位主要为立方米（m^3）、吨（t）等。

4. 森林环境服务实物量核算

在联合国粮食及农业组织的森林资源资产核算中，森林环境服务[①]包括三种，即碳储量，生物多样性保护和对水、土壤以及其他生态系统的保护性服务。

森林的碳储量比较容易核算，有关评估方法也得到了比较一致的认知。例如，联合国政府间气候变化专门委员会（IPCC）主要通过森林生物量与碳含量的标准转化估算碳储量。这种方法比较合理，也获得较多认同。核算既有期初存量、核算期的变化量，也有期末存量。

生物多样性保护只能对濒危、珍稀、严重濒危等物种进行统计，并且要对自然保护区、国家公园、栖息地或物种经营区面积进行核算。

森林对水、土壤以及其他生态系统的保护性服务，主要核算森林在保护城市区域水质中的作用，也要核算森林增加或减少的水量供应和下游河流土壤侵蚀的情况等。至于以实物形式核算森林对农业提供的服务、森林对水力发电和国内水供给的服务是比较困难的。

[①] 在早期的联合国有关文献中，往往称"森林环境服务"，后期更多称"森林生态服务"。

在实践中，我国森林环境服务核算的内容主要有水源涵养、净化大气、水土保持、固碳供氧、森林的防护作用、森林游憩和生物多样性保护。但这些内容用实物量核算是比较困难的，一般应根据不同区域的森林的主要功能进行相应的环境服务核算，并用面积等作为实物量核算单位。

（二）草原资源资产清查的实物量核算方法

随着科学技术的发展和生产生活水平的提高，草原的概念逐渐扩大，从形成方式角度来说，草原资源是许多人工产品、畜牧业副产品以及牧草草料等的总称，不仅仅是依靠自然形成的。即草原资源是具有特定的数量、质量以及空间结构、面积分布、畜牧业生产能力和草原生态服务价值等一系列功能的自然资源。草原资源资产主要包括草原自然资源本身的物质量和草原生态系统提供的生态服务功能量。草原资源资产清查的实物量核算就是对报告期内的草原、草山以及其他一切草类资源的数量通过相应的实物量核算单位进行核算，包括存量核算和流量核算。

草原土地资源资产实物量核算就是按照不同的草地类型，以面积核算草原土地资源的物质量。草原生物资源资产实物量核算主要利用牧草数量和其他剩余部分数量核算。草原生态功能资源价值实物量核算主要是对草原生态系统为人类提供的有益产品，包括水源涵养、土壤保育、营养物质积累、大气环境净化、牧畜粪便降解、生物多样性维持、草原游憩等进行实物量核算，单位主要为立方米（m^3）、吨（t）等。

四 林草资源资产清查的价值量核算方法

（一）森林资源资产清查的价值量核算方法

基于劳动价值法、地租理论、边际效用价值论、货币时间价值理论以及生态补偿论的基本原理，森林资源资产清查的价值量核算方法，总体上可以概括为以下三种。

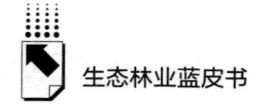

一是综合法。根据森林资源的功能和效益，森林资源价值可分为有形的资源价值和无形的生态价值，即直接效益和间接效益。直接效益可根据市场交易价格直接计算，而间接效益在大多数情况下，采用整体计算比较困难，一般按照森林资源的生态功能进行分解，然后按照不同的方法核算相应的价值，最后把森林资源各项功能价值加总，构成森林资源生态总价值。但这种综合法计算的森林资源价值，是否等于森林资源的整体价值，有待商榷。

二是租金或预期收益资本化法。该方法的前提是要知道森林资源的租金或预期收益及利息率，然后利用资本化法进行计算。在核算过程中需要注意，森林资源价值需要通过供求关系表现的稀缺性和时间价值进行调整，而且核算的森林资源价值是整体价值，包括有形价值和无形价值。

三是替代法。对于无法直接计算的森林资源价值，一般采用市场价值法、工程费用法、调查评价法等方法，计算出该功能的价值来代替森林资源的价值。但在实际应用中，替代法计算的森林资源价值往往较高，甚至难以接受。而且在核算中，也涉及支付意愿（WTP）和接受意愿（WTA）的问题。因此，有学者建议使用该方法对森林资源价值进行核算时，应使用发展阶段系数，即恩格尔系数的倒数来调整其核算价值。

除以上方法外，森林资源价值核算的方法还有成本效益分析法、市场价值法、边际机会成本法、替代市场法等，目前国际上还没有公认、标准的方法。下面从林地资源、林木资源、森林生态服务三方面对森林资源价值核算的主要方法进行阐释。

1. 林地资源价值量核算方法

林地是天然产物，供给量是固定的，价格的高低仅受需求单方面的影响。而且林地一般不存在磨损，一般是增值的，林地价格水平受区域环境及资源禀赋的影响难以标准化，因此，林地资源价值量核算也是研究的热点。目前主要运用的核算方法有：现行市场价法、成本核算法以及收益核算法。

现行市场价法或直接市场法也叫市场资料比较法，就是参照附近类似林地买卖实例等资料来评定林地的价格。

成本核算法主要有林地成本价法、林地费用价法等。林地成本价法即根据投入林地的费用进行林地价格核算的方法。林地费用价法是根据购买林地费用和林地发展到现在状态所需的费用进行林地价格核算的方法。

收益核算法主要为林地期望值法，即对某一林地永久获得的土地纯收益用林业利率折算（贴现）的林地总现值（前价）。

2.林木资源价值量核算方法

目前，林木资源价值估价方法很多，不同发展阶段采用的测算方法不同，即使同一发展时期也存在多种测算方法。根据《森林资源资产评估技术规范（试行）》的规定，林木资源资产评估方法主要有：市场价格法，包括现行市价法和市场价倒算法；收益现值法，包括收益净现值法、收获现值法和年金资本化法；成本法，包括序列需工数法和重置成本法等。

3.森林生态服务价值量核算方法

森林生态服务价值远远超过森林经营的范畴，难以直接计量，目前国内外关于森林生态服务价值量核算的常用方法有：市场法、费用分析法、条件价值法、能值分析法和资产价值法等。

（1）市场法

市场法（the market method）包括直接市场法和替代市场法。直接市场法是直接用市场价格来度量被评估的环境和资源的价值。该方法的使用前提是市场价格能正确反映资源的稀缺程度，如果价格扭曲，就必须对价格进行调整。现实中，在森林生态服务价值量核算时，生态效益所产生的环境变化通常是无法直接用市场价格计量的。

替代市场法主要以影子价格和消费者剩余来表达生态效益的经济价值。其中主要有影子价格法、费用支出法、机会成本法、旅行费用法、替代工程法等。

①影子价格法

森林生态服务属于公共产品，不存在交易市场和交易价格，因此可利用

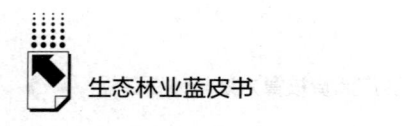

替代市场，即可以使用市场上相同的产品价格来核算其价值。这种相同的产品价格称为公共产品的影子价格，其数学表达式为

$$V = P \times Q$$

式中，V 为森林生态服务功能的价值，P 为生态产品或服务的影子价格，Q 为生态产品或服务的量。评价生态系统固碳价值的碳税法属于影子价格法。

②费用支出法

费用支出法（expenditure method）以游客游憩时的各种费用支出的总和或部分费用支出的总和作为森林生态服务的经济价值。

③机会成本法

机会成本法（opportunity cost method），将一种资源用于某一用途时，而放弃其他用途所造成的损失或付出的代价，就是该种资源的机会成本。机会成本法的数学表达式为

$$C_i = \max\{E_1, E_2, E_3, \cdots, E_j\}$$

式中，C_i 为 i 方案的机会成本，E_1，E_2，E_3，$\cdots$，E_j 为 i 方案以外的其他方案的收益。

机会成本法常用于不能直接估算其社会净效益的资源价值评估，如森林保育价值、生物多样性价值评估等，是费用效益分析的一部分。

④旅行费用法

旅行费用法（travel cost method，TCM）是评价非市场物品价值最早的方法，起源于1947年，它通过观察人们的旅游消费行为来评估环境物品的价值，即通过往返交通、住宿、餐饮、门票、电费等旅行费用来确定某项生态服务的消费者剩余，并依此来估算该项生态服务的价值。该方法多用于森林游憩价值的评估。

⑤替代工程法

替代工程法是指利用人工技术新建一项类似环境功能的替代工程，用替代工程的费用估算生态系统破坏所造成的损失的一种方法。又称影子工程

法,是恢复费用法的一种特殊形式。测算表达式为

$$V = C = \sum v, v = 1,2,3,\cdots,n$$

式中,V 为生态服务功能的价值,C 为替代工程的造价,$\sum v$ 为替代工程中项目 v 的建设费用。如造林成本法、水库成本法等替代工程法可用来评估生态系统固碳释氧价值和涵养水源价值。

(2) 费用分析法

费用分析法是现代福利经济学中常用的方法,是森林生态价值量核算中基本的分析方法。费用分析法主要通过维护退化的生态系统所需要的费用变化来核算生态服务功能的价值。主要分为防护费用法、恢复费用法两类。

防护费用法是在自愿的基础上,人类为了消除和减少生态环境恶化的影响而承担的费用。如生物多样性价值的物种保护基准价法就属于防护费用法,但它是保护该物种生产所需要的最低费用。

恢复费用法是通过假设生态系统受到破坏后,再恢复到原来状态所需要的费用,来测算生态服务的价值,用于净化功能的评价。

(3) 条件价值法

条件价值法(contingent valuation method,CVM)即调查评估法、支付意愿调查评估法、假设评估法,是一种典型的陈述偏好法。该方法是通过问卷的形式直接调查消费者的支付意愿,或者通过对产品或服务数量选择意愿来评价生态服务功能的价值。[1] 该方法目前在国际上比较流行,也是应用比较成功的方法。支付意愿法主要用于森林生物多样性的"存在价值""遗产价值"等潜在使用价值的核算。

(4) 能值分析法

能值(emergy)由美国著名生态学家、系统能量先驱 H. T. Odum 提出,20 世纪 80 年代后期才普遍使用。在能值分析应用当中,大多学者认为任何形式的能量都源于太阳能,因此,可以将其他任何形式的能量转化为太阳能

---

[1] 李金昌:《生态价值论》,重庆大学出版社,1999。

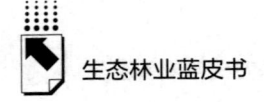

来衡量。能值分析法（emergy analysis，EMA）以太阳能值为基准，把生态系统或经济系统中不同形式的能量转化为统一的太阳能值，然后通过太阳能值来分析和评价人类经济活动或自然过程在系统中的作用和地位，定量分析自然系统和经济系统的资源、服务和商品的价值。能值可以衡量和比较不同类别、不同等级能量的真实价值，从本质上揭示了环境与经济、资源与商品和劳务之间的关系，为森林生态服务价值量核算提供了新的思路和方法。

（5）资产价值法

资产价值法把环境质量视为影响资产价值的一个因素，当其他因素不变时，利用生态系统变化对某些产品或生产要素价格产生的变化，来评估森林生态服务功能的价值。[①] 20世纪70年代以来资产价值法得到了广泛应用。资产价值法的数学表达式为

$$V = f(P,C,E)$$

式中，V为资产的价值（生态系统服务功能的价值），P为资产本身的特征，C为资产周围社区特点变量，E为资产周围的生态系统变量。

资产价值法有一定的局限性，资产价值法关于个人边际效益的假设是否切合实际，需要进一步验证；而且资产价值法要求有足够大的单一均衡资产市场，需要大量的数据，数据收集不完整、不准确将直接影响结果的可靠性。

（二）草原资源资产清查的价值量核算方法

草原资源资产核算方法与森林资源资产核算方法基本相同，但涉及的具体测算过程略有差异，具体常用的核算方法如下。

1. 草原土地资产价值量核算方法

草原土地资产的价值通过草地征地补偿标准进行衡量，草地收益价值按草地单位面积生产价值核算。利用等额年金折现计算草原土地资产的价值，

---

① 李金昌：《生态价值论》，重庆大学出版社，1999。

计算方法为

$$V_1 = \sum_{i=1}^{n} \sum_{j=1}^{m} A_{ij} U_{lij}$$

式中，V_1 为草原土地资产价值（元），i 代表区域，j 代表草地类型，l 代表土地，A_{ij} 为 i 地区 j 类草地的面积（hm²），U_{lij} 为 i 地区 j 类草地单位面积征地补偿标准（元/hm²）。

2. 草原生物资产价值量核算方法

草原生物资产包括两部分，即牧草生产价值和地上剩余植物量价值。其中，牧草生产价值计算公式为

$$V_g = \sum_{i=1}^{n} \sum_{j=1}^{m} A_{ij} U_{gij}$$

$$U_{gij} = Y_{ij} \times K_{ij} \times P_g$$

其中，V_g 为草原牧草生产价值（元），i 代表区域，j 代表草地类型，A_{ij} 为 i 地区 j 类草地的面积（hm²），U_{gij} 为 i 地区 j 类草地单位面积牧草生产价值（元/hm²），Y_{ij} 为 i 地区 j 类草地单位面积的草产量（kg/hm²），K_{ij} 为 i 地区 j 类草地的牧草可利用率（%），P_g 为 i 地区牧草的单位市场售价（元/kg）。

地上剩余植物量价值计算方法为

$$V_P = \sum_{i=1}^{n} \sum_{j=1}^{m} A_{ij} U_{gij}$$

$$U_{gij} = (G_{ij} - Y_{ij}) \times \frac{H_m}{H_P} \times P_m$$

$$G_{ij} = NPP_{ij} \times K_{Pij}$$

其中，V_P 为草原地上剩余植物量价值（元），i、j、A_{ij} 代表同上，U_{Pij} 为 i 地区 j 类草地单位面积地上剩余植物量价值（元/hm²），G_{ij} 为 i 地区 j 类草地单位面积的地上生物量（kg/hm²），Y_{ij} 为 i 地区 j 类草地单位面积的草产量（kg/hm²），H_m 为标准煤的燃烧值（kcal/kg），H_P 为草原地上植被有机

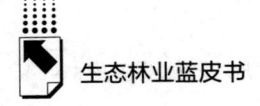

质的燃烧值（$kcal/kg$），P_m为标准煤的单位市场售价（元/kg），NPP_{ij}为i地区j类草地单位面积的年净初级生产力（kg/hm²），K_{Pij}为草原生态系统NPP与地上植被生物量干重换算系数。

3. 草原生态功能价值核算方法

（1）固定CO_2价值

一般以碳税法核算草原固定CO_2价值，计算公式为

$$V_c = \sum_{i=1}^{n} \sum_{j=1}^{m} A_{ij} U_{cij}$$

$$U_{cij} = NPP_{ij} \times 1.19 \times P_c$$

式中，V_c为草原固定CO_2的价值（元），i、j、A_{ij}代表同上，U_{cij}为i地区j类草地单位面积固定CO_2的价值（元/hm²），NPP_{ij}为i地区j类草地单位面积的年净初级生产力（kg/hm²），P_c为生态系统的固碳价格（元/kg），使用碳税法计算。

（2）释放O_2价值

一般采用替代成本法核算草原释放氧气的价值，计算公式为

$$V_o = \sum_{i=1}^{n} \sum_{j=1}^{m} A_{ij} U_{oij}$$

$$U_{oij} = NPP_{ij} \times 1.63 \times P_{oi}$$

式中，V_o为草原释放O_2的价值（元），i、j、A_{ij}代表同上，U_{oij}为i地区j类草地单位面积释放O_2的价值（元/hm²），NPP_{ij}为i地区j类草地单位面积的年净初级生产力（kg/hm²），P_{oi}为地区工业氧气售价（元/kg）。

（3）净化空气价值

一般采用费用支出法，以草原植被吸收SO_2量进行核算，具体计算公式为

$$V_s = \sum_{i=1}^{n} \sum_{j=1}^{m} A_{ij} U_{sij}$$

$$U_{sij} = Y_{ij} \times K_s \times d \times C_s$$

其中，V_s 为吸收 SO_2 价值（元），i、j、A_{ij} 代表同上，U_{sij} 为 i 地区 j 类草地单位面积吸收 SO_2 价值（元/hm^2），Y_{ij} 为 i 地区 j 类草地单位面积的年产草量（kg/hm^2），K_s 为单位干草叶每天吸收 SO_2 的量（kg），d 为牧草生产天数（天），C_s 为当前 SO_2 排污费征收标准（元/kg）。

（4）涵养水源价值

一般运用影子工程法以草原生态系统产水量、蒸散发量进行核算，具体计算公式为

$$V_w = \sum_{i=1}^{n} \sum_{j=1}^{m} A_{ij} U_{wij}$$

$$U_{wij} = W_{ij} C_{ia}$$

$$W_{ij} = \left(1 - \frac{AET_{ij}}{P_{ij}}\right) \times P_{ij}$$

$$C_{ia} = C_i \times \left[\frac{s \times (1+s)^t}{(1+s)^t - 1}\right]$$

式中，V_w 为草原涵养水源价值（元），i、j、A_{ij} 代表同上，U_{wij} 为 i 地区 j 类草地单位面积水源涵养价值（元/hm^2），W_{ij} 为 i 地区 j 类草地单位面积的年产水量（m^3/hm^2），AET_{ij} 为 i 地区 j 类草地单位面积年蒸散发量，P_{ij} 为 i 地区 j 类草地单位面积的年降水量（mm），C_i 为地区单位体积水库库容工程费用（元/m^3），C_{ia} 为单位体积水库库容工程费用的年均经济价值（元/m^3），s 为社会贴现率（%），t 为水库使用年限。

草原生态功能一般包括固碳、释氧、净化空气和涵养水源四个方面，在干旱、半干旱荒漠区，草原植被还有防风固沙价值，防风固沙价值根据国家生态沙化治理投资标准核算。所以，一般在核算中，草原生态功能价值等于单项功能价值的和。草原生态功能的价值核算是一项复杂的工作，评估方法也多种多样，每一项生态服务的价值也有多种核算方法，具体哪种方法更加合适还需要进一步的实践和探讨。

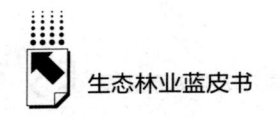

五 林草资源资产清查核算方法、体系建设

林草资源资产清查核算是自然资源资产清查核算的重要内容和有机组成部分,加强林草资源资产清查核算体系建设,可以定量核算我国林草资源及其提供的生态服务的实物量和价值量,应建立林草资源存量与流量变化统计数据库,推动自然资源资产管理的科学化和数字化,更好地服务于经济建设和生态文明建设。构建科学、规范、合理的林草资源资产清查核算方法与体系需要从以下几方面努力。

(一)政策引导性建设

林草资源资产清查核算是摸清林草业"家底"的重要工作,林草资源资产清查核算需要政策进行引导建设,构建林草资源资产清查核算体系,只有对林草资源资产进行量化科学管理,才能彻底改变林草无价、管理无序的状况。

一是要完善林草资源资产清查核算政策法规体系建设。明确林草资源权属范围,深化林草业体制改革,围绕林草资源资产,完善林草业所有权、承包权、经营权"三权分置"机制。积极构建林草资源资产评估、数字化资源资产交易管理等体系,盘活林草资源资产,为社会资本投资林草业搭建服务平台。落实林草业发展用地和税费支持,优先支持林草产品产地初加工和森林旅游康养项目等。

二是要规范林草资源资产清查核算体系建设。目前国内外林草资源资产清查核算方法众多,我们需要学习和借鉴,创新发展适合我国林草业可持续发展的资源资产清查核算体系,搭建林草资源市场交易体系,促使林草资源价值变现,实现林草资源资产化管理和运营。

三是要强化林草资源资产清查核算监督体系建设。做到事前、事中、事后的监督检查工作,事前要做好林草资源管理监督检查,规范采伐管理,依法严厉打击各类破坏林草资源的行为,确保对发现的问题"斩草除根",对非法占用林地、乱砍滥伐林木、乱捕滥猎野生动物等各类违法行为采取高压态势，依法遏制各类破坏林草资源的违法犯罪势头；事中要做好林草资源资产清查核算的监督工作，从人员培训、调查样地选择、仪器设备选择到统计方法、核算方法的选择，都要做到规范和科学，遏制清查核算工作投机取巧；事后要做好林草资源资产清查核算的资料信息保全，便于后续查阅和核实。

（二）学理规范性建设

目前国内外关于林草资源资产清查核算还没有形成统一的标准和规范，学科定位模糊导致理论与方法出现偏差。近年来，环境经济学领域的学者应用影子价格法、成本法等核算森林环境效益价值，生态学领域的不少学者则以价值量为手段，评估森林的生态功能或分析生态系统的动态变化。由于学科概念的差异和研究目的不同，环境经济学研究的价值量核算与生态学研究的功能评估有本质的区别：前者以生态学原理与方法量化森林资源数量并计算其价值，目的是核算资源价值；后者是用价值量描述、监测和评估森林生态系统的动态变化，目的是研究生态系统的规律。这种现象，从好的角度来看，是生态学研究的测算方法促进了林业经济的价值计量，价值计量为生态系统的动态分析提供了新的途径。从不好的方面来看，缺乏对经济学基本知识的掌握，导致有关概念混乱、方法不当和结果错误。有很多论著，其结果单从生态学研究方面看逻辑上是正确的，但在实际生产活动中却不被承认，因为它不符合经济规则。[①]

因此，要明确不同学科的优劣和特点，从理论上和方法上加深对林草资源资产清查核算的研究，认清森林生态功能价值化评估与森林资源资产价值量核算的区别。基于相应学科理论基础，提出核算体系假设，对资源资产核算的不同情况进行分析和说明，使林草资源资产价值量核算结果更加符合社会经济实际。

---

① 李忠魁等：《对我国森林资源价值核算的评述与建议》，《林业资源管理》2016年第1期。

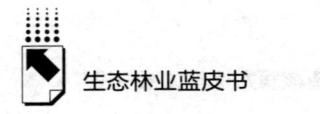

（三）基础数据保障和法律法规建设

林草资源资产核算最普遍的阻碍就是数据不可获得，虽然尽可能选择普适性强、各地森林/草原都可进行测量、便于计算的数据和核算方法，但事实上，在当前情况下学者并没有形成一套统一的对林草资源资产进行具体确认、计量的方法体系和核算标准。由于缺乏统一的标准，学者根据各自研究地的性质以及特点选取合适的核算方法后，找不到相应的测量数据。这些问题阻碍了林草资源资产的核算，即使能核算，也会因为计量方法不一致和数据测量方法有差异而没有办法进行对比研究。因此，加强林草资源资产清查核算体系建设要建立林草资源的实时动态信息数据库，通过遥感技术监测，统一林草资源测量的普适性方法，加强数据资源的积累和收集，建立完善的林草资源信息数据库以及科学统一的核算指标体系，完善数据披露制度是当前林草业发展的重点任务。这就需要政府增加对林草资源监测和数据统计的投入，将汇总后的数据进行适当的披露和共享，各地可以利用当前大数据技术综合形成各自的监测指标库，从而对林草资源进行全方位的实时监测和管理。

建立数据精准且全面的林草资源数据库，不仅可以为地方进行林草资源价值核算和其资产负债表的编制提供基础信息，使其更好地实施领导干部离任审计，也可以为学者分析监测数据和开展各地对比研究提供资源和帮助，提高林草资源的管理和使用效率。

（四）清查核算的反馈机制和核查制度建设

林草资源资产清查核算的反馈机制和核查制度是林草市场框架体系的重要组成部分，也是保障林草资源交易制度取得良好效果的关键。因此，要加强林草资源资产清查核算的反馈机制和核查制度建设。通过反馈机制建设，可以明确林草资源资产清查核算工作中存在的问题，进行及时的修正和改进，促进清查核算工作更加完善。核查则是对重点林草企业、单位相关数据资料和信息的核查，包括资源总量、存量和流量的核算，以及监测计划的实施和修订等。核查制度建设要秉承公正、规范、科学的原则，提高核算核查机构的准入门槛，加大监督处罚力度，规范市场行为。

（五）未来与展望

林草资源资产清查核算对森林、草原以及其他自然资源价值核算工作的顺利推进起着主导作用，对推进生态文明建设起着重要作用。只有建立科学权威的自然资源价值核算方法，让自然资源及生态产品能够科学定价，才能真正推动生态产品价值实现机制的建立，真正让"绿水青山"变成"金山银山"。

目前，我国林草资源资产清查核算的探索与研究还处于起步阶段，要建立一套完善的核算体系还需要各方面的努力。我国林草资源分布范围较广，且各地的林草资源都有其独特性，但由于各地面临的环境不同，每个地区都有自身的一套核算方法，即使已经规定了一套较为普遍的核算框架，也难以在短时间内落实，统一林草资源的计量和具体核算方法困难依旧存在。且各地数据测量方法也有所不同，测量人员专业水平不同，得到的数据准确性也有较大的偏差，即使采用统一的核算方法，结果也不一定具有较强的对比性。所以，希望未来可以利用新技术、新方法建立更多、更标准的核算体系，使各地披露的林草资源信息统一，具有可比性和普适性，以更好地发挥自然资源的价值。

参考文献

［1］卞晓姗：《公允价值计量模式在我国草原资产核算中的应用研究》，《中国市场》2016年第24期。

［2］方立华：《关于草地资源清查外业调查工作的思考》，《畜牧兽医科技信息》2019年第7期。

［3］韩雪：《草原资源资产负债表构建与模拟应用研究——以内蒙古新巴尔虎左旗为例》，硕士学位论文，内蒙古大学，2021。

[4] 颉茂华、干胜道、吴倩:《草原资产核算探究》,《中国草地学报》2012 年第 5 期。
[5] 颉茂华等:《草原资源资产负债表的编制方法及应用》,《资源科学》2022 年第 8 期。
[6] 李金昌:《资源核算及其纳入国民经济核算体系初步研究》,《中国人口·资源与环境》1992 年第 2 期;孔繁文、何乃蕙主编《森林资源核算与国民经济核算体系》,人民中国出版社,1993;岳泽军:《森林资产核算问题研究》,东北林业大学出版社,2004。
[7] 李忠魁等:《对我国森林资源价值核算的评述与建议》,《林业资源管理》2016 年第 1 期。
[8] 刘金成等:《实时动态多功能双目立体摄影测树仪设计》,《农业工程学报》2018 年第 22 期。
[9] 刘欣超等:《草原自然资源资产负债评估方法的建立研究》,《生态经济》2016 年第 4 期。
[10] 蒲莹等:《森林资源清查向森林生态系统监测转型技术》,《科技创新与品牌》2021 年第 5 期。
[11] 史京京、雷渊才、赵天忠:《森林资源抽样调查技术方法研究进展》,《林业科学研究》2009 年第 1 期。
[12] 王天义、周聪、孙志岩:《草原资源资产化管理研究工作的思考》,《吉林畜牧兽医》2008 年第 7 期。
[13] 徐为环:《森林资源核算及其纳入国民经济核算体系的研究》,《林业经济》1991 年第 5 期。
[14] 臧玉玲:《新形势下森林资源管理和生态林业的发展方向探讨》,《现代农业研究》2022 年第 5 期。
[15] 张颖:《森林资源核算的理论、方法、分类和框架》,《林业科技管理》2003 年第 2 期。
[16] 张颖编著《森林资源核算及纳入国民经济核算体系的理论、方法、实证研究》,中国环境科学出版社,2001。

B.13
林草碳汇产品价值实现机制构建

彭红军 徐笑 俞小平[*]

摘 要: 构建林草碳汇产品价值实现机制,是在林草领域推动"双碳"战略以及践行"绿水青山就是金山银山"理念的重要举措。本报告总结了林草碳汇产品价值实现的三种路径:政府生态补偿路径、林草碳汇金融路径及林草碳汇产业化路径。林草碳汇领域产权制度、价值核算体系、损害赔偿和保护补偿机制、市场交易体制及金融体系的不健全是当前林草碳汇产品价值实现机制的瓶颈。本报告提出应从构建推进林草碳汇产品价值实现的制度框架、营造有益于林草碳汇产品价值实现的市场环境、提升林草碳汇产品供给能力等方面入手完善林草碳汇产品价值实现机制。

关键词: 林草碳汇产品 价值实现机制 生态补偿 林草碳汇金融 林草碳汇产业化

一 引言

我国森林与草原资源丰富,截至 2020 年,我国森林覆盖率达到

---

[*] 彭红军,博士,南京林业大学经济管理学院教授,博士研究生导师,主要研究方向为供应链金融、运筹与管理、农林经济管理;徐笑,南京林业大学经济管理学院硕士研究生,主要研究方向为金融学、碳汇金融;俞小平,南京林业大学经济管理学院副教授,主要研究方向为农林金融、公司金融。

23.04%，草原综合植被盖度达到56.1%，[①] 碳储量、碳汇量巨大。碳汇功能是生态系统服务功能中气候调节功能（固碳释氧）的一种，碳汇属于公共产品，也是森林草原等生态系统提供的重要生态产品之一。

林草碳汇产品的价值实现过程是"绿水青山"向"金山银山"转化的过程，优质的林草碳汇产品本身蕴藏着无限的经济价值，可以长期有效地发挥综合效益，有助于推动经济社会绿色高质量发展。本报告以林草碳汇产品为出发点，构建其价值实现机制。报告中论述了林草碳汇产品价值实现路径，指出当前中国林草碳汇产品价值实现的瓶颈，并据此提出优化其价值实现的策略选择。

二 林草碳汇产品价值实现的实践路径及成效

林草碳汇产品价值实现是一个长期且需不断探索的过程，需要借鉴国际经验以及结合国内形势探寻多元化路径，进而形成政府主导、企业和社会参与、市场化运作、可持续的价值实现机制。本报告综合现有学术研究和实践发展结果，将林草碳汇产品价值实现路径总结为政府生态补偿、林草碳汇金融和林草碳汇产业化三种（见图1）。

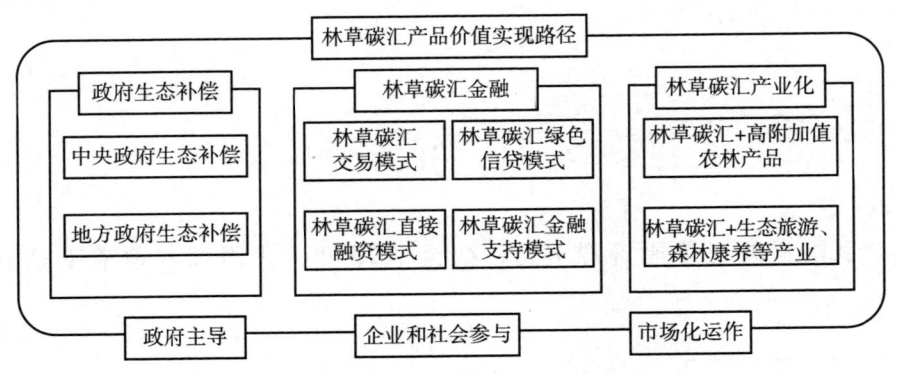

图1 林草碳汇产品价值实现路径

[①] 《"十四五"林业草原保护发展规划纲要》，国家林业和草原局网站，2021年12月14日，http://www.forestry.gov.cn/main/76/20211214/152246292643743.html。

（一）政府生态补偿路径

林草碳汇产品是典型的经济外部性产品，其固碳释氧的功能可以惠及全社会，却主要由农户承担管护成本，因此，需要政府在其中发挥职能进行利益调节。政府生态补偿路径指通过财政补贴、财政转移支付等方式对农户予以一定的补偿，以此把林草碳汇产品外部性价值转换为对护林育草的财政激励。这对于减少温室气体排放、稳定提升林草碳汇质量与供给水平、保障碳汇顺利进入碳市场交易具有重要作用。

依据补偿资金来源，本报告将政府生态补偿划分为中央政府生态补偿与地方政府生态补偿。我国中央政府下拨了"森林生态效益补偿基金"，用于补助重点公益林管护者发生的营造、抚育、保护和管理等支出；针对草原的则是"草原生态保护补助资金"，用于加强草原生态保护、转变畜牧业方式等，但是二者均未明确涵盖林草碳汇及其附加生态效益。地方政府则聚焦于对林草碳汇生态效益进行补偿，如对林草碳汇项目建设进行补贴，以福建泉州市为例，2017年，该市公布的造林绿化补助项目中新增了林草碳汇项目补助，计划为每个项目县补助50万元，有力地推动了当地的林草碳汇项目建设。

（二）林草碳汇金融路径

林草碳汇金融是指林草碳汇活动融资和林草碳汇产品的买卖，即服务于限制温室气体排放的林草碳汇项目的直接投融资、碳权交易和银行贷款等金融活动。林草碳汇金融路径将金融资本和林草碳汇经济实体进行联系，并以碳金融资本的力量活跃碳市场交易，使林草碳汇产品在得到优化配置的同时，将社会闲散资本流转至营造林及减少毁林、毁草等增汇行动上。本报告从融资方式与金融工具功能等角度入手，将林草碳汇金融路径划分为林草碳汇交易、林草碳汇直接融资、林草碳汇绿色信贷和林草碳汇金融支持4类模式。

1. 林草碳汇交易

林草碳汇交易属于市场化的生态补偿机制，是以碳排放权交易市场为基础的绿色金融化减排方式。林草碳汇在碳交易制度下进入市场定价和交换，一方面可以帮助企业低成本履行减排义务，另一方面会为林草碳汇经营者创造经济收入。林草碳汇交易有效运行的前提是碳排放权的确立，伴随《京都议定书》的签署与生效，碳交易体系得到保证，尤其是《巴黎协定》把森林列为单独条款，表明林业碳汇抵消碳排放的作用得到了国际社会的广泛认可。林草碳汇市场现已是碳市场的重要构成，我国参与交易的林草碳汇市场主要可分为国际市场、中国市场、中国地方市场及其他自愿市场（见图2）。

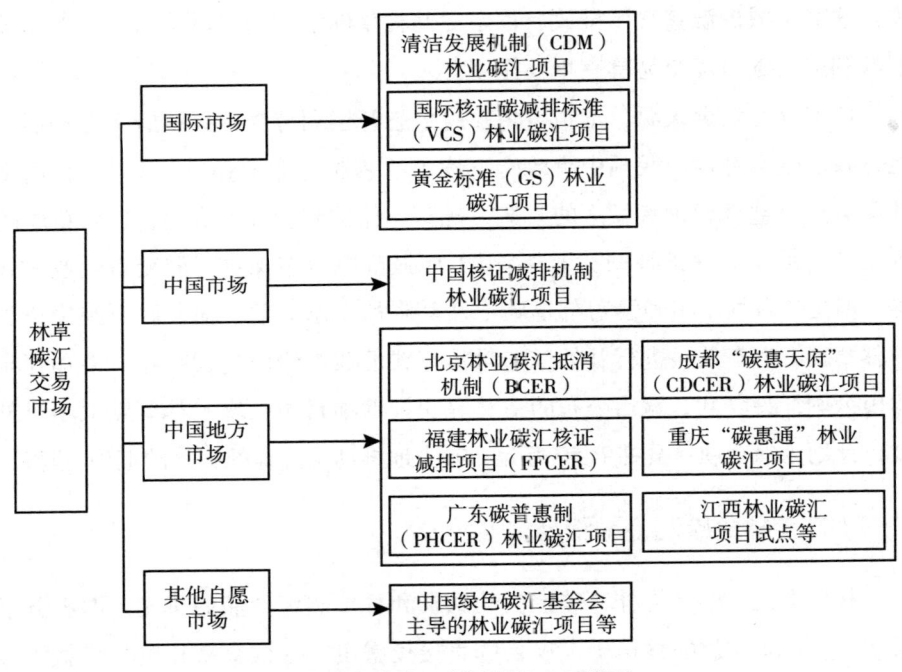

图2 林草碳汇交易市场主要类型

（1）国际市场

我国依照清洁发展机制（CDM）、国际核证碳减排标准（VCS）及黄金标准（GS）开发的林业碳汇项目所产生的碳汇可以参与国际碳市场交易。全球第一个CDM林业碳汇项目是2006年实施的广西珠江流域再造林项目。但是近几年中国CDM项目注册数几乎为零，究其原因可能在于发达国家在《京都议定书》第2承诺期所承诺的减排目标降幅明显，以及欧盟碳排放交易体系（EU-ETS）进入第三阶段后规定可用于抵消碳排放的 CERs 需来自最不发达的国家。VCS 与 GS 均是国际自愿碳市场比较完善的补偿标准，GS 项目通常在低收入或者中等收入国家实施，预计未来 VCS 项目会成为中国进入林草碳汇交易国际市场的主要渠道。

（2）中国市场

自 2013 年 6 月以来，我国陆续在北京、天津、上海、重庆、湖北、广东和深圳等 7 个省（市）启动碳排放权交易试点工作，并且允许温室气体重点排放企业使用中国核证减排量（CCER）来抵消企业生产过程中一定比例的碳排放，自此包括林草碳汇项目在内的 CCER 项目开发增长态势明显。但是源于温室气体自愿减排交易量小、个别项目规范度不够等问题，国家发展改革委于 2017 年将 CCER 项目签发工作暂停，截至 2023 年 2 月，CCER 项目签发工作尚未重启。

（3）中国地方市场

北京、广东、福建、重庆、四川、江西、云南等省份及森林资源较为丰富的个别地区开启了林草碳汇抵消机制与自愿交易的探索，其中，试行碳排放权抵消机制的省份以 CCER 或地区核证自愿减排量作为抵消指标，但各省份对 CCER 抵消比例设置不同，如北京仅允许抵消不高于当年核发碳排放配额量的 5%，而广东则允许抵消不超过上年度实际碳排放量的 10%。地方市场的碳汇交易丰富了林草碳汇交易模式的类别，但是地方性特征突出、交易体量较小，并且全国大部分省份尚未开启这一市场的建设。

（4）其他自愿市场

其他自愿市场一方面包括由中国绿色碳汇基金会主导的碳汇造林项目、森林经营碳汇项目、竹子造林碳汇项目等开发的林草碳减排量的交易；另一方面包括大型活动碳中和、购买碳汇履行植树义务、蚂蚁森林植树减碳、自愿认购碳汇替代生态修复等林草碳汇活动。

2. 林草碳汇直接融资

（1）林草碳汇债券

林草碳汇债券是为开发林草碳汇项目、林草碳汇金融产品等而向社会公

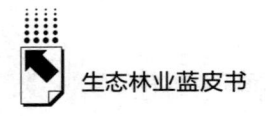

众融资时,到期按约定利率还本付息的债务凭证。林草碳汇项目建设的长期性和高资金需求与债券筹资的长周期性和大规模性相契合。此外,因隶属于生态环保领域,林草碳汇债券在发行时更易受到国家保障,会因低风险与稳定的收益而得到社会公众广泛认可。

(2) 林草碳汇股权融资

林草碳汇股票是指投资者向林草碳汇企业提供资本的权益合同,投资者通过投资林草碳汇股票获得股权间接参与碳汇活动。从事林草碳汇业务的上市公司在股票市场募集资金,能够满足碳汇产业生产经营的资金需求,大规模地开展林草种植与养护、开发林草碳汇项目等。通过股票市场实现碳汇经济价值既要积极培育林草碳汇企业上市主体,使其具备上市融资的能力,又要鼓励现有上市林草企业开展林草碳汇相关业务。目前我国A股市场上布局林草碳汇市场的企业主要有福建金森、岳阳林纸、平潭发展、青山纸业、永安林业、蒙草生态、东珠生态等。

(3) 林草碳汇金融衍生产品

林草碳汇金融衍生产品可以向控排企业或投资者提供更灵活的交易方式,因为通过投资衍生产品其可以提前锁定价格从而规避碳汇价格走高的风险,同时有助于解决市场信息不对称问题。林草碳汇金融衍生产品包括林草碳汇远期、期货、期权等金融衍生工具,目前国际与国内金融市场相继出现了林草碳汇期权与期货等相关业务。

3. 林草碳汇绿色信贷

一直以来,林草产业难以满足银行放贷的严格要求已是公认的事实。林草碳汇绿色信贷则为解决林草产业融资难问题提供了新的办法,即可以用林草碳汇预购买权或收益权等进行质押贷款、授信和保理融资等,其本质在于林草碳汇的可交易及变现。林草碳汇绿色信贷模式在中国发展迅速,2022年8月,内蒙古自治区锡林浩特农村合作银行向锡林浩特市一牧民发放了全区银行业第一笔草原碳汇收益权质押贷款,授信50万元;另外向该市一企业发放了300万元林业碳汇收益权质押贷款。林草碳汇质押贷款的资金可用于从事林草培育与种植的企业或个人扩大生产经营,改善林草场生态环境,发展碳汇经济。但是目前提供林草碳汇绿色信贷的金融机构较少，且全国没有出台统一、标准化的林草碳汇产品质押贷款工作流程与方案。

4. 林草碳汇金融支持

（1）林草碳汇保险

保险在分散风险、稳定生产、保证林草经营者收入等方面具有重要作用。林草碳汇保险则是指在碳汇林及草原生长过程中规避碳汇损失风险以及碳交易过程中碳汇价格下跌风险的金融工具。以"碳汇+保险"的模式为林草碳汇量和价格提供双重风险保障，能够稳定林草碳汇交易收入、提高林草经营者积极性以及增强自然生态系统固碳能力。目前，我国林草碳汇保险试点方兴未艾，已有广东清远林业碳汇价格保险、山东淄博林木碳汇价值保险、安徽滁州林业碳汇期权价值综合保险、内蒙古包头草原碳汇遥感指数保险等多种林草碳汇保险模式。其中，福建顺昌在全国首创"林业碳汇质押+远期碳汇融资+林业碳汇保险"的模式，通过林草碳汇保险为质押贷款增信，加大了林草产业融资力度。

（2）林草碳汇产业基金

利用产业基金整合协调区域林草资源，以使其具备林草碳汇项目开发的潜力，并助力整个行业的发展，有助于完善林草碳汇产业体系。本报告将林草碳汇产业基金按设立目的分为两类。一类是自愿捐赠型产业基金，社会公众捐赠的资金往往被设立为长期而独立的基金，目的在于方便林草碳汇项目的开发与管理，如中国绿色碳汇基金会自2010年成立以来累计筹集公益资金近10亿元，并利用所得捐资参与开展了12项林业碳汇项目及64项"碳中和"项目等诸多应对气候变化的公益项目。另一类是营利性产业基金，其成立主体多数为金融机构或企业，旨在通过借助金融市场融资开发林草碳汇项目来获利。

（三）林草碳汇产业化路径

林草碳汇产业是指从事林草资源保护和利用、节能减排、增加温室气体吸收产品的研究、开发、生产的综合性产业集合体。林草资源创造的生态基底为引入以林草碳汇为核心的其他产业提供了前提保障，林草碳汇、高附加值农林产品、生态旅游产品等的经济价值均可以依托林草碳汇产业化的发展得以发掘，同时所得经济收入可以回馈林草碳汇项目，最终形成正向循环。另外，林草碳汇的社会价值在此过程中也得以显现，原因在于林草碳汇产业的引入与相关基础设施的建设能够提供大量就业岗位以及优化人居环境等。

林草碳汇产业化路径，既可以直接销售碳汇项目所产生的林草碳汇产品，从而将林草碳汇的生态价值转化为经济价值；也可以发展"林草碳汇+"产业体系，旨在将林草碳汇的生态价值转移至农产品或旅游产品等中，并借助此类产品的销售收入间接实现林草碳汇的经济价值。本报告依据产业属性角度将"林草碳汇+"产业体系的发展方向划分为"林草碳汇+高附加值农林产品"与"林草碳汇+生态旅游、森林康养等产业"。

1. "林草碳汇+高附加值农林产品"

农林产品可以借助林草碳汇的生态价值提高其附加值。例如，发展碳汇林林下经济可以最大限度地运用林下空间，在林下种植栽培具备高附加值的中草药及瓜果蔬菜，或养殖畜禽等。因地制宜开展林下种养业，可以发挥农、林、牧、草业各自的优势，实现资源共享与互补，进而推动产业协调发展。我国政府及有关部门已出台《关于加快林下经济发展的实施意见》等相关政策引导林草产业发展。"林草碳汇+高附加值农林产品"的发展模式在实践中效果也较为显著，如福建永安市的林农于开发森林管理碳汇项目的过程中，在林下种植铁皮石斛等药材、从事贡鸡养殖等，既充分利用了林下空间又借助碳汇的生态价值提升了农林产品的附加值。

2. "林草碳汇+生态旅游、森林康养等产业"

立足林草资源特色优势、依托林草碳汇的生态服务功能，可以在保护生态环境的前提下发展生态旅游、碳汇教育和森林康养等产业。以生态旅游为例，其是一种可持续的旅游形式，不仅可以保护林草、减轻林草生态系统的压力，也可以促进当地经济增长。同时，旅游的亲身经历性使人们更深刻地认识到林草资源保护的重要性及碳汇价值所在，能够起到生态启发教育的效果。如甘肃甘南草原将草原资源和藏族风情相结合，推出特色草原旅游服务，既保护了草原碳汇，也带动了地区经济发展。

三 林草碳汇产品价值实现机制的瓶颈

（一）缺乏明晰的林草碳汇产权制度

根据科斯定理，明晰的产权是公共产品外部性内部化的前提，所以清晰界定林草碳汇产权是利用市场机制实现林草碳汇产品价值的前提。我国《森林法》第十四条明确规定"森林资源属于国家所有，由法律规定属于集体所有的除外"，《草原法》第九条规定"草原属于国家所有，由法律规定属于集体所有的除外"。《民法典》第二百五十条明晰了林草资源所有权的利益主体，"森林、山岭、草原、荒地、滩涂等自然资源，属于国家所有，但是法律规定属于集体所有的除外"。但在现实中，不同所有者之间的林草边界纠纷仍时有发生，而现有法律对林草碳汇这一新兴领域中的交易活动及利益主体尚没有明确规定。

依据当前碳交易规则，碳汇造林项目的开发主体需要是具有独立法人资格的企业，而在集体林权改革后，我国林地使用权、经营权的所有者是农户，碳汇造林项目开发主体与林地经营权所有者的错位导致现实中林地经营权频繁流转，这在无形之中增加了碳汇项目开发的成本。林草碳汇项目需要相关利益主体行使各自权利、分担各自风险、履行相关义务，而林草碳汇产权制度的缺失，尤其是法律层面缺乏所有权、使用权、收益权主体的规定，将影响产权所有者、使用者、受益者之间的利益分配，进而导致农户碳汇收益权缺乏有效保障。

（二）缺乏公认的林草碳汇产品价值核算体系

科学核算林草碳汇产品价值同样是其价值转化的前提，然而目前我国在价值核算体系方面仍存在诸多欠缺。首先，林草碳汇产品缺少统一的价值核算标准，无论是针对碳储量的评估还是针对碳汇经济价值的核算，都存在诸多方法，但是缺乏一套公认的价值核算体系。学术界针对碳储量的核算方法可分为两类：一类是微气象法，其基于计量公式，利用精密的仪器直接测定CO_2通量的动态变化，但是这种方法成本高昂、操作难度较大；另一类是样地勘测法，包括森林蓄积量扩展法、生物清单法等，但这类方法的测量结果不够精确。学者针对碳汇经济价值的核算采用了BS期权法、实物期权法、净现值法与市场价值法等，而采用的方法不同，也会导致碳汇经济价值的估算结果存在差异。所以核算方法不一致将使林草碳汇产品难以量化，缺乏区域对比度和市场可信度的林草碳汇产品价值核算量很难使经营者获得地方金融机构发放的贷款。

其次，缺乏全面的碳汇价值核算方法。森林固碳量包括林木生物固碳量、森林土壤有机质固碳量和死植物体固碳量，但是各地森林土壤有机质固碳量和死植物体固碳量存在差异，实际操作缺乏可用的数据库，所以实际操作中通常只考虑林木生物固碳量，所得碳储量结果低于实际碳储量。另外，当前主要关注部分优势树种的碳汇计量模型构建和碳计量参数的测定，尚不能支撑全国整体森林碳汇的计量工作。同时，草原、湿地的基本生物量模型及碳计量参数等基础研究工作基本处于空白状态，存在较大拓展空间。

（三）缺乏合理的损害赔偿和保护补偿机制

推动林草碳汇产品价值实现需要建立合理的损害赔偿和保护补偿机制。但目前来看，一方面，林草碳汇产品损害赔偿机制还不健全，我国违法违规占用林草地和毁林毁草开垦现象依然存在，部分地区乱砍滥伐、乱采滥占等破坏森林与草原资源而造成碳损失的现象仍比较突出。损害赔偿是林草资源环境损害成本内部化的重要措施，有利于推进森林与草原的修复，进而增加碳汇产品供给。但长期以来，各地生态赔偿欠缺，鉴定评估方法存在缺漏，并没有完全反映实际情况。另一方面，生态补偿机制不健全。首先是横向补偿的缺位问题，林草碳汇的保护与受益主体通常覆盖多个地区，区域之间若缺乏横向生态补偿机制，不仅不符合林草碳汇产品公共性的要求，而且随着财政补贴范围的不断扩大势必会增加中央政府的财政压力,以政府为主导的纵向生态补偿将难以为继。其次是生态补偿标准的"一刀切"问题,各地区在资源禀赋、气候环境、基础设施等方面大相径庭,各地的生态系统服务功能与经济发展水平存在较大差距,这便决定了在不同地区开发不同类型林草碳汇项目的成本也存在较大差异。因此统一的生态补偿标准无法使被补偿者的需求得到精准满足,势必会削弱农户造林育草的积极性。

(四)缺乏健全的林草碳汇市场交易体制

目前,国内林草碳汇交易市场发展并不健全。首先是众多林草碳汇产品进入交易市场受阻,只有按照一定方法学开发的碳汇项目经签发碳信用后才可进入市场交易,但是目前我国经国家发展改革委备案的林草碳汇方法学仅有碳汇造林项目、森林经营项目、竹林经营项目与竹子造林项目四类,而投入了大量人工管理成本的天然林以及草原固碳量的核算方面尚未出现认可的方法学,导致大量林草碳汇无法入市交易。其次是林草碳汇交易前景不明,虽然全国碳排放权交易于2021年重新启动,同年生态环境部也发文表明国家鼓励通过林业碳汇等项目实现温室气体排放的替代,但是自国家发展改革委2017年3月17日暂停受理CCER项目以来,新的交易管理办法暂未出台,目前林草碳汇仍缺乏全国性的交易渠道。

(五)缺乏完整的林草碳汇金融体系

实现林草碳汇经济价值的关键是解决"钱从哪里来"的问题,林草碳汇金融是推动碳汇价值转化的助推器,能为优质林草碳汇产品供给提供充足的资金保障,也有助于缓解政府财政支出的压力。但是当前除林业碳汇交易有所发展之外,草原碳汇交易及其他林草碳汇金融工具发展缓慢,实践领域并不普及,并且林草碳汇储蓄存单、林草碳汇福利彩票等创新性林草碳汇金融工具尚处于理论阶段,并未开发实施。此外,因碳汇收益不足,金融机构对碳汇企业投资支持力度有限。种种迹象表明,林草碳汇经营者资金筹集渠道不畅。

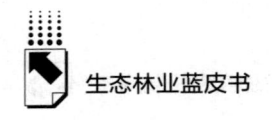

四 构建林草碳汇产品价值实现的策略选择

(一)构建推进林草碳汇产品价值实现的制度框架

1. 推进林草碳汇产权制度建设

遵循我国自然资源法定所有权归属国家和集体的前提,解决林草碳汇产权问题的核心在于确定林草碳汇产品使用、管护以及享有收益的行为主体。首先,要明晰林草碳汇产品的产权归属。建议遵循"使用目标—产权归属—收益分配"相匹配的原则,以法律、法规等形式确定林草碳汇产权权能,明晰林草碳汇产权所有者、使用者、受益者之间的权利和责任,保障林草碳汇产权的合法性。其次,需按照产权关系保障收益的分配。确立产权的目的在于保障产权所有人的合法权益,尤其是收益权的分配。一方面,要规避其他主体在收益确定过程中侵占林草碳汇产权所有人的利益;另一方面,留心协调各利益主体之间的关系也十分必要。

2. 健全林草碳汇价值量化评估机制

一是建立符合科学规律的林草碳汇产品价值核算方法。基于大数据分析等结果,根据区域、碳汇产品类型、评价时期等,加快建立科学、统一、全面的核算方法与技术规范标准,保障计量体系的适用性。二是建立林草碳汇产品价值动态评估制度。随着"句芒号"卫星的成功发射,我国碳汇监测进入天基遥感时代,应充分利用遥感技术,及时汇交各地林草碳储量及空间分布的数据库,并定期对外披露林草固碳量等信息,以及时监测不同地区林草碳汇量及其价值的动态变化,保障林草碳汇产品价值实现机制的可持续性。

3. 优化林草碳汇生态补偿制度

一是拓宽对森林与草原的生态补偿范围及层次,针对林草碳汇生态效益设立专项补偿资金,并根据不同的经营主体、地区、类型的林草,制定不同级别的补偿标准。二要强化林草碳汇产品保护者受益、使用者付费、破坏者赔偿的利益导向，既要引导企业成为低碳减排发展型现代企业，也要鼓励企业积极参与林草碳汇行动，如以购买碳汇量等方式抵消其产生的碳排放量，增强企业碳减排的主动性与林草碳汇生产者的积极性。三要完善地区间的横向补偿机制，横向补偿可以减轻中央政府财政压力，要立足我国基本国情，着重落实东部地区对西部地区、林草碳汇产品消费区对碳汇生产区的横向补偿，同时要注意引导社会资本积极参与，进而逐渐在全国建立起更好地体现林草碳汇生态价值的补偿机制。

（二）营造有益于林草碳汇产品价值实现的市场环境

1. 推进林草碳汇纳入国家统一的碳市场交易

一是建议适时重启全国性的CCER市场，并适当提高抵消比例，积极支持林草CCER项目参与全国碳市场交易。二是推广地方性碳汇交易的成功经验，鼓励更多省份搭建林草碳汇交易平台，特别是引导构建区域性自愿减排市场，并逐步将符合条件的地方林草碳汇纳入全国碳市场交易。三是主动参与国际碳汇交易规则的制定，争取在国际气候变化谈判中拥有更多的发言权和主动权，为国际性的林草碳汇交易争取更大空间。

2. 探索林草碳汇金融创新方式，打通"两山"转换通道

福建省、贵州省均已试点开展"碳票"交易，对符合条件的林业碳汇量签发林业碳票，并赋予其交易、质押、兑现等功能，有效避免了我国当前碳汇交易所涉及的林地产权纠纷问题。浙江省安吉县建立了全国首个县级竹林碳汇收储交易机制，搭建了林业碳汇全链条金融支持体系。以上均是金融助力林草碳汇产品价值实现的有效尝试，应积极鼓励地方试点创新性、多样化的碳汇金融模式以全面打通林草碳汇价值转换通道。包括鼓励银行机构按照市场化、法治化原则，创新金融产品服务，加大对林草碳汇经营者中长期贷款支持力度，合理降低融资成本，提升金融服务质效；鼓励政府性融资担保机构为符合条件的碳汇经营者提供融资担保服务，全面探索林草碳汇资源股权化、债券化、基金化，实现生态环境保护与经济社会的可持续发展。

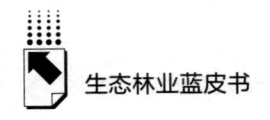

（三）提升林草碳汇产品供给能力

1. 提升林草碳汇质量与效用

我国自20世纪70年代实施大规模造林工程以来，森林储备有明显增长。但是长期以来重造林、轻经营的营造林模式导致森林质量普遍较差，以中幼龄林和残次林居多，并且初植密度过大，林分结构失衡，森林碳汇潜力受限，固碳能力较弱。随着宜林宜草地面积的减少，通过提升林草生态系统质量增汇对提高对气候变化的抵抗力和适应性至关重要。所以，要采取科学的林草经营方式改善林草质量、提升林草碳汇潜力。如通过调整优化林分结构、加强中幼林抚育和退化林修复、科学轮牧、倡导多功能森林与草原经营等方式精准提升碳汇量。

2. 科学开展生态工程增汇

山水林田湖草沙等生态系统保护和修复将带动碳汇能力的提升。首先，生态工程增汇需要将国土空间绿化与生态环境治理相结合，聚焦提升森林与草原的碳汇功能，挖掘现有成熟技术，并科学评估这些技术的增汇能力、时间上的可持续性、空间上的适用性和经济上的可行性，大规模推广综合效益良好的生态工程增汇措施。其次，在通过增加林草地面积、林草修复等生态工程来提升碳汇功能的同时，探索依据生态工程支持林草碳汇项目建设的机制，进一步推动林草碳汇产品价值核算与交易。

参考文献

［1］马军、马晓洁：《基于社会网络分析的草原碳汇协同管理研究——以内蒙古地区调查数据为例》，《干旱区资源与环境》2017年第10期。

［2］彭红军、徐笑、俞小平：《林业碳汇产品价值实现路径综述》，《南京林业大学学报》（自然科学版）2022年第6期。

［3］L. Hou et al., "Grassland Ecological Compensation Policy in China Improves Grassland Quality and Increases Herders' Income," *Nature Communications* 12

（2021）：4683.

［4］刘珉、胡鞍钢：《中国打造世界最大林业碳汇市场（2020—2060年）》，《新疆师范大学学报》（哲学社会科学版）2022年第4期。

［5］靳乐山、楚宗岭、邹苍改：《不同类型生态补偿在山水林田湖草生态保护与修复中的作用》，《生态学报》2019年第23期。

［6］B. Lin, J. Ge, "Valued Forest Carbon Sinks: How Much Emissions Abatement Costs could be Reduced in China," *Journal of Cleaner Production* 224（2019）：455-464.

［7］A. Shrestha et al., "Inclusion of Forestry Offsets in Emission Trading Schemes: Insights from Global Experts," *Journal of Forestry Research* 33（2022）：279-287.

［8］曾维忠、成蓥、杨帆：《基于CDM碳汇造林再造林项目的森林碳汇扶贫绩效评价指标体系研究》，《南京林业大学学报》（自然科学版）2018年第4期。

［9］华志芹：《森林碳汇产权价值补偿视角下碳汇影子价格研究——以湖南省为例》，《求索》2015年第2期。

［10］曹先磊等：《基于实物期权的碳汇造林项目碳汇价值评估模型及应用》，《中南林业科技大学学报》2021年第3期。

［11］张娟、陈钦：《森林碳汇经济价值评估研究——以福建省为例》，《西南大学学报》（自然科学版）2021年第5期。

［12］周斌、陈雪梅：《新时代中国生态产品价值实现机制研究》，《价格月刊》2022年第5期。

［13］郭韦杉、李国平：《欠发达地区实现共同富裕的主抓手：生态产品价值实现机制》，《上海经济研究》2022年第2期。

［14］张文明：《完善生态产品价值实现机制——基于福建森林生态银行的调研》，《宏观经济管理》2020年第3期。

［15］陈雅如、赵金成：《碳达峰、碳中和目标下全球气候治理新格局与林草发展机遇》，《世界林业研究》2021年第6期。

［16］于贵瑞等：《中国生态系统碳汇功能提升的技术途径：基于自然解决方案》，《中国科学院院刊》2022年第4期。

产业发展篇
Industrial Development Topic

B.14 森林食品产业：乡村振兴的新引擎

沙 涛*

摘　要： 森林食品是指以森林生态环境下生长的植物、微生物及动物为原料生产加工的各类食品。森林食品是深入挖掘林下经济助推生态产品价值实现的重要成果。森林食品与乡村振兴战略绿色发展理念高度契合，是乡村振兴的重要抓手，是产业升级的有效途径。当前，森林食品发展仍面临艰巨挑战，食品生态链条需要以习近平生态文明思想为指导，建立健全生态产品价值实现机制，同时要加强森林食品的特色加工并开展森林食品原产地资源基地建设。

关键词： 森林食品　乡村振兴　生态产品价值

---

* 沙涛，管理学博士，中国碳中和发展集团（1372.HK）董事会主席，长期从事绿色产业投资、绿色产业战略规划、绿色资源转化利用等方面的工作。

引 言

党的二十大报告中提出了全面推进乡村振兴的重要部署，包括发展乡村特色产业、拓宽农民增收致富渠道等。在全面建设社会主义现代化国家的过程中，农村仍然面临最艰巨最繁重的任务。应该坚持农业农村优先发展，同时畅通城乡要素流动，推动城乡融合发展。为了加快建设农业强国，应该扎实推动乡村产业、人才、文化、生态、组织振兴，应该树立大食物观，发展设施农业，构建多元化食物供给体系。

党和国家高度重视乡村振兴与生态保护，党的十九大报告中多次提及"生态""生态文明""生态产品""生态安全"等。并要求坚持人与自然和谐共生，提供更多优质生态产品以满足人民日益增长的优美生态环境需要。要实施食品安全战略，让人民吃得放心。

探索生态产品的价值实现路径，是"绿水青山就是金山银山"理念的重大实践，是"绿水青山就是金山银山"的实现形式，也是重要的政策导向。森林食品作为林下经济的一种表现形式，具有良好的自然品质、极高的附加值及广阔的市场空间。使其成为林业产业可持续发展和乡村振兴的新增长点，是生态产品价值实现的重要路径。

2017年中央一号文件指出："大力发展木本粮油等特色经济林、珍贵树种用材林、花卉竹藤、森林食品等绿色产业。实施森林生态标志产品建设工程。"随着生活饮食结构的调整，人们对绿色有机安全健康农产品追求的提高，森林食品越来越受到人们的青睐，成为人们餐桌上重要的食材，森林食品产业已成为21世纪最具生命力的绿色产业。

同时，实施乡村振兴战略，是党的十九大做出的重大决策部署，是决胜全面建成小康社会、全面建设社会主义现代化国家的重大历史任务，是实现中华民族伟大复兴的一项战略工程和基础任务。

一 开发森林食品助力健康中国建设

当前,食品安全问题已经成为党和国家领导人和广大人民群众高度关注的重要议题之一。为了满足人们对天然、健康食品的需求,实现建设健康中国和促进民族兴盛,开发森林食品成为顺应社会和经济发展的一个重要方向。贯彻中共中央和国务院的林业发展战略,开发森林食品不仅可以增强区域经济实力,调整农业和林业产业结构,解决"三农"问题,还可以促进农民增收致富,达到利国利民的效果。

森林食品是以森林环境下野生或人工培育(含养殖)的动物、植物、微生物为原料,不经加工或者经过加工的各类食品。2015年《森林食品认证标准》对外公布,并首次界定了森林食品的概念、种类,以及认证规范和程序。这是除无公害、绿色、有机之外,中国建立的第四个食品认证体系。

林区自然环境优越,动植物资源丰富,林农也有丰富的种植经验。这些都为森林食品的开发提供了有利条件。然而,由于缺乏严格的审核标准,林区加工制作的产品往往难以得到市场的认可和群众的信赖。林区的小企业和林农往往难以从森林食品产业中获益。森林食品认证的推行破解了这种困境。

《森林食品认证标准》使得林农和企业可以进行认证申报,实地检验合格后,可以获得森林食品认证证书,从而提高在市场上的竞争力和知名度。同时,森林食品认证的推进也推动了林区小作坊的规范化生产,提高了产品质量和市场认可度。这为林区的小企业和林农提供了一个更好的发展平台,也为森林食品产业的健康发展打下了坚实基础。

中国林业生态发展促进会积极响应国家号召,通过大量调研,找到了在满足人们食品需求的同时保障生态环境良性发展的方法,即通过开发森林食品,推进森林食品产业的发展,实现"绿水青山"转化为"金山银山"。这不仅能够为广大人民提供健康、安全的食品,还能够推进生态文明建设和生态保护,实现可持续发展的目标。

森林食品认证从源头上保证了企业把高质量的森林食品推向市场,从而进一步促进生态林业、民生林业的协调发展，积极推动中国森林食品产业战略性升级，真正做到生态富民、生态惠民。

《中共中央 国务院关于加快林业发展的决定》中指出："突出发展名特优新经济林、生态旅游、竹藤花卉、森林食品、珍贵树种和药材培植以及野生动物驯养繁殖等新兴产品产业，培养新的林业经济增长点。"

大力发展林下经济，助推森林食品产业发展，推动生态产品价值实现，具有重要的意义。首先，可以实现林地保护与农民致富"双丰收"，实现"不砍树、能致富"的目标，从而促进社会和谐，为生态文明建设营造良好的社会氛围。其次，可以通过更加合理的技术标准、生态标准来保证森林食品的健康和安全，实现生态受保护、农民得实惠的目标。不仅可以真正实现"绿水青山就是金山银山"的美好愿景，也可以促进生态文明建设和可持续发展。

随着林下经济的不断发展，越来越多的林农可以通过森林食品产业获得更多的收益，而不需要砍伐森林资源。这不仅可以减缓森林资源的消耗，也可以促进当地农村经济的发展，提高农民的生活质量。同时，科学的技术标准和生态标准可以有效保障森林食品的品质和安全，提升消费者对森林食品的信心和认可度。这有助于促进森林食品产业的健康发展，同时有利于生态文明建设和生态保护。

二 森林食品产业为乡村振兴添动力

《中共中央 国务院关于全面推进乡村振兴加快农业农村现代化的意见》中提到了"生态""生态文明""生态产品""生态环境""生态农业""绿色生态"等词，反映了中央对生态文明建设的高度重视。事实上，"生态"是近年来中央一号文件出现频率最高的词之一。

森林食品建立的科学、环保、健康和可持续的生产体系，不仅能促进环境保护和食品安全水平的提高，还有助于提升生态价值，是推进乡村振兴的重要途径和抓手，与绿色发展理念高度契合。推进森林食品产业的发展，可

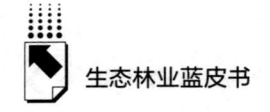

以实现森林资源的合理利用和保护，促进农民增收致富，提高生态系统的稳定性和恢复力，改善生态环境。这有助于推进生态文明建设和实现可持续发展的目标，同时符合中央关于乡村振兴的战略部署。因此，发展森林食品产业具有非常重要的战略意义和深远的历史意义。

（一）森林食品产业与乡村振兴的绿色发展理念高度契合

乡村振兴战略要求"产业兴旺、生态宜居、乡风文明、治理有效、生活富裕"，其中产业兴旺和生态宜居是实施乡村振兴战略的关键。产业兴旺需要始终坚持"质量兴农、效益优先、绿色导向"的原则，这有助于促进农业和农村经济快速发展，提高农民的生活质量。

乡村绿色发展是生态文明时代乡村振兴的必然选择，是解决城乡发展不平衡问题的内在要求，也是破解乡村资源环境双重约束困境的途径。发展森林食品产业，可以实现森林资源的合理利用和保护，促进农民增收致富，提高生态系统的稳定性和恢复力，改善生态环境。这为乡村振兴提供了新的动力支撑。因此，乡村绿色发展是实现乡村振兴的重要路径，也是推进生态文明建设和可持续发展的必然选择。

森林食品来自良好的森林环境，并遵循可持续经营原则，是具有原生态、无污染、健康安全等特性的各类可食用林产品，位于食品安全等级顶端。与《中共中央 国务院关于实施乡村振兴战略的意见》提出"推进乡村绿色发展，打造人与自然和谐共生发展新格局"的要求完全吻合。另外，林下经济投入少、周期短、获利快，与林业投入大、周期长和获利慢相辅相成，森林食品作为林下经济的一种表现形式，能够实现"以林养林"，顺应"绿水青山就是金山银山"的理念。

（二）发展森林食品产业是乡村振兴产业升级的有效途径

中国脱贫地区恰好是生态环境质量较高的地区，这些地区远离工业污染，适合发展森林食品产业。很多脱贫县生态环境良好，森林覆盖率较高，发展森林食品产业具有得天独厚的生态优势。发展森林食品产业，不仅可以为当地农民提供更多的就业机会和收入来源，还可以促进生态保护和乡村振兴的良性互动。这种开发与保护并重的发展模式，能够在保护生态的同时实现经济和社会的可持续发展，有助于脱贫地区的长期发展。

发展森林食品产业不仅能够提升当地经济和社会发展水平，也有助于保护和改善当地的生态环境。这为脱贫地区的可持续发展提供了一个非常好的路径，同时符合中央关于乡村振兴的战略部署和生态文明建设的要求。

从经济产值的角度看，农民从林下经济中获得的经济效益要远远大于林业本身。如果农民对发展林下经济有足够的热情，他们也会有足够的热情保护林地，减少毁林和过度开荒，在发展林下经济的同时实现对林地的保护。发展林下经济可以提高林地管理水平，增加绿色GDP，提高经济发展质量。目前林下经济发展模式主要表现为林药模式、林菌模式、林牧模式、林粮模式、林油模式、林草模式等。[①] 森林食品产业很好地协调了环境、资源、食品、健康、发展的关系，实现了可持续发展，并有助于生产结构的调整和生产方式的转变，能够促进经济、社会和生态共同发展，促进农村一二三产业融合发展，实现乡村振兴。

发展森林食品产业可以实现乡村振兴，这一点已经在许多地方得到了验证。以福建省宁化济村乡为例，该地区通过充分利用丰富的森林资源，发展蜜蜂养殖产业，创立了"支部+合作社+基地+电商+贫困户"模式，帮助农民增收致富。这种发展模式不仅能够带领贫困户脱贫致富，还可以促进森林病虫害的生态防治，具有非常好的生态效益和经济效益。在黑龙江省通河县长兴村，通过种植榛子、套种中草药、发展生态旅游等方式，村民成功为荒山披上了绿装，找到了增收的途径。榛子树成为村民眼中的"绿色银行"，

---

① 廖灼焱：《关于发展林下经济助推脱贫攻坚和生态文明建设的作用及建议》，《城镇建设》2020年第10期。

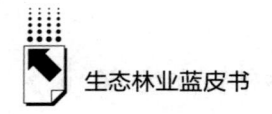

每到金秋时节，游客都会慕名而来进山赏秋，这为当地村民增加了收入来源，同时保护了当地的生态环境，实现了经济和生态的双赢。①

这些成功的经验表明，发展森林食品产业可以为乡村振兴提供新的动力和支撑，通过创新发展模式和技术手段，可以实现生态保护和经济发展的良性互动。这为其他地区推进乡村振兴提供了可借鉴的经验和启示，同时为推进生态文明建设和实现可持续发展的目标提供了新的思路和路径。

（三）森林食品产业是乡村振兴的重要抓手

中国乡村振兴主要有五项任务，分别是食品安全、粮食安全、乡村社会安全、生态环境安全及国际农业安全任务。其中食品安全是排在第一位的战略任务。乡村振兴五项任务之间的结构关系，首先是台阶的关系，即食品安全任务是第一台阶。从国家层面看，未来农业发展道路必须能够同时有助于解决食品安全、粮食安全、乡村社会安全、生态环境安全与国际农业安全问题。从近期农业道路探索与实践经验看，发展森林食品产业就是这样"一举五得"的道路。

首先，森林食品产业构建了科学、环保、健康和可持续的农业生产体系，极大地促进了环境保护和食品安全水平的提高，有助于农业生产结构的调整和生产方式的转变，强调人与自然的和谐发展，可以从根本上解决食品安全问题；其次，森林食品按照生态文明、生态农业的模式进行生产。森林食品产业使用资源节约型与环境友好型技术，不断创新完善技术体系，不制造污染，不伤害生物多样性尤其是天敌物种，不伤害农民利益，也不牺牲市民健康，是使"农民增收，市民增寿"的阳光产业，是乡村振兴的重要抓手。

三 促进森林食品产业可持续发展的对策建议

森林食品不是向森林无休止地要产品，而是在维护森林生态平衡和保护

---

① 《快来看看！宁化有一条"甜蜜"的脱贫路！》，搜狐网，2019年10月21日，https：//www.sohu.com/a/348759109_120054126。

物种多样性的前提下，用一种可持续发展的模式，把"绿水青山"变成"金山银山"。由此看来，发展森林食品产业是一条绿色可持续发展道路，是一件利国利民的大好事。

中国是多山国家，山区（丘陵和高原）面积约占国土面积的 69%，山区森林覆盖率较高，森林食品蕴藏量较大，为森林食品产业的发展提供了大量的资源。以东北为例，那里的森林条件优越，东北黑土地面积达 700 多公顷，是世界三大黑土带之一，森林面积占全国森林总面积的 50%，药食同源动植物资源有 1000 多种，占全国的 40% 以上。①

尽管森林食品在生产、加工和质量控制等方面已经取得了重要进展，但是目前被市场广泛认可的森林食品种类和品牌仍然相对较少，这导致森林食品市场占有率相对较低。此外，由于多种原因，很多森林食品还没有得到有效开发，处于"藏在深闺人未识"的状态。在森林食品产业化的进程中，需要重点关注以下问题。

（一）要以习近平生态文明思想为指导，建立健全生态产品价值实现机制

习近平总书记指出："要积极探索推广绿水青山转化为金山银山的路径，选择具备条件的地区开展生态产品价值实现机制试点，探索政府主导、企业和社会各界参与、市场化运作、可持续的生态产品价值实现路径。"②

处理森林资源利用与生态环境保护的关系是非常重要的。要以可持续发展为目标，有序地开发和利用自然资源，在不影响其再生能力和持续性的前提下，使自然资源发挥最大效益。保护森林生态环境需要与经济其他方面的

---

① 中国工程院"东北水资源"项目组：《东北地区有关水土资源配置生态与环境保护和可持续发展的若干战略问题研究》，《中国工程科学》2006 年第 5 期；《全国土地利用总体规划纲要（2006—2020 年）》，中国政府网，2008 年 10 月 24 日，http://www.gov.cn/zxft/ft149/content_ 1144625. htm。

② 《积极探索生态产品价值实现路径（深入学习贯彻习近平新时代中国特色社会主义思想）》，"人民网"百家号，2021 年 6 月 3 日，https://baijiahao.baidu.com/s?id=1701503638529403823&wfr=spider&for=pc。

可持续发展有机结合。森林生态环境保护与发展应该协调统一，应在保护生态环境的前提下推动经济社会发展，不能因发展而损害生态环境。建立健全生态产品价值实现机制是落实习近平生态文明思想的重要举措，是践行"绿水青山就是金山银山"理念的关键步骤，促进国家生态环境领域治理体系和治理能力现代化，对推动经济社会全面绿色转型具有重要意义。

（二）要提高森林食品的特色加工水平

森林食品的深入开发和规模生产仍处于起步阶段，大多数森林食品的利用程度仍较低。消费者对森林食品的认识不足，同时，中国森林食品资源有限，并且森林食品的性质、食用价值和开发利用方面的研究也相对较少。尤其是在精细加工方面，中国尚未出现领军企业。此外，生产加工水平参差不齐，对森林食品的发展产生了较大的影响。

因此，有必要加强对科学技术创新的研究，促进产业化发展，挖掘更多的森林食品种类，开发更多的优质产品。同时，需要研究和提升森林食品的功能和特点，将功能性与应用性相结合，使森林食品与一般农产品区分开来。此外，应加强产品认证，使更多的消费者了解和认识森林食品。

（三）开展森林食品原产地资源基地建设

森林食品是最具代表性的地域特色产品之一，通过原产地保护和识别地理标志，可以在国际市场上获得更高的接受度。因此，为了充分发挥森林食品的长期开发价值，在原产地建立适当规模的生产基地是非常必要的。这不仅可以满足森林食品加工企业的需求，也可以使中国的森林食品在国际市场上拥有更强的竞争力。

此外，为了确保森林食品的质量和安全，需要建立和完善关于森林食品的标准体系、检测体系和监管体系。在开发森林食品时，不仅要追求自身的特色，还要注重规范化和标准化，加强对生产过程的监控和管理。从生产源头到餐桌，需要科学规范地保障每个环节的质量安全。

中国森林食品认证（CFFC）作为森林食品行业的制度基础，建立了一套"从森林到餐桌"全产业链可追溯的质量控制体系,为消费者的食品安全保驾护航,保证产品的原料源自可持续经营的森林。①

在国际市场上,森林食品已成为一类比较成熟的安全食品,是国际上通行的环保生态食品,受到广大消费者的欢迎。在中国,消费者对森林食品还未有普遍认知,很多优质森林食品"藏在深闺无人识"。森林食品认证工作,可以很好地解决这一问题。权威认证可以将森林食品与市场上的其他产品相区分,满足消费者需求,提高合格森林食品溢价,更好地保障生态良好地区的利益。

珍贵与纯净的原料决定了森林食品产业巨大的产业后发优势。英国著名哲学家培根曾说过:"只有顺从自然,才能驾驭自然。"在开发森林食品、积极推进森林食品认证的过程中,必须牢固树立"绿水青山就是金山银山"的理念,坚持开发与生态保护相统一,让林区人从生态保护与开发中得到更多的实惠。

(四)加强以森品食品为核心的林下经济体系建设

充分利用林地空间,推动森林食品产业发展,并根据当地的特色品种加大定向培育力度,形成以特色产品为主导的农产品优势区。同时,需要整合优势区资源,并以森林食品为主题,开展包含展示、销售、研发等生态体系的"森林食品品牌 IP",聚合现代林业基础设施、综合管理、"双创"等平台,进行 IP 推广。

为了保障体系建设,还需要加强配套保障体系建设,提高科技支撑水平,强化人才培养,加强市场流通体系建设,健全社会化服务体系等,打造森林食品全产业链。这样可以更好地推动森林食品产业健康发展,提高产品质量和安全性,提高市场竞争力,助力当地经济发展和乡村振兴,实现生态保护与农民致富"双丰收"的目标。

---

① 《中国森林食品认证标识使用规则》,生态中国网,2015 年 1 月 27 日,https://www.eco.gov.cn/news_ info/25595.html。

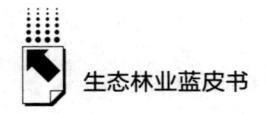

参考文献

[1] 中国工程院"东北水资源"项目组：《东北地区有关水土资源配置生态与环境保护和可持续发展的若干战略问题研究》，《中国工程科学》2006年第5期。

[2] 国家林业和草原局：《全国林下经济发展指南（2021—2030年）》，2021年11月。

B.15 发挥行业协会作用，促进林业发展

刘 涛*

摘　要： 经过70多年的发展，我国林业行业协会数量和质量均得到显著提升，成为推动林业行业发展和标准化工作的重要力量。行业协会在产业链上扮演着关键的角色，它不仅可以为政府提供专业的建议，帮助政府加强对林业行业的管理和监督，还可以为企业提供信息咨询、技术培训等服务，推动林业行业的发展和创新。例如2015年2月，中国林业生态发展促进会首次公布了《森林食品认证标准》，并在全国范围内开展诸如生态建设、国土绿化、防沙防治、野生动植物保护以及湿地保护等活动。行业协会也可以发挥桥梁和纽带作用，促进不同企业之间的合作，推动林业产业链的优化和协调发展。行业协会在林业行业的现代化发展中具有重要作用，将在未来持续发挥关键作用。

关键词： 林业行业协会　行业标准　产业发展　产业协调

一　引言

林业行业协会是林业行业的重要组织形式之一，由企业、事业单位自愿组建而成。其具有自主性、自治性和独立性，是联系政府和行业内企事业单位的桥梁和纽带。林业行业协会的主要职责包括执行国家森林工作政策，制

---

* 刘涛，经济学博士，河北科技大学经济管理学院讲师，主要研究方向为区块链技术、市场体系建设。

定行业技术规范,保障成员合法权益,开展对外经贸、技术交流和合作,推动内部管理和运行机制的改革以及协调公司内部需求、意愿和关系等。近年来,我国政府在林业工作方面出台了一系列的政策和法规,这些政策和法规的实施对于促进林业行业的发展起到了积极的作用。林业行业协会在这一进程中起到了重要的作用,并将继续发挥重要作用,促进中国林业行业的可持续发展。

二 林业行业协会的角色定位

行业协会作为社会组织的重要组成部分,已经成为产业发展不可或缺的组织机构。随着改革开放和市场经济的形成,行业协会逐渐发挥了在政府行政管理之外的重要作用。政府应该将行业协会支持其实现目标的效果作为赋权的依据。行业协会需要充分发挥作为联系各市场主体之间的桥梁和纽带的作用,建立"组织化私序"的机制。①

行业协会在产业链上扮演着关键的角色,可以协调企业之间的合作,促进行业的健康发展,还可以帮助政府制定政策、规范市场秩序。在林业行业现代化的背景下,林业行业协会与政府、企业和市场的关系十分密切。它不仅可以为政府提供专业的建议,帮助政府加强对林业行业的管理和监督,还可以为企业提供信息咨询、技术培训等服务,推动林业行业的发展和创新。同时,行业协会也可以发挥桥梁和纽带的作用,促进不同企业之间的合作,推动林业产业链的优化和协调发展。因此,林业行业协会在林业行业的现代化发展中具有重要作用,并将在未来持续发挥关键作用。林业行业协会的角色定位主要包括以下几个方面。

代表行业利益:林业行业协会代表行业内企事业单位利益,维护其合法权益,协调公司内部需求和利益关系。

制定行业标准:林业行业协会制定行业标准、技术规范和行业自律规则,提高行业整体水平,推动行业技术进步和发展。

---

① 杜江波、薛秀清:《产业集群和行业协会的组织化私序》,《特区经济》2006年第5期。

支持政府政策：林业行业协会支持政府制定和执行森林工作政策、方针和规划，积极参与政府的决策过程。

促进内部交流：林业行业协会为企业和事业单位提供技术咨询、信息交流、人才培养等服务，促进内部交流，提高行业整体素质。

推进内部改革：林业行业协会推动内部管理和运行机制的改革，促进行业发展与升级，推动林业产业转型升级和现代化发展。

推动合作与创新：林业行业协会通过开展对外经贸、技术交流和合作，推动行业内部合作与创新，拓展市场，推动行业发展。

三　林业行业协会发展现状

（一）建设成就

经过70多年的发展，我国林业行业协会数量和质量均得到显著提升，成为推动林业行业发展和标准化工作的重要力量。林业行业协会数量比党的十八大之前翻了一番，由行政单位牵头的林业行业协会基本消失，而由民间自发组织的林业行业协会成为主流，但现有实力仍需壮大。林业行业协会固定资产、吸纳就业数量持续增加，功能日益增强，参与制定上千项国家标准和国际标准，为脱贫攻坚、疫情防控等多方面提供了重要支持。在脱钩改革基本完成后，厘清了行政机关与林业行业协会的职能边界，林业行业协会重新焕发生机，朝着政社分开、依法自治的高质量方向发展。[①]

我国林业行业协会的发展还不够充分，与市场需求存在差距。行业协会有两种类型：企业自发成立的社会团体和由政府部门批准成立的专业性协会。其中，由企业会员组成的行业协会是非营利性社团组织，由政府部门批准成立的专业性协会主要提供技术咨询服务。林业行业协会在政府和企业之间的作用还没有得到充分发挥，政府管理职能部门仍然需要进一步发挥管理

---

① 刘宁等：《美国林业行业协会发展经验及启示》，《世界林业研究》2022年第2期。

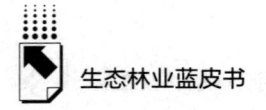

与服务职能。我国各类社团组织有7000多个，而林业行业协会只有10多个，数量不够，不利于林业事业长远发展。

（二）面临的挑战

林业行业协会存在人才和资金短缺的问题，协会工作人员较少，且多为兼职；资金主要依靠会员会费、捐赠以及政府投入，导致协会工作普遍比较滞后。此外，缺乏对中国特色社会主义理论的研究和实践经验的总结，对相关问题的认识仍较模糊，研究和总结也比较滞后。

人才短缺受到多种因素的影响，多数协会的工作人员主要是兼职，专职工作人员很少。林业行业协会的财务来源主要有会费、企业捐赠、向会员收取赞助、向会员提供有偿服务以及与政府部门合作。目前，林业行业协会的活动资金主要依靠会员会费、捐赠以及政府投入，其资金情况取决于会员会费、捐赠和政府投入。这导致林业行业协会的调查统计等工作的范畴受限，许多林业行业协会很难实现发展和壮大；由于资金不足，协会难以独立开展工作，也难以充分发挥作用。

目前国内林业行业协会的机构设置及工作制度还不够完善，存在诸多问题，如协会数量不足，部分协会没有设专职人员，工作制度不够完善，一些地方林业行业协会形同虚设等。此外，某些协会并未真正地纳入政府和市场管理体系，基层林业系统的会员参与度不高，各地方的发展存在较大的差距。

随着林业行业协会规模的日益扩大，加强对会员企业的规范管理，增强行业自律显得尤为关键。然而，一些协会未能充分履行会员管理职责，对会员企业约束不力，导致行业自律机制失效。首先，协会内部的会员服务缺乏民主性。由于某些协会对外部资源依赖较强，为了获取有利条件，协会决策层和执行层中拥有协会发展所需资源的会员企业占据较大比例。这种资源取向使协会倾向于服务于精英会员，忽视中小企业的权益，限制了其诉求表达，引发行业市场垄断和不正当竞争等问题。①

---

① 刘欣：《优化营商环境视角下行业协会的作用及强化对策研究》，《学会》2022年第6期。

四 林业行业协会促进林业发展的重要作用

（一）传播国家生态文明建设政策方针，建立政府与企业之间的沟通桥梁

林业行业协会在推进国家生态文明建设中发挥着重要作用。作为宣传生态文明建设政策的重要媒介，林业行业协会应及时向企业传达国家政策方针，使企业充分了解生态文明建设总体思路和要求。同时，林业行业协会还要与地方林业部门建立联系沟通机制，定期汇总本地林业经济技术政策以及相关法律法规，为企业提供政策法规咨询和建议，协调政府和企业的关系，促进生态文明建设与林业产业发展有机结合。此外，林业行业协会还可以组织各类宣传活动和研讨会，深入推进生态文明建设，贯彻绿色发展理念，引导企业创新技术和管理，推动生态文明与林业产业的转型升级，促进产业可持续发展。通过这些工作，林业行业协会将会为推动国家生态文明建设发挥重要作用。

林业行业协会的首要任务之一是将国家生态文明建设的政策方针传达给政府和企业，并为两者搭建沟通的桥梁和纽带。生态文明建设是关系人民福祉和民族未来的重大议题，受到了国家的高度重视。因此，林业行业协会需要将宣传贯彻政策方针作为重要工作之一，确保企业了解国家生态文明建设的总体思路和要求。同时，林业行业协会也需要与各级地方林业部门建立联系和沟通机制，及时将本地林业经济技术政策以及相关法律法规进行汇总上报，努力争取获得上级部门对林业的支持和帮助，在行业规划、产业转移、资金支持、政策法规等方面开展工作，以促进林业产业的可持续发展。

（二）开展统计调查和产业研究

对于林业行业协会，了解企业的情况是十分重要的。林业行业协会需要积极开展统计调查和产业研究工作，以提供及时准确的统计数据，为政府决

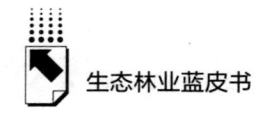

策提供依据，更好地支持企业发展。应该建立科学完善的生产经营统计调查制度，并定期向政府提供统计数据。还需要开展产业分析研究工作，根据市场变化和生产经营情况进行分析研究，为政府决策提供建议。通过组织调研活动，可以确定发展方向和生产布局，并制定生产经营规划和年度计划，以便更好地监督实施。

此外，林业行业协会还应当积极推动林业信息化建设，建立健全信息化平台，利用现代信息技术手段来提高林业企业管理水平和信息化水平，加强对行业内各类信息的收集、整理和发布，为企业提供更多更全面的服务和支持。同时，协会还可以利用信息化手段加强会员单位之间的交流和合作，促进行业内的经验分享和资源共享，推动协同发展。

（三）提供咨询服务和技术推广

林业行业协会通过向会员单位提供行业管理信息、组织经验交流和技术培训等方式，提高企业的技术水平和管理水平，同时可以在实际运营中发现企业遇到的问题和困难，并有针对性地提出建议。协会可以向政府反映情况，提出解决问题的对策，为企业争取政府的支持和帮助，进一步促进行业发展。此外，协会还可以通过参加产品展销会等活动，宣传自己的产品和服务，吸引更多的企业了解并加入协会，促进行业内企业之间的交流合作，推动整个行业的发展和壮大。

林业行业协会需要积极配合政府部门开展相关工作，如森林资源的合理利用、生态保护、森林防火等。此外，协会还应积极推进国家森林资源数据库、全国木材流通统计信息系统、国家林产品进出口统计信息系统等重要信息系统的建设，提供完善的林业行业信息服务。协会应加强林业行业信用体系建设，即建立林业行业信用信息系统，建立健全的林业行业统计指标体系，为政府决策提供支持。同时，协会应加强对行业的宣传和推广工作，提高行业的知名度和影响力，促进林业行业的可持续发展。

（四）推动产业结构调整，以促进企业健康发展

林业行业协会可以通过积极组织企业参与国家重点林业工程项目，为符

合条件的企业提供投资融资等方式来推动产业结构调整。对于不符合产业政策的企业，协会可实行退出机制，并与相关行政管理部门合作监督和管理。在林权登记工作中，协会也可实行"三免"政策，以减轻企业负担。此外，协会可以通过支持造林工程建设和森林经营等方式来推动产业结构调整，实现林业行业的健康发展。

（五）建设维护产业数据库

建设产业数据库是林业行业协会建设信息化系统的重要组成部分。产业数据库除了记录企业的生产、销售、研发等信息外，还应该包括行业经济、技术、市场和政策等方面的信息。通过建设产业数据库，协会可以更全面、更准确地掌握行业发展情况，为政府和企业提供更为有效的咨询服务和技术推广工作。同时，该数据库可以为行业发展提供决策支持和数据支持。除了森林资源数据库和产业数据库，林业行业协会还应该积极开展林业行业信息化建设，如通过建设林业行业门户网站、社交媒体平台等，为会员提供便捷的信息服务。

五 案例：中国林业生态发展促进会

中国林业生态发展促进会是一个经国务院批准，在民政部注册，由国家林业和草原局监管的国家级社团。2015年2月，中国林业生态发展促进会首次公布了《森林食品认证标准》，界定了森林食品的定义、种类以及认证规范与流程。其宗旨在于宣扬生态文明、提倡生态文化、促进生态建设，以实现人与自然的和谐发展。为此，协会在全国范围内开展诸如生态建设、国土绿化、防沙治沙、野生动植物保护以及湿地保护等活动。协会的下属机构包括：王定国公益委员会、生态健康工作委员会、生态文化工作委员会、标准化技术工作委员会、生态认证工作委员会、森林食品工作委员会、碳中和工作委员会、生态旅游工作委员会。

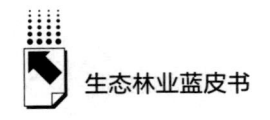

（一）组织开展绿水青山论坛

习近平总书记在中央全面深化改革领导小组第十四次会议上强调，现在，我国发展已经到了必须加快推进生态文明建设的阶段。生态文明建设是加快转变经济发展方式、实现绿色发展的必然要求。要贯彻习近平总书记"我们既要绿水青山，也要金山银山""宁要绿水青山，不要金山银山，而且绿水青山就是金山银山"①的重要指示精神，完成建设生态文明、美丽中国的战略任务，给子孙留下天蓝、地绿、水净的美好家园。

绿水青山论坛旨在弘扬生态文明，重点推动生态建设，展示全国及区域性生态建设与经济发展的典型企业，并吸引关注生态发展的金融投资基金机构。通过充分交流和互动，帮助企业完成升级，并将论坛打造成实现"绿水青山"转变为"金山银山"的重要平台。该论坛专注于推动资本与生态企业的对接，促进生态产业转型升级和生态文明的发展。

（二）组织评选中国生态贡献奖

中国生态贡献奖是表彰在中国生态文明建设领域做出突出贡献的机构和个人的最高荣誉奖项之一，每年颁发一次。该奖项由中国林业生态发展促进会、全国绿化委员会、国家林业和草原局联合颁发，旨在鼓励更多机构和个人参与国土绿化和生态建设，推动中国生态文明建设事业的发展，为后代留下一个美丽的家园。该奖项设立多个奖项类别，包括生态保护、生态建设、生态教育、生态城市等，以表彰在不同领域做出杰出贡献的机构和个人。

（三）开展系列生态认证

行业协会从事标准化工作符合我国标准化发展趋势，是提高我国标准化工作整体水平的重要推动力。无论从法律还是政策角度，行业协会在制定行

---

① 《"绿水青山就是金山银山"理念的科学内涵与深远意义》，新华网，2020年8月14日，http://www.xinhuanet.com/politics/2020-08/14/c_1126366821.htm。

业内部规章制度、参与行业标准制订工作等方面都扮演着重要角色，为推动行业健康发展发挥了积极作用。[1]

开展中国森林食品认证是为了充分利用森林生态环境优势，提高中国森林食品质量和市场竞争力，同时配合国有林区产业转型。通过将纯天然的森林食品推广至普罗大众，实现"生态富民、生态惠民"的目标。根据民政部的许可，经常务理事会研究决定，在全国重点省份进行中国森林食品认证试点工作。

2015年，中国森林食品认证试点工作取得了顺利进展。中国林业生态发展促进会制定了森林食品认证的体系文件，即《森林食品认证规范》《森林食品认证程序》《中国森林食品认证管理办法》等，并在2月6日的"中国森林食品认证标准新闻发布会"上正式发布。另外，在制定和发布认证体系文件的同时，也在试点省份，如吉林、黑龙江、云南、广西、贵州、浙江等地开展了试点工作。2015年上半年中国林业生态发展促进会完成了近40家企业的森林食品认证。

开展优势生态区域认证，以促进生态产业发展。2013年，中国林业生态发展促进会通过对兰州市七里河区的认证，兰州市获得"中国百合之都"的称号，并在媒体上广泛传播，促进了兰州百合生态产业的发展。2017年，中国林业生态发展促进会对河南省信阳市的生态区域进行了认证，由专家组成的考察团对地理环境、产品质量、生产工艺等进行评定，并授予信阳"中国毛尖之都"的称号。

（四）开展华夏绿洲助学行动

华夏绿洲助学行动（简称"助学行动"）是由中国林业生态发展促进会青少年委员会和澳门中华教育会等单位发起的社会公益项目，以生态教育和扶贫助学为主题，组织城市青少年前往西部沙化干旱地区体验生活和学习

---

[1] 房昕：《发挥行业协会作用推动标准化工作高质量发展的对策研究》，《理论观察》2022年第10期。

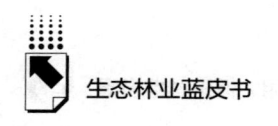

生态知识，同时向西部贫困地区的青少年提供资助和帮助。

2009~2022年，助学行动向西部10余个省份的20个县（旗）提供了超过4100万元的资助，其中有15个县（旗）连续获得资助8~10年。助学行动每年资助贫困学生，累计16000多人；每年接待西部贫困学生到北京参观学习，累计1500多人；每年组织西部贫困学生到北京和西安等地参加文化艺术和外语知识比赛，累计500多人；每年向学校捐赠电脑，累计959台；每年推荐西部贫困学生免费去澳门上大学，累计34名；还捐赠了20多万册图书和大量教学设备。

六 进一步发挥林业行业协会的产业促进作用

林业行业在迅速发展，已经成为经济建设和国民经济的重要增长点。在推动经济发展方式转变和结构调整的过程中，行业协会的作用也应该得到充分发挥。利用政府职能部门的各种优势，在发挥市场机制作用的同时，发挥行业协会的作用，将有助于推动林业行业的发展。但是林业企业发展存在风险，大多数企业规模小、抗风险能力差，缺乏足够的发展资金，面临科技投入不足、缺乏风险防范意识等问题。行业协会在市场竞争中有很强的优势，可以为企业服务，协调会员利益冲突。

作为企业与政府之间的桥梁，林业行业协会需要从国家政策和法律法规的角度积极主动地与政府部门沟通，以解决会员单位的实际问题并提供高质量的服务。行业协会参与标准化工作，建立健全的行业规范和标准是促进行业发展、满足政府对社团组织的要求、提高社会服务能力的必要条件。此外，行业协会需要建立健全沟通协调机制，及时有效地反映市场信息和企业诉求，协调会员关系和内部关系。为了成为企业信赖和政府放心的服务型中介组织，行业协会需要提高服务意识和水平，通过开展各种形式和内容多样的服务活动，吸引会员企业和社会各界人士参与。需要在以下几个方面进一步发挥作用。

（一）完善内部治理结构，加强服务能力建设

协会内部治理结构是协会运作的基础，协会需要建立一套完善的内部管

理制度。其中包括规章制度的制定、内部监督和约束机制的建立、信息发布平台的搭建等。协会需要注重信息发布工作，及时向会员提供相关林业政策和市场信息，加强对会员企业的指导和服务工作，建立适应行业发展需要的企业信息库，为会员企业提供多种形式的服务，充分发挥协会对行业的指导作用。此外，协会还应积极组织培训活动，提高会员企业管理人员、技术人员等各方面人才的素质。同时，协会应积极开展林业科研攻关，并在行业内建立学习型团体，为成员提供多层次多形式的学习机会，提高其创新能力，同时应为成员提供政策和法律咨询服务。

（二）加强与政府部门的联系和沟通

行业协会在维护自身权益和促进行业发展的同时，需要充分发挥桥梁作用，加强与政府部门的联系与沟通。具体来说，行业协会需要积极向政府提出意见、建议和反映行业最新情况，并参与标准制订、招商引资、科技交流和合作等活动。同时，行业协会应组织开展调查研究、技术服务、咨询和信息交流等活动，为行业提供更好的技术支持。在遇到纠纷或争议时，行业协会可以通过协调有关部门的力量，或向政府寻求帮助，有效维护行业的利益。

行业协会与政府部门的密切合作，有助于改善行业环境和促进行业发展。除了以上提到的几个方面，行业协会还可以通过以下途径加强与政府部门的联系。

参与政策制定：行业协会可以积极参与政策制定过程，对行业政策提出建设性意见，协调行业内部的利益关系，为政策制定提供专业性建议。

参与行业发展规划制定：行业协会可以积极向政府部门推荐和协调制定行业发展规划，为行业的长远发展提供支持和帮助。

建立产学研合作机制：行业协会可以积极与高等院校、科研机构建立联系，推动产学研合作，为行业技术创新和升级提供支持和帮助。

推动行业国际化：行业协会可以积极向政府部门推荐和协调行业参加国际性的展览和交流活动，推动行业与国际接轨，为行业的发展提供更广阔的空间。

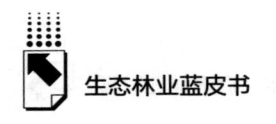

（三）强化行业自律，规范行业行为

行业协会要发挥自律功能，首先要加强对本行业的管理，建立和完善自律制度和措施，以保证各企业生产经营活动有序进行。行业协会还应协助政府相关部门建立市场监督管理机制，对于生产经营不规范、产品质量不合格、仿冒假冒商品泛滥及价格欺诈等情况，及时向政府相关部门反映，并在必要时提出投诉或建议，以促使政府依法处理。

此外，要加强对重点企业的监管。重点包括对原材料采购和产品质量控制等方面的监管。原材料和成品质量是影响行业发展和竞争力的关键因素，因此加强对原料供应商和产品生产企业的管理至关重要。各企业也要在政府指导下，加强对企业行为及产品销售质量的监督管理，提升市场竞争环境。

为了充分发挥林业行业协会在行业自律中的作用，需要政府职能部门加强对林业产业化龙头企业的培育。政府应鼓励龙头企业集团化、连锁化、规模化发展，并通过政策支持、资金投入、引导等方式给予支持。引导林业产业化龙头企业通过兼并重组等形式发展壮大，加强品牌建设。鼓励龙头企业扩大出口、改造技术并发挥骨干带动作用，以促进产业发展方式转变和结构调整。

此外，还需加大宣传力度。一方面是对行业协会进行法律法规知识培训和宣传；另一方面通过电视、广播、报纸等媒体宣传国内林业产业发展成果、产业优势和产业前景，使人们了解正确信息并增强对林业发展前景的信心，同时鼓励社会人士参与森林生态建设。

（四）培养后备人才，发挥智力资源优势

林业行业协会要想充分利用人才优势，必须有高素质的工作团队。协会在管理团队、技术人才、销售团队和市场信息等方面具有显著优势。

行业协会的使命是鼓励和支持社会力量的参与，促进会员单位间的交流与合作；同时积极开展国际合作，提高行业协会的自身建设水平，并不断推进行业协会的创新和改革。要大力培养和引进人才，提高科研人才在行业中

的作用。

协会必须拥有一支了解技术、经营管理的高素质人才队伍。在产业发展过程中，要使企业内部拥有大量专业人才和技术人才，使整个产业既有规模又有效益。

要建立科学的培训制度。通过开办培训班、参加业务交流等形式开展培训，提高林农和从业人员的经营水平和技术素质。同时，通过对林农和从业人员进行各种技术岗位培训，为他们就业创业创造条件，确保他们不会造成产业损失和污染。

林业行业协会需要加强建设工作，提高工作水平，充分发挥政府和相关部门在管理和指导方面的作用。

（五）林业行业协会发挥林业行业交流的平台和窗口作用

林业行业协会作为林业行业交流的平台和窗口，还可以通过以下方式发挥人才优势，为推动行业健康发展做出积极贡献。加强技术培训和普及工作，通过开展各种形式的培训活动提高会员的技能和素质水平。开展学术交流活动，邀请专家学者与会员交流，分享最新科研成果和行业趋势，促进行业内学术交流和合作。推动绿色生产和可持续发展，通过开展绿色生产和可持续发展等方面的活动，提高会员的环保意识和生产水平。加强与国际行业协会的合作，了解国际行业发展趋势和最新技术，促进国内行业的创新和发展。参与行业评估和监管工作，了解行业的发展现状和存在的问题，提出相应的建议和措施，促进行业健康发展。

（六）促进林业企业"走出去"战略

积极组织和开展涉外培训和交流活动，邀请国内外专家学者开展讲座和研讨，为会员企业提供国际化经营所需的专业知识和技能。此外，行业协会还应加强对国际市场的调研和分析，为会员企业提供国际市场信息和前瞻性分析报告，提高企业决策的科学性和准确性。同时，行业协会还可以建立国际交流平台，促进中外林业企业之间的合作和交流，为企业"走出去"提

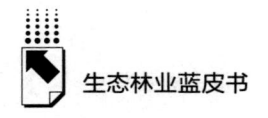

供更多的机会和支持。

加强对外合作交流。行业协会可以积极参与国际组织和国际性行业协会的交流合作，建立良好的国际合作伙伴关系。通过这种方式，学习国际上的先进经验和技术，推动国际技术交流和合作，进一步提高中国林业行业在国际上的地位和影响力。

加强品牌建设和推广。行业协会可以通过加强品牌建设和推广，包括建立和推广行业品牌，组织参加国际性的行业展览和交流活动，以及建立和推广绿色供应链等，提高行业的知名度和美誉度，从而吸引更多国外企业和投资者的关注和参与。

加强国际标准制订参与工作。行业协会应积极参与国际标准制订工作，提供和推广符合国际标准的产品和服务，提高行业的国际竞争力和产品质量。同时，还应加强对国际贸易政策的研究和分析，提高行业对国际贸易政策的适应性和反应能力。

后　记

2023年国务院《政府工作报告》指出，加强生态环境保护，促进绿色低碳发展。坚持"绿水青山就是金山银山"的理念，健全生态文明制度体系，处理好发展和保护的关系，不断提升可持续发展能力。党的二十大报告提出，我们要推进美丽中国建设，坚持山水林田湖草沙一体化保护和系统治理，统筹产业结构调整、污染治理、生态保护、应对气候变化，协同推进降碳、减污、扩绿、增长，推进生态优先、节约集约、绿色低碳发展。健全生态文明制度体系，推进生态优先、节约集约、绿色低碳发展，需要全社会的广泛关注和全党全国人民的共同努力。在此仅对参与编写本书和提出指导意见的各位领导、专家、教授、学者表达谢意。

本书的出版离不开各位专家学者的积极贡献，更离不开社会各界对中国现代化林业和森林生态价值转化事业的关注和支持。衷心感谢在各篇报告撰写过程中，提供数据和重要资料的研究团队。感谢本书的作者朋友。感谢你们对本书的厚爱与支持，是你们用严谨的科研态度和丰富的专业知识完成了一篇篇主题鲜明、结论专业的报告，共同推动了本书的顺利问世。

中国社会科学院评价研究院李传章研究员，北京物资学院王可山教授，社会科学文献出版社副总编、皮书研究院院长、研究员蔡继辉，华北电力大学闫庆友教授和谭忠富教授，中国传媒大学数据科学与智能媒体学院闵素芹副教授，中国统计学会副会长、南京特殊教育师范学院凌迎兵教授，中央财经大学周宏教授，上海电力大学经管学院刘平阔副教授，同济大学经管学院李少鹏助理教授、张灵蕤博士，北京市科学技术研究院苗润莲研究员和宸铁

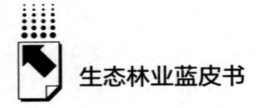

梅研究员等高校、科研院所的专家学者在指标体系构建、框架构建、报告准入审核、书稿审理等方面提供了宝贵建议。

最后，感谢在幕后默默奉献的朋友，包括社会科学文献出版社首席编辑周丽，社会科学文献出版社编辑张丽丽和刘燕，社会科学文献出版社张雯鑫和孙娜，中国社会科学院马克思主义研究院于海青研究员、政治学所徐海燕研究员、生态文明所娄伟研究员、田桂芹等各位专家老师，你们在本书体系架构、分篇布局、文稿润色等方面的工作给编者带来巨大的帮助与启发，谢谢你们！

编者

2023 年 3 月

Abstract

This book deeply analyzes the opportunities and challenges of ecological forestry development in the new era. According to the requirements for the construction of ecological civilization put forward by the 20th National Congress of the Communist Party of China and combined with Xi Jinping thought on eco-civilization, the report proposes that ecological priority and green development are the guiding direction for the development of the ecological forestry industry. This report summarizes the achievements of forestry development, believes that the framework of forest ecological value transformation has been gradually improved, and comprehensively evaluates the development of ecological forestry and calculates the development index. According to calculations, since 2011, the overall index of China's ecological forestry development has been increasing year by year, from 31.45 to 57.52. From 2011 to 2020, the overall index of China's ecological forestry development has increased by about 83%. The ecological forestry development index has a certain relationship with the regional natural environment, geographical location, economic level and other factors. The level of development of ecological forestry in different provinces varies greatly, and corresponding policies and measures should be adopted to strengthen the construction and protection of ecological forestry.

According to the index calculation, it is believed that the development of ecological forestry is facing many challenges, such as limited supply capacity of ecological products, imperfect value realization mechanism, and incoherent industrial chain. Therefore, the report pointed out that the development of ecological forestry needs to deepen the structural reform of the supply side, build a new mechanism for realizing the value of ecological products and asset allocation, accelerate the construction of trading platforms and monitoring systems for ecological products, and expand the reform paths of different forest tenure systems.

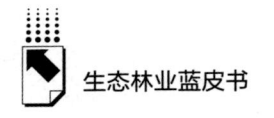

The second part of the book focuses on institutional innovation. The reports analyze the policy appeals of different new types of forestry management entities in collective forest areas, study the way to build a market-oriented trading platform for ecological products, and how to improve the "integration of heaven and earth" monitoring system for ecological environment protection, analyze the path to realize the value transformation of "lucid water and lush mountains" and "golden mountains and silver mountains", and study the key points and paths to improve the supply capacity of ecological products. We should encourage the market to play a decisive role in resource allocation and explore path to realize the value of ecological products.

The third part is the ecological forest and grass. The reports discusse the realization path of forest and grass ecological value based on system dynamics, study how to promote forestry and grassland ecological product value realization and transformation with scientific and technological innovation, advocate promoting the reform of forest tenure system to realize the value of forest and grass ecological products, summarize the practice and path on transformation of ecological value of forest and grass industry, put forward the accounting method and system construction of forest and grass resource assets, and propose the construction of forest and grass carbon sink products value.

The fourth part focuses on the development of ecological forestry industry. The reports study the promoting effect of forest food industry on rural revitalization, attach importance to the role of forestry trade association, and promote the development of ecological forestry industry.

The book constructs an overall framework for the development of ecological forestry, systematically studies the development strategy, policy system, ecological value realization and industrial development of ecological forestry, and provides policy reference and theoretical support for further promoting the modernization of ecological forestry.

Keywords: Ecological Forestry; Forest and Grass Resources; Ecological Value

Contents

I General Report

B.1 Ecological Forestry Development Report (2022-2023)
in the Picture of Chinese Path to Modernization
Yong Qiang, Li Qun, Miao Zimei, Gao Xiaoqin and Liu Tao / 001

 1. Introduction / 002

 2. Xi Jinping Thought on Eco-Civilization Pointed out the
  Direction of Chinese Path to Modernization Forestry
  Development / 002

 3. Achievements in the Development of Ecological Forestry in
  China in the New Era / 007

 4. Comprehensive Evaluation of Ecological Forestry
  Development in China / 012

 5. Challenges and Policy Suggestions for Ecological Forestry
  Construction in China / 022

Abstract: This report focuses on the important theoretical significance, scientific connotation and relationship with the Chinese-style forestry modernization path of Xi Jinping thought on eco-civilization, as well as the main tasks. In addition, this report summarizes the achievements of forestry development, believes that the framework of forest ecological value transformation has been gradually improved, and comprehensively evaluates the development of ecological forestry and calculates the development index. According to calculations, since 2011, the overall index of China's ecological forestry development has been increasing year by year, from 31.45 to 57.52. From 2011 to 2020, the overall index of China's ecological forestry development has increased by about 83%. The ecological forestry development index has a certain relationship with the regional natural environment, geographical location, economic level and other factors. There is a large gap in the development level of ecological forestry in different provinces. Corresponding policies and measures should be adopted to strengthen the construction and protection of ecological forestry. Finally, this report analyzes the main challenges faced by ecological forestry construction, and puts forward corresponding suggestions.

Keywords: Ecological Forestry; Ecological Value; Ecological Comprehensive Evaluation

II Institutional Innovation Topic

B.2 Research on Policy Appeals of Different New Types of Forestry Management Entities in Collective Forest Areas

Liu Can, Liu Hao, Liu Biao and Lu Yonghua / 036

Abstract: In collective forest areas, the new type of forestry management entity is a reasonable choice to improve the management level of forest land. Accelerating the cultivation of new forestry management subjects is conducive to realizing the scale management of collective forests. At present, governments at all levels in our country adopt a variety of policy support measures to encourage the development of new forestry management entities, and have made important progress. Relying on the National Forestry and Grassland Bureau's research project on major issues, 952 different types of new-type forestry management entities were investigated on the spot, and the implementation effects, existing problems and main issues of the new-type forestry management entities in terms of forestry rights transfer, forest harvesting, financing channels and forest insurance were analyzed. The report puts forward policy suggestions such as strengthening the management of forest rights transactions, innovating the development path of new forestry management entities, increasing financial and financial support, guiding social capital to participate in forestry construction, and focusing on promoting policy-based and commercial forest insurance.

Keywords: Collective Forest Areas; Forest Management Entities; Reform of Forest Tenure System

B.3 Construction of Market-Oriented Trading Platforms for Ecological Products *Yu Fawen, Li Tan / 063*

Abstract: Establishing a market-oriented trading platform for ecological products is the key path to practice the concept of "lucid waters and lush mountains are invaluable assets", an important mission for China's economy to achieve high-quality development, and an inevitable requirement to promote the modernization of national governance in the field of ecological environment from the source. This report takes the construction of a market-oriented trading platform for ecological products as the research object, defines the scientific concept and theoretical basis of ecological products, systematically sorts out the evolution of relevant policies in recent years, and analyzes the value of ecological products and the actual experience of marketization. On this basis, an analysis framework of market-based ecological product transactions is constructed, a comparative analysis of feasible market-oriented trading platform models is carried out.

Keywords: Ecological Products; Marketization; Trading Platform

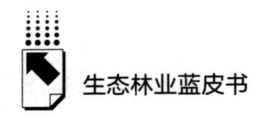

B.4 Improve the Space-Earth Integration Monitor System for Ecological Environment Protection
—The Experience and Enlightenment of Lishui, Zhejiang

Peng Xushu, Liu Chunxiao / 080

Abstract: In the new stage of development, to further promote the prevention and control of environmental pollution and build a beautiful China, it is necessary to build a Space-Earth integration monitor system and boost the modernization of ecological environment monitoring capacity. To build a Space-Earth integration monitor system, there are still problems such as lack of mature technology application demonstration, difficulties in effective integration and integration of monitoring information, and institutional and policy barriers. The practice of building the "Three Eyes Watch" system and the digital soil system in Lishui City shows that a Space-Earth integration monitor system can fully utilize the advantages of different monitoring environmental monitoring methods. Digital technology is the glue for effectively integrating and integrating satellite remote sensing, ground monitoring, manual inspection and other information data sources, and integrating cross sectoral data sources. To build a successful Space-Earth integration monitor system, it is necessary to carry out systematic design and coordinate the promotion of multiple government departments, including ecological environment departments; The digital transformation power of government affairs formed by the construction of digital government is needed to boost, and the scenario application plan of ecological environment data needs to be strengthened to drive the system construction with application; The government needs to work closely with the market to give full play to the dynamic role of the market under the premise of giving play to the leading role of the government.

Keywords: Ecological Environment Protection; Space-Earth Integration; Monitoring System; Lishui

B.5 The Path to Realize the Value Transformation of "Lucid Water and Lush Mountains" and "Golden Mountains and Silver Mountains" *Qin Guowei / 100*

Abstract: This report discusses how to realize the value transformation of "lucid water and lush mountains" and "golden mountains and silver mountains", puts forward the concept and connotation of "lucid water and lush mountains are golden mountains and silver mountains", and introduces the concept and theory of value conversion, analyzes the actual relationship between "lucid waters and lush mountains" and "golden mountains and silver mountains", including practical exploration and progress, formation paths and models, achievements and shortcomings, the factors hindering the value conversion of "lucid water and lush mountains" are put forward, such as insufficient social understanding, imperfect property rights system, and inconsistent accounting standards. Policy recommendations are put forward on how to support value conversion, including improving the natural resource property rights system, registration, accounting, assessment and evaluation system, and expanding the scope of market-oriented transactions.

Keywords: Lucid Water and Lush Mountains; Value Transformation; Natural Resource Property Rights

B.6 Key Points and Paths to Improve the Supply Capacity of Ecological Products *Li Ye, Chen Yiyan / 118*

Abstract: This report summarizes the relevant research content, and sorts out Xi Jinping thought on eco-civilization, public goods theory and sustainable development theory. On this basis, the report proposes detailed steps to build a measure-ment index system for the supply capacity of ecological products. According to existing research, the report sorts out five factors that affect the supply capacity of ecological products, including industrial structure, technological development, capital investment, energy consumption structure, and ecological space. The report proposes that China's ecological supply faces the problems of shrinking ecological space, poor circulation of ecological products, and lack of ecological compensation mechanisms. It further puts forward four suggestions that are beneficial to improving the supply capacity of ecological products, including restoring natural ecosystems, building an evaluation and accounting system for ecological products, improving the ecological protection compensation mechanism, and accelerating the transformation of green technological achievements. These suggestions can provide reference for government policy.

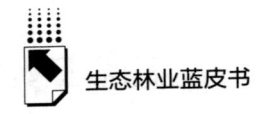

Keywords: Ecological Products Supply; Public Product Theory; Sustainable Development Theory

B.7 Let the Market Decide the Allocation of Resources and Explore the Path of Ecological Product Value Realization

Zhang Qian / 133

Abstract: It is of great significance to promote the green and low-carbon development of China's economy to give full play to the decisive role of the market in resource allocation and to establish and improve the value realization mechanism of ecological products. The market mainly realizes resource allocation through price mechanism, competition mechanism and supply and demand mechanism. The value realization mechanism of ecological products is an important measure to thoroughly implement Xi Jinping thought on eco-civilization, and it is a concrete manifestation of practicing the "Two Mountains" theory. Combined with the successful experience of the Lishui and Zixi pilots, this report analyzes the problems of current ecological product value realization, such as unscientific measurement standards, inadequate institutional guarantees, low level of economic value transformation, and insufficient cognition, and proposes a specific path for ecological product value transformation.

Keywords: Market; Resources Allocation; Ecological Product Value

Contents

III Ecological Forest and Grass

B.8 Realization Path of the Forest and Grass Ecological Value
based on System Dynamics

Feng Xin / 150

Abstract: This report first analyzes the connotation characteristics and structural state of the forest and grass ecological value. On this basis, the forest and grass ecological value is divided into four subsystems: supply value, support value, cultural value and regulation value. After that, a system dynamics model for realizing the forest and grass ecological value is established. According to the system dynamics model, this report analyzes the factors and their mechanisms that promote and restrict the realization of the forests and grass ecological value. The results show that the realization of the forest and grass ecological value mainly depends on the direct investment of the economy, science and technology, and human resources in the forest and grass industry. Besides, the public's attention to environmental quality also plays an important role in promoting the realization of the forests and grass ecological value.

Keywords: Forest and Grass Ecosystems; Realization of Ecological Value; System Dynamics

B.9 Science and Technology Innovation to Promote Forestry
and Grassland Ecological Product Value Realization
and Transformation *Dong Jie, Diao Huajie / 165*

Abstract: Forestry and grassland is a key industry to promote economic social development and comprehensive green transformation. In recent years, forestry and grassland has led high-quality development with scientific and technological innovation, focused on key areas of forest and grass' frontier demand, and optimized the layout of forest and grass industry system. The report takes science and technology to empower forest and grass industrialization as the entry point. From micro, meso, macro three scenes, expounds the application status of science and technology in forestry and grassland. Through strengthening the forestry and grassland science and technology support system, major science and technology strategic research, ecosystem carbon sink activities, using science and technology to break the upstream and downstream chain of forest and grass industry, promoting the realization of ecological product value, the modernization of ecological environment governance capacity. To pioneer a new path of prioritizes ecology, science and technology, and green development.

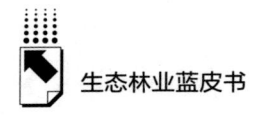

Keywords: Scientific and Technological Innovation; Forest and Grass Industry; Ecological Product; Ecological and Environmental Governance

B.10 Promote the Reform of Forest Tenure System to Realize the Value of Forest and Grass Ecological Products

Dong Yiming, Dong Siqi, Zhou Yujie, Wang Jing, Yuan Yuan and Deng Chenchao / 185

Abstract: The reform of China's forest tenure system has a long history and has been quite effective, and realizing the value of ecological products is also a key task and realistic goal of ecological civilization construction emphasized since the 18th National Congress of the Communist Party of China. The practice of forest tenure system reform in China itself and outside the region provides valuable experience for China to further promote the reform of forest tenure system to realize the value of forest and grass ecological products. The reform of forest tenure system will provide the necessary institutional guarantee and enrichment for realizing the value of forest and grass ecological products. Among them, standardizing the operation of the forestry rights transfer market, improving the forestry and grassland ecological product ownership trading mechanism, innovating the ecological benefit compensation mechanism, establishing a scientific forestry and grassland resource value evaluation and certification mechanism, and optimizing the forestry grassland economic industry model will become effective measures.

Keywords: Reform of Forest Tenure System; Collective Forest Tenure System; Forest and Grass Ecological Products; Forest Tenure Transfer

B.11 Practice and Path on Transformation of Ecological Value of Forestry and Grass Industry *Wang Jing / 198*

Abstract: In addition to transforming into economic value, the ecological value of forestry and grass industry also includes transforming into social value. Active explorations have been carried out at home and abroad, providing a reference and reference experience model for China to further promote the transformation of forestry and grass industry ecological value. The transformation of the ecological value of the forestry and grass industry needs to deal with the contradiction between ecological protection and economic development. It is necessary to adhere to systematic thinking, optimize the spatial layout, adhere to the ecological red line, and maintain the stability and safety of the ecological system.

Keywords: Forestry and Grass Industry; Ecological Value; Economic Value; Market Reform

B.12 Forest and Grassland Resources Assets Checking and Accounting Method and System Construction
Zhang Ying, Li Xiaoge / 214

Abstract: On the basis of summarizing the domestic and foreign research methods of forest and grassland resource assets inventory, the physical quantity accounting method and value accounting method of forest and grassland resource asset inventory are summarized, and policy guidance is put forward for the forest and grassland resource asset inventory accounting method and system construction, academic standardization, basic data protection, laws and regulations construction, feedback mechanism for inventory accounting and suggestions for verification system construction.

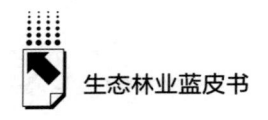

Keywords: Forest and Grassland Resources; Resource Assets Checking and Accounting; Value Quantity Accounting Method; Physical Quantity Accounting Method

B.13 Constructing the Value Realization Mechanism of Forest and Grass Carbon Sink Products

Peng Hongjun, Xu Xiao and Yu Xiaoping / 235

Abstract: Constructing the value realization mechanism of forest and grass carbon sink products is an important measure to promote the "carbon peaking and carbon neutrality" strategy in the field of forest and grass and to practice the concept of "lucid waters and lush mountains are invaluable assets". This report summarizes three paths to realize the value of forest and grass carbon sink products: government ecological compensation path, forest and grass carbon sink financial path and forest and grass carbon sink industrialization path. However, the imperfect property rights system, value accounting system, damage compensation and protection compensation mechanism, market trading system and financial system in the field of forest and grass carbon sink have become the bottleneck restriction of the current value realization mechanism of forest and grass carbon sink products. The report proposes that the value realization mechanism of forest and grass carbon sink products should be improved from these aspects: promoting the institutional framework for realizing the value of forest and grass carbon sink products, creating a market environment conducive to the realization of the value of forest and grass carbon sink products, and improving the supply capacity of forest and grass carbon sink products.

Keywords: Forest and Grass Carbon Sink Products; Value Realization Mechanism; Ecological Compensation; Forest and Grass Carbon Sink Finance; Forest and Grass Carbon Sink Industrialization

Ⅳ Industrial Development Topic

B.14 Forest Food Industry: A New Engine for Rural Revitalization *Sha Tao / 250*

Abstract: Forest food refers to all kinds of food produced and processed from plants, microorganisms and animals grown in the forest ecological environment. Forest foods are an important result of digging deep into the under-forest economy to promote the realization of the value of ecological products. Forest foods are highly consistent with the green development concept of the rural revitalization strategy, and are an important starting point for rural revitalization and an effective way for industrial upgrading. At present, the development of forest food is still facing formidable challenges. The food ecological chain needs to take Xi Jinping thought on eco-civilization as the guiding ideology, establish and improve the value realization mechanism of ecological products, and at the same time improve the characteristic processing of forest food and develop the resource base of forest food origin.

Keywords: Forest Food; Rural Revitalization; Value of Ecological Products

B.15 The Tole of Industry Associations in Promoting Forestry Industry Development *Liu Tao / 261*

Abstract: After more than 70 years of development, the number and quality of forestry industry associations in our country have been significantly improved, and they have become an important force in promoting the development and standardization of the forestry industry. Industry associations play a key role in the industrial chain. They can not only provide professional advice to the government, help the government strengthen forestry industry management and supervision, but also provide enterprises with information consultation, technical training and other services to promote the development of the forestry industry development and innovation. For example, in February 2015, the China Association for the Promotion of Forestry Ecological Development announced the "forest food certification standards" for the first time, and carried out projects such as ecological construction, land greening, sand prevention and control, wildlife protection and wetland certification nationwide protection activities. Industry associations can also play the role of bridges and links to promote cooperation between different enterprises and promote the optimization and coordinated development of the forestry industry chain. Industry associations play an important role in the modernization of the forestry industry and will continue to play a key role in the future.

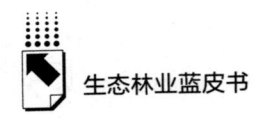

Keywords: Forestry Industry Association; Industry Standard; Industry Development; Industry Coordination

社会科学文献出版社

皮 书
智库成果出版与传播平台

❖ 皮书定义 ❖

皮书是对中国与世界发展状况和热点问题进行年度监测,以专业的角度、专家的视野和实证研究方法,针对某一领域或区域现状与发展态势展开分析和预测,具备前沿性、原创性、实证性、连续性、时效性等特点的公开出版物,由一系列权威研究报告组成。

❖ 皮书作者 ❖

皮书系列报告作者以国内外一流研究机构、知名高校等重点智库的研究人员为主,多为相关领域一流专家学者,他们的观点代表了当下学界对中国与世界的现实和未来最高水平的解读与分析。截至2022年底,皮书研创机构逾千家,报告作者累计超过10万人。

❖ 皮书荣誉 ❖

皮书作为中国社会科学院基础理论研究与应用对策研究融合发展的代表性成果,不仅是哲学社会科学工作者服务中国特色社会主义现代化建设的重要成果,更是助力中国特色新型智库建设、构建中国特色哲学社会科学"三大体系"的重要平台。皮书系列先后被列入"十二五""十三五""十四五"时期国家重点出版物出版专项规划项目;2013~2023年,重点皮书列入中国社会科学院国家哲学社会科学创新工程项目。

皮书网

（网址：www.pishu.cn）

发布皮书研创资讯，传播皮书精彩内容
引领皮书出版潮流，打造皮书服务平台

栏目设置

◆ **关于皮书**
何谓皮书、皮书分类、皮书大事记、
皮书荣誉、皮书出版第一人、皮书编辑部

◆ **最新资讯**
通知公告、新闻动态、媒体聚焦、
网站专题、视频直播、下载专区

◆ **皮书研创**
皮书规范、皮书选题、皮书出版、
皮书研究、研创团队

◆ **皮书评奖评价**
指标体系、皮书评价、皮书评奖

◆ **皮书研究院理事会**
理事会章程、理事单位、个人理事、高级
研究员、理事会秘书处、入会指南

所获荣誉

◆ 2008年、2011年、2014年，皮书网均
在全国新闻出版业网站荣誉评选中获得
"最具商业价值网站"称号；

◆ 2012年，获得"出版业网站百强"称号。

网库合一

2014年，皮书网与皮书数据库端口合
一，实现资源共享，搭建智库成果融合创
新平台。

皮书网　"皮书说"微信公众号　皮书微博

权威报告·连续出版·独家资源

皮书数据库
ANNUAL REPORT(YEARBOOK) DATABASE

分析解读当下中国发展变迁的高端智库平台

所获荣誉
- 2020年，入选全国新闻出版深度融合发展创新案例
- 2019年，入选国家新闻出版署数字出版精品遴选推荐计划
- 2016年，入选"十三五"国家重点电子出版物出版规划骨干工程
- 2013年，荣获"中国出版政府奖·网络出版物奖"提名奖
- 连续多年荣获中国数字出版博览会"数字出版·优秀品牌"奖

皮书数据库　　"社科数托邦"微信公众号

成为用户

登录网址www.pishu.com.cn访问皮书数据库网站或下载皮书数据库APP，通过手机号码验证或邮箱验证即可成为皮书数据库用户。

用户福利

- 已注册用户购书后可免费获赠100元皮书数据库充值卡。刮开充值卡涂层获取充值密码，登录并进入"会员中心"—"在线充值"—"充值卡充值"，充值成功即可购买和查看数据库内容。
- 用户福利最终解释权归社会科学文献出版社所有。

数据库服务热线：400-008-6695
数据库服务QQ：2475522410
数据库服务邮箱：database@ssap.cn
图书销售热线：010-59367070/7028
图书服务QQ：1265056568
图书服务邮箱：duzhe@ssap.cn

社会科学文献出版社 皮书系列
卡号：315258441631
密码：

S 基本子库
SUB DATABASE

中国社会发展数据库（下设12个专题子库）

紧扣人口、政治、外交、法律、教育、医疗卫生、资源环境等12个社会发展领域的前沿和热点，全面整合专业著作、智库报告、学术资讯、调研数据等类型资源，帮助用户追踪中国社会发展动态、研究社会发展战略与政策、了解社会热点问题、分析社会发展趋势。

中国经济发展数据库（下设12专题子库）

内容涵盖宏观经济、产业经济、工业经济、农业经济、财政金融、房地产经济、城市经济、商业贸易等12个重点经济领域，为把握经济运行态势、洞察经济发展规律、研判经济发展趋势、进行经济调控决策提供参考和依据。

中国行业发展数据库（下设17个专题子库）

以中国国民经济行业分类为依据，覆盖金融业、旅游业、交通运输业、能源矿产业、制造业等100多个行业，跟踪分析国民经济相关行业市场运行状况和政策导向，汇集行业发展前沿资讯，为投资、从业及各种经济决策提供理论支撑和实践指导。

中国区域发展数据库（下设4个专题子库）

对中国特定区域内的经济、社会、文化等领域现状与发展情况进行深度分析和预测，涉及省级行政区、城市群、城市、农村等不同维度，研究层级至县及县以下行政区，为学者研究地方经济社会宏观态势、经验模式、发展案例提供支撑，为地方政府决策提供参考。

中国文化传媒数据库（下设18个专题子库）

内容覆盖文化产业、新闻传播、电影娱乐、文学艺术、群众文化、图书情报等18个重点研究领域，聚焦文化传媒领域发展前沿、热点话题、行业实践，服务用户的教学科研、文化投资、企业规划等需要。

世界经济与国际关系数据库（下设6个专题子库）

整合世界经济、国际政治、世界文化与科技、全球性问题、国际组织与国际法、区域研究6大领域研究成果，对世界经济形势、国际形势进行连续性深度分析，对年度热点问题进行专题解读，为研判全球发展趋势提供事实和数据支持。

法律声明

"皮书系列"(含蓝皮书、绿皮书、黄皮书)之品牌由社会科学文献出版社最早使用并持续至今,现已被中国图书行业所熟知。"皮书系列"的相关商标已在国家商标管理部门商标局注册,包括但不限于LOGO( )、皮书、Pishu、经济蓝皮书、社会蓝皮书等。"皮书系列"图书的注册商标专用权及封面设计、版式设计的著作权均为社会科学文献出版社所有。未经社会科学文献出版社书面授权许可,任何使用与"皮书系列"图书注册商标、封面设计、版式设计相同或者近似的文字、图形或其组合的行为均系侵权行为。

经作者授权,本书的专有出版权及信息网络传播权等为社会科学文献出版社享有。未经社会科学文献出版社书面授权许可,任何就本书内容的复制、发行或以数字形式进行网络传播的行为均系侵权行为。

社会科学文献出版社将通过法律途径追究上述侵权行为的法律责任,维护自身合法权益。

欢迎社会各界人士对侵犯社会科学文献出版社上述权利的侵权行为进行举报。电话:010-59367121,电子邮箱:fawubu@ssap.cn。

社会科学文献出版社